MA
NI

Henric L. Wuermeling

Die Geschichte BAYERNS

Henric L. Wuermeling

Die Geschichte BAYERNS

Das Buch zur Fernsehserie

LANGEN MÜLLER

Bildnachweis

Alle Abbildungen aus den Archiven der Buchverlage Langen Müller Herbig, außer denen in Kap. 4, 8, 9, 11 und 12 (C. Weber)

Besuchen Sie uns im Internet unter:
www.langen-mueller-verlag.de

In Zusammenarbeit mit der TR-Verlagsunion GmbH München

Sonderproduktion 1. Auflage 2006

Umschlaggestaltung: Wolfgang Heinzel
Schutzumschlagmotive: siehe Bildnachweis
Herstellung und Satz: VerlagsService Dr. Helmut Neuberger
& Karl Schaumann GmbH, Heimstetten
Gesetzt aus der 12/16,5 Punkt Goudy
Druck und Binden: Westermann Druck, Zwickau
Printed in Germany
ISBN 3-7844-6009-7
ab 1.1.2007: ISBN 978-3-7844-6009-3

Inhalt

Vorwort

Mit Blick auf die politische Kontinuität des altbairischen Kernlands kann man sagen, dass Bayern wohl der älteste Staat Europas ist – trotz mancher Brüche sind es an die 1500 Jahre.

Von seinen Anfängen an hat die Geschichte Bayerns europäisches Gewicht. Und in den Zeiten davor war das Gebiet Kernland der Kelten und dann ein halbes Jahrtausend lang als Provinz Raetien Römerland, Teil des römischen Weltreiches – dem Süden zugewandt und vom Norden durch einen Schutzwall, den Limes, abgegrenzt.

Der Autor ist dem Rätsel auf der Spur, woher die Bayern kommen, und dokumentiert akribisch den Zeitraum, in dem sie aus dem Dunkel der Geschichte hervortreten. Wer sie sind, geben sie bald zu verstehen, und man versteht auch die Dynamik, die das damalige Herzogtum aufbrachte, als sich das Land nach dem Westen, zum Fränkischen Reich, ausrichten mußte.

Im Gang durch die Jahrhunderte wird auch der Blick freigelegt, wie früher die Geschichte Bayerns gesehen wurde – von Otto von Freising, Aventinus, Apian, Wening bis hin zu Westenrieder. Ganz nebenbei entsteht somit auch eine Geschichte der bayerischen Geschichtsschreibung.

In zwölf Kapiteln zeigt der Autor, was die Menschen in Bayern bewegte. Originalzitate, die überliefert sind, rücken wie Originaltöne ferne Zeiten nahe – die Lebensbedingungen von Bauern, Kaufleuten, Handwerkern und Mönchen.

Auch wie sich die Herrschenden sahen und wie sie gesehen werden wollten. Ihre Macht präsentierten sie in Bildprogrammen in und auf biblischen Büchern. Fast 750 Jahre haben Grafen, Herzöge, Kurfürsten und Könige aus dem Haus Wittelsbach bayerische Geschichte geschrieben oder schreiben lassen.

Als große Mittelmacht gestaltete Bayern über Jahrhunderte von den zentralen Orten des Reiches in Bayern im Heiligen Römischen Reich Deutscher Nation europäische Politik, verlor – zu klein, um die Rolle einer europäischen Großmacht zu übernehmen – seine Selbstständigkeit, als es Mitte des 19. Jahrhunderts vom preußisch geprägten Reich übernommen wurde. Seitdem heißt das Rezept für das Überleben Bayerns in Deutschland und mitten in Europa – Föderalismus.

Bayern sonnte sich nicht immer im südlichen Glanz, Zeiten der Not bedrückten Land und Leute. Doch die Erinnerung an eine Besonderheit blieb wach – an die »Liberalitas Bavarica«.

Ein Blick aus dem Fenster in die Landschaft, das Land vor den Bergen und auf seine Menschen. Ein Blick in die Zeit, auf den Lauf der Dinge – und ein Blick in die Welt von Bayern aus.

Zur Dramaturgie dieses Projekts:

Zeiträume werden erkundet, Geschichtsräume betreten und die darin handelnden Personen skizziert.

Erzählt wird von den Impulsen, die von Bayern ausgingen und Europa prägten: Handel, Technik, Literatur, Malerei, Musik, Religion und Wissenschaft.

Dokumentiert wird auch die politische Geschichte des Volkes in Bayern – von den Landständen bis zur ersten Verfassung.

Ausgangspunkt war das Projekt des Bayerischen Fernsehens, in dem zum ersten Mal umfassend die Geschichte Bayerns im Fernsehen dokumentiert wird.

Die mehrjährige Zusammenarbeit mit dem früheren Direktor des Instituts für Bayerische Geschichte an der Universität München, Herrn Prof.

Dr. Friedrich Prinz, für die der Autor auch auf diesem Weg herzlich danken möchte, garantierte den neuesten wissenschaftlichen Forschungsstand und die Strukturierung bei der Entwicklung dieses großen historischen Stoffes.

Der Fernsehautor war bemüht, mit journalistischen und dramaturgischen Kenntnissen auch mit den Forschungskriterien der modernen Politischen Wissenschaften die Geschichte Bayerns als spannenden Schauplatz europäischer Geschichte darzubieten. So entstand die erste mediale Gesamtdarstellung des ältesten Staates in Europa und seiner Protagonisten auf der Weltbühne.

München, im Herbst 2002 H. L. W.

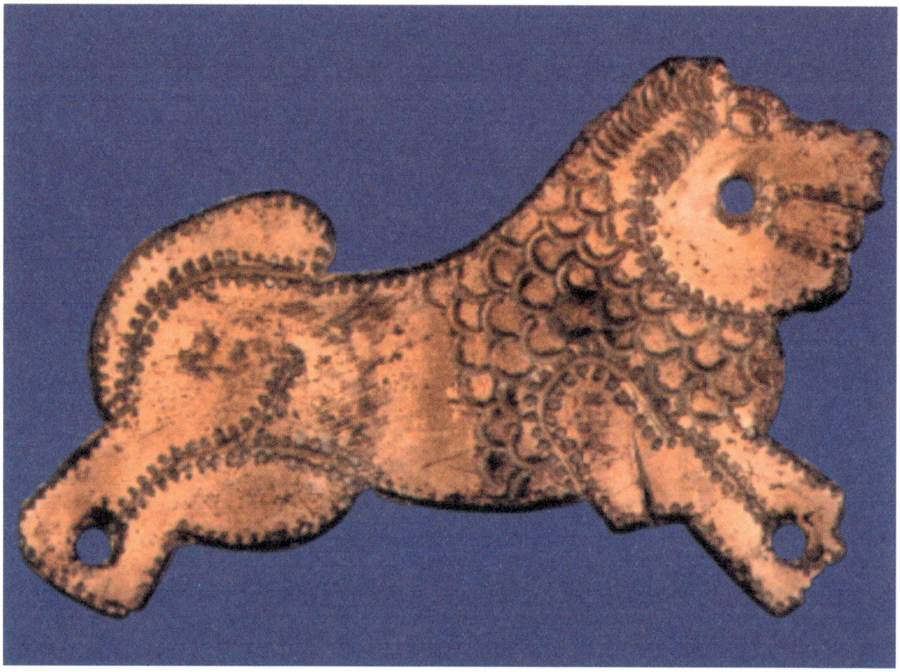

Ein Löwe in Bayern, angefertigt um 600 n.Chr., aufgefunden in der Chiemseegegend

1
Dem Rätsel auf der Spur

Vor 15 Millionen Jahren rast ein Meteorit mit einem Durchmesser von 1,2 Kilometern mit 70 000 Stundenkilometern auf die Erdoberfläche zu und reißt einen tiefen kreisrunden Krater mit einem Durchmesser von 25 Kilometern auf – das Nördlinger Ries. Die Erschütterung und die Trümmermassen verändern die Landschaft und lassen die Flüsse anders fließen. Der Meteorit war auf die Europäische Wasserscheide geprallt.

Der Main, der vor dem Aufprall des Meteoriten als Ur-Main nach Süden in die Ur-Donau floss, nimmt nach dem Aufprall die Richtung zum Rhein und damit zur Nordsee. Die Donau weist ostwärts, dann südöstlich bis zum Schwarzen Meer.

Der Sog dieser Ströme bestimmt das Kräftefeld einer europäischen Region. Die Flussrichtungen geben den Verlauf der Geschichte vor.

Über 20 Planquadrate im Katasteramt, das Weltgeschichte zuteilt. Zwischen dem 8. und 14. Längengrad also sechs Grade breit. Und zwischen dem 47. und 51. fast vier nördliche Breitengrade lang. Bayern vom Satelliten aus, eine »Landesvermessung«: Über 300 Kilometer von Lindau am Bodensee bis Bayerisch-Eisenstein im Bayerischen Wald, fast 400 Kilometer von Berchtesgaden bis Fladungen auf der Höhe von Fulda – 70 000 Quadratkilometer groß.

Der bayerischen Geschichte auf der Spur: Zwischen Gäuboden, über die Donau hinweg, am Bayerischen Wald angelehnt, liegt Bogen.

Das Wappen der Grafen von Bogen – silberne und blaue Rauten. Nach dem Tod des letzten Grafen übernahmen die verschwägerten Wittelsbacher die Rauten, »Wecken« genannt, als Stammwappen.

Weiter donauabwärts, südlich von Vilshofen liegt Ortenburg. Von den hier ansässigen Pfalzgrafen von Ortenburg erbten die Wittelsbacher deren Wappentier – einen blauen Panther im silbernen Wappenfeld. Symbol für die altbayerischen Regierungsbezirke Ober- und Niederbayern.

Seitdem der bayerische Herzog Ludwig 1214 mit der Pfalzgrafschaft bei Rhein belehnt wurde, übernahm er auch deren Symbol – den goldenen Löwen auf schwarzem Grund. Es war jahrhundertelang das gemeinsame Kennzeichen der altbayerischen und pfälzischen Wittelsbacher. Von der Rheinpfalz wanderte der Pfälzer Löwe an die Donau und steht heute für den Regierungsbezirk Oberpfalz mit der Hauptstadt Regensburg.

Der Main schlängelt sich durchs Frankenland.

Kein Fabeltier, ganz rational aus dem Wappen der Würzburger Fürstbischöfe, silbern zugespitzt auf rotem Feld – der fränkische Rechen. Die drei silbernen Spitzen stehen für die drei fränkischen Regierungsbezirke: Unterfranken mit Würzburg, Mittelfranken mit Ansbach – und dann Oberfranken mit Bayreuth.

Für Schwaben steht Augsburg.

Drei schwarze Löwen übereinander, die über goldenen Grund schreiten. Schon die Hohenstaufen führten sie als Herzöge von Schwaben im Schilde.

Regierungsbezirke, deren sieben – mit den Schwaben.

»Wecken«, Rechen, Panther und Löwen werden zum gesamtbayerischen Bildprogramm und traditionell von zwei Löwen festgehalten. Mit den Hinterpfoten unten gesichert, halten sie mit den Vorderpfoten das Schild und die Volkskrone, die jetzt statt einer Königskrone Volkssouveränität symbolisiert. Das »große bayerische Staatswappen« – in seinen heraldischen Hinweisen tief in der bayerischen Geschichte verwurzelt –

symbolisiert das älteste Staatsgebiet in Europa und seine 1500-jährige Geschichte.

Wie kommt der Löwe nach Bayern?

Belegt ist das Löwen-Motiv bereits seit dem 7. Jahrhundert – als Beschlag aus feuervergoldeter Bronze auf einem Schildbuckel, aufgefunden in der Chiemseegegend.

Und woher kommen die Bayern?

> »Das Geschlecht der Baiern,
> hergekommen von Armenien,
> wo Noah aus der Arche ging
> und den Ölzweig von der Taube empfing.
> Die Spuren der Arche kann man noch sehen
> auf den Bergen, die da heißen: Ararat …
> Man sagt, es gäbe da noch Leute genug,
> die sich bedienen der deutschen Zung',
> gegen Indien hin, in weiter Fern',
> die Baiern zum Kampf stets zogen gern;
> den Sieg, den Caesar an ihnen erfocht,
> hat mit Blut er nur zu erkaufen vermocht.«

Die Bayern aus Armenien eingewandert? Überlebende der Sintflut auf der Arche Noah? So berichtet jedenfalls das Anno-Lied zu Beginn des 12. Jahrhunderts.

In der Mitte der Altsteinzeit taucht der Mensch in Bayern auf. Er lebt in Höhlen und schützt sich dort vor der rauen Witterung. Er jagt Hyänen, Nashörner, Wisent, Bären und folgt Mammut- und Rentierherden. In der mittleren Steinzeit treibt die Klimaerwärmung das Schmelzwasser der Gletscherfelder ins Alpenvorland. Die Geröllhalden der Moränen werden von einer Grasnarbe überzogen.

Die von den Gletschern ausgeschliffenen Senken und Mulden füllen sich mit Wasser, die oberbayerischen Seen entstehen.

Den Flüssen entlang, durch Mischwälder und über die Seengebiete weiten sich die Jagdgründe im Vorland der Alpen.

Noch breiten sich weite Moore und Sumpfgebiete über große Teile des Landes aus.

Erst in der Jungsteinzeit weisen Fundplätze feste Siedlungen auf, bis zu 40 Meter lange Häuser, die so genannten Langhäuser. Mensch und Vieh leben bereits unter einem Dach. Der Grundriss auf einem Feld: ein Luftbild über Harting bei Regensburg.

Außerirdisch oder unterirdisch? Was nur aus der Vogelperspektive wahrnehmbar ist: Zeichen auf bayerischem Boden bei Kothing-Eichendorf an der Isar in der Nähe von Landau.

Ramsdorf bei Deggendorf: Spuren vom Leben der Jungsteinzeit in Bayern.

Was nicht mit menschlichem Auge, sondern durch digitale Aufzeichnung der Magnetfeldmessungen erkennbar wird.

Kreisgrabenanlagen, »Kalenderbauten« – geheimnisvolle Formationen in Bayern. Kultstätten zur Messung des Standes der Sonne und des Mondes, zur Messung der Zeiten – zum Aufbau eines Bayerischen Kalenders, ein »Stonehenge« in Bayern.

Ein Goldkegel, gefunden in Ezelsdorf bei Nürnberg, aus der Zeit um 1000 v. Chr. Bei Kulthandlungen wurden sie von Priestern als Hut getragen, 80 cm hoch, ohne Naht aus einem einzigen kleinen Goldstück getrieben, darauf eingearbeitet Sonnensymbole.

Orte in Bayern stehen für ganze Kulturkreise in Mitteleuropa. Altheim, ein Ort bei Landshut, gibt der Zeit um 3500 v. Chr. den Namen »Altheimer Kultur«. Die Zeit danach um 2000 v. Chr. heißt »Straubinger Kultur«, so wie die »Hallstatt Kultur« um 700 v. Chr.

Ein anderer Fundort – Bernstorf bei Freising. Eine Nachricht aus der Bronzezeit: Ein Bernstein von der Ostsee, 3,5 cm, bearbeitet von einem, der mit Händlern aus dem östlichen Mittelmeerraum nach Bernstorf gekommen war. In einer eigentlich noch gesichtslosen Zeit musste er außerordentlich beeindruckt gewesen sein von dem, was er sah – ein freundliches Gesicht, es ist wohl das erste Portrait eines bayerischen Menschen, mit wenigen Strichen.

Der Mann aus Bayern war etwas Besonderes. Beeindruckt hatte den Gast auch das, was der Stammesfürst als Kopfschmuck trug.

Spätestens in der »Hallstatt Zeit« taucht ein geheimnisvolles Volk auf. Es prägt für ein halbes Jahrtausend die Geschichte des Landes – die Kelten, die eng mit Bayern verbunden sind.

Ihre Ursprünge sieht der griechische Geschichtsschreiber Herodot am Oberlauf der Donau.

Auf dem historischen Boden Bayerns verteilen sich südlich der Donau die Vindeliker, südöstlich die Noriker und nördlich der Donau bis zum Main die Boier.

Oft benennen sich die kleineren Stämme nach dem Flusslauf: Licca ist der Stamm der Anwohner am Lech, die Brigantier nennen sich nach ihrer Hauptstadt Brigantium – heute Bregenz. Andere Ortsnamen keltischen Ursprungs, jedoch auch latinisiert Cambodunum, also Kempten, Boiodurum – Passau, Radasbona – Regensburg. Keltenarbeiten, ganz tierisch, als Wagenschmuck. Raubvögel, Tier- und Geistermasken.

Die Welt der Kelten hat von Anfang an das Gesicht des Landes geprägt. Der griechische Geschichtsschreiber Diodor:

»Ihre Edlen rasieren sich die Wangen, den Schnauzbart dagegen lassen sie lang wachsen, sodass der Mund ganz verdeckt ist und beim Essen wie beim Trinken als Sieb wirkt. Ihre Art sich zu kleiden ist sehr auffällig: Sie tragen farbige Röcke, die wiederum sehr bunt geblümt sind, und Hosen, die sie Braken nennen. Darüber werfen sie gestreifte Mäntel, die mit einer Spange befestigt sind.

Den Kopf bedecken sie durch eherne Helme mit hochragenden Aufsätzen, einige tragen angeschmiedete Hörner, andere die Köpfe von Vögeln oder vierfüßigen Tieren.«

Das Land an der Donau, gesäumt von keltischen Siedlungen. Der Historiker Karl Bosl:

»Die Donau war im weitesten Sinne ein keltischer Strom, auch dem Namen, nicht nur der Siedlungsdichte und Kultur nach.«

Ein zentraler Ort der Kelten in Bayern lag bei Manching – die Hauptstadt der keltischen Vindeliker, ein Oppidum – eine Siedlung, in der Nähe des heutigen Ingolstadt. Eine sieben Kilometer lange Mauer schützt eine 380 Hektar große Innenfläche. Bis zu 15 000 Menschen wohnen in den strohbedeckten Häusern. Es gibt Handwerkerquartiere, die Werkstatt neben dem Wohnhaus.

Das Oppidum hat auch eine Münzstätte: Auf Tonplatten mit kreisrunden Vertiefungen, den so genannten Tüpfelplatten, wird Goldstaub geschmolzen und zu Münzen gegossen.

Diese Hohlmünzen aus Gold nennt man wegen ihrer Vertiefungen später »Regenbogenschüsselchen«. Die Bauern, die in ihren Äckern dieses Geld aus keltischen Münzwerkstätten fanden, glaubten, dass immer dort, wo ein Regenbogen den Boden traf, er einen goldenen Abdruck in ihren Äckern hinterließ – mit Himmelszeichen.

Frühe Spuren der Kunst auf bayerischem Boden: Handwerksarbeiten aus dem Oppidum. In den Werkstätten wird mit Töpferscheiben gearbeitet.

Sie zeigen Tiere des Waldes und ihre eigenen Haustiere: eine schnatternde Gans, einen äsenden Hirsch, einen ängstlichen Hasen, einen kläffenden Wachhund und der Kelten liebstes Tier, ein Pferd. Überreste einer Bronzearbeit aus Manching.

Auch aus keltischen Meisterbetrieben – bunter Glasschmuck.

Aus dem Dunkel der keltischen Welt, die eigentlich keine schriftlichen Dokumente kennt, eine Botschaft ganz besonderer Art: Obwohl sie es mieden, ihre Sprache in schriftlicher Form aufzuzeichnen, hinterlassen sie einzig und allein den Namen ihres Stammes, »Boios«, das älteste schriftliche Dokument in Bayern. Eine Visitenkarte aus Ton aus Manching. »Boios«, so nennen sich die Kelten hier in Bayern und geben dem Land seinen Namen.

Gaius Julius Caesar beschreibt, warum man eigentlich keine keltische Schrift kennt:

»Sie halten es für Sünde, sie schriftlich niederzulegen, während sie in fast allen übrigen Angelegenheiten, in Staats- und Privatgeschäften, die griechische Schrift benutzen. Sie scheinen nur aus zwei Gründen dies eingeführt zu haben. Sie wollen nicht, dass die Lehre unter der Menge verbreitet werde, noch dass die Schüler, sich auf das Geschriebene verlassend, weniger übten. Denn in der Regel geschieht es ja bei den meisten, dass sie, gestützt durch das Geschriebene, im Lerneifer und im Gedächtnis nachlassen.«

Diodor schildert, wie die Kelten so sind:

»Ihre Stimmen klingen tief und allgemein rau. Sie sind von kurzer Rede, sie sprechen in Rätseln und Andeutungen. Vieles drücken sie in Übertreibungen aus, wobei sie sich selber erhöhen und andere herabsetzen. Sie drohen gern, reden hochfahrend und theatralisch.«

Der griechische Historiker Strabon weiß zu berichten:

»Das Volk ist hitzig, doch im Übrigen aufrichtig und nicht bösartig. Wenn man sie reizt, findet man sie gleich bereit zum Kampf, obgleich sie außer Kraft und Kühnheit keine Eigenschaften besitzen, die ihnen im Kampf förderlich wären.«

Diodor wundert sich:

»Die Frauen sind nicht nur in der Körpergröße ihren Männern sehr ähnlich, sondern wetteifern mit ihnen auch an Körperkraft. Ihre Kinder haben nach der Geburt meist weißliche Haare.«

Bis zum Main siedeln die Kelten. Auf dem Staffelberg und um den Staffelberg herum, über dem oberen Maintal, ein Hauptort der Kelten, Menosgada.

Ein Hochplateau, wie eine Akropolis, mit Sicht weit ins Land hinaus, ein von der Natur vorgegebener Schutzwall: Menosgada, ein Mauerring auf den Felsformationen erhöhte den Schutz für die Bewohner. Ein Tempelberg mit Kultstätten, Heiligtümern, ein Versammlungsort.

Diodor berichtet von keltischem Brauchtum:

»Es gibt bei ihnen Liederdichter, die sie Barden nennen. Dieselben tragen ihre Gesänge unter Begleitung von Instrumenten vor, welche der Lyra ähnlich sind; und zwar sind sie teils Lobgesänge, teils Schmählieder. Überaus geehrt sind bei ihnen einige Philosophen, die auch der göttlichen Dinge kundig sind und Druiden genannt werden.«

Auf bayerischem Boden sind Hunderte von Kultstätten der Kelten bekannt. Sie schufen geschützte Plätze, Markierungen in der Landschaft.

Man errichtete hohe Erdwälle, die durch Holzpalisadenzäune noch weiter erhöht wurden. Durch den Aushub entstanden tiefe lange Grabenzüge. Die Wallbreite betrug etwa sieben, die Wallhöhe oft über fünf Meter. Hinter diesen Schutzwällen fand das geheimnisvolle Kultleben der Kelten statt. Diese Orte, die sie Temenoi nannten, überzogen die keltischen Lande wie ein Netzwerk.

Diese Viereckschanzen entstehen in der spätkeltischen Zeit, das ist das 2. und 1. Jahrhundert v. Chr. Sie haben oft die Ausmaße eines Fußballfeldes. In den spätkeltischen Siedlungsstrukturen ein zentralörtlicher Funktionsbereich – ein Versammlungsort, ein Ort, der Schutz gibt, eine Kultstätte.

Der heilige, eingefasste Bezirk, mit einer Toranlage, mit Tempelbauten, in der Mitte eine Eiche als heiliger Baum und einem Opferschacht, mancher bis zu 35 Meter tief, aufgefüllt mit verbrannten Opfergaben.

Am Boden des Schachtes – ein Kultpfahl. Seine Achse zeigt die Richtung des höchsten Sonnenstandes – am 21. Juni – an. Dieser Kultpfahl symbolisierte die Achse der Welt – mitten in Bayern, magische Orte.

Caesar berichtet über die Stellung der keltischen Priester:

»Die Druiden stehen an der Spitze des gesamten Gottesdienstes, sie besorgen die öffentlichen und privaten Opfer, sie sind die Lehrer und

Vertreter der Religion. Bei ihnen sucht die Jugend des Landes ihre Ausbildung, und sie stehen in hohen Ehren. Viel disputieren sie über die Gestirne und ihren Lauf, über die Größe der Welt und der Erde, die Natur der Dinge und über das Walten und die Macht der Götter und teilen das der Jugend mit.«

Plinius der Ältere beschreibt sie so:

»Die Druiden kennen nichts Heiligeres als die Mistel und den Baum, worauf sie wächst. Besonders, wenn dieser eine Wintereiche ist.«

Die Mistel, die »Alles Heilende«, soll am sechsten Tag nach dem Neumond mit einer goldenen Sichel vom Baum des Lebens geschnitten werden.

Die Druiden waren das Band, das die vielen keltischen Stämme zusammenhielt. Mit der damals bekannten Welt trieben diese Stämme Warenaustausch. Sie sind neugierig. Spätestens zu Beginn der »Latène-Zeit«, ab dem 5. Jahrhundert v. Christus, ziehen sie von ihrem Stammland vor allem über Rhein und Rhone weit hinaus, auch Richtung Bretagne zu den großen Inseln der Nordsee.

40 Jahre nach der Unterwerfung der keltischen Stämme in Gallien brechen im Jahre 15 v. Chr. die Stiefsöhne des Kaiser Augustus, die Feldherrn Drusus und Tiberius, mit ihren Legionen nach Norden auf, um die keltischen Stämme im Alpenvorland zu bekriegen. Die Kelten, die es leid waren, ständig von Germanenzügen und Kämpfen bedrängt zu werden, waren schon vor Christi Geburt, vor allem im nördlichen Bayern, dem Druck der Markomannen ausgewichen. Sie hatten ihre Städte bereits verlassen, als die Römer nach Bayern und nach Manching kamen und diese Siedlungen kampflos übernehmen konnten.

Und von denen, die im Lande blieben, schreibt der griechische Historiograph Strabon nach der Unterwerfung der Vindeliker durch die römischen Legionen im Jahre 15 n. Chr.:

»Seitdem zahlen sie nun schon 33 Jahre lang in aller Ruhe ihre Tribute.«

Die im Land verbliebenen Kelten werden romanisiert. Das Sicherheitsinteresse veranlasste Rom, nördlich der Alpen Grenzprovinzen einzurichten. Das Keltenland wird Römerland und Teil des Römischen Weltreiches.

Der Inn, die Grenze zwischen den keltischen Stämmen der Vindeliker und Noriker, bestimmt die neuen Provinzgrenzen zwischen Raetien und Noricum. Hauptstadt Raetiens wird Augusta Vindelicum – Augsburg, und Hauptstadt Noricums – Virunum.

Das Kernland der Kelten wird nun Grenzland, ein Zonenrandgebiet, an ein Weltreich angeschlossen. Römische Grenzschutztruppen werden hier stationiert.

Die Nordgrenze des Römischen Reiches ist jetzt weit vorgeschoben. Dieser großflächige Vorstoß sollte den wachsenden Druck der sich im Norden aufgestauten Germanenstämme aufhalten.

Von Augsburg werden die ehemals raetischen und vindelikischen Lande verwaltet. Eine Römerstadt, die »glanzvolle Stadt der Provinz Raetien« wird sie bald gerühmt. Sie ist Ausgangspunkt der unter Kaiser Claudius um 50 n. Chr. gebauten und nach ihm benannten Nord-Süd-Heer-Straße »Via Claudia Augusta«, die über Epfach, Füssen, Fernpass, Bozen, Trient und Verona nach Rom führt, mit Raststätten, den so genannten mansiones, und einer Straßenpolizei ausgestattet. Sie kreuzt sich mit einer anderen Römerstraße, der West-Ost-Heerstraße, die vom Bodensee aus Bregenz, Kempten, Seebruck und Salzburg verbindet, auf ersten Straßenkarten eingezeichnet.

In den Städten und Siedlungen werden Tempel, Wohnhäuser, Läden, Foren, Bäder, Theater, öffentliche Gebäude, Tore und Denkmäler errichtet.

Bei Kraiburg am Inn steht eine villa rustica, eine Villa, aus Stein gebaut mit Wandmalereien, Mosaikböden und Fußbodenheizung.

In der großen Therme in Weißenburg, der Grenzstadt und Garnisonshauptstadt in Mittelfranken, befindet sich ein unterirdisches Kanalsystem für heiße Dampfbäder – Luxus für die Legionäre an der Frontlinie.

Die Römer in Bayern – südländisches Leben nördlich der Alpen. Mit den Soldaten kamen auch Händler und Beamte, samt ihren Familien. Fast ein halbes Jahrtausend prägen sie das Lebensgefühl und die Kultur des Landes. Sie siedeln neben den Sprengeln der alteingesessenen Kelten, die zuvor die Kultur des Landes bestimmt haben. Die Zeit der Kelten und der Römer in Bayern zusammengenommen – 1000 Jahre lang prägten sie entscheidend die Geschichte des Landes; eine Welt für sich, eine eigene Geschichte, ganz anders als die der Germanen im Norden.

Die Römer ließen sich mit Lebensmitteln und Gütern aus Italien versorgen und verwöhnen. Sie führten Wein ein und bauten ihn auch hier an.

Eine Mauer durchzieht die Lande: der Limes, wie ihn die Germanen nördlich des Römerreichs bei Weißenburg sehen.

Zur Absicherung der römischen Nordgrenzen wird im ersten Jahrhundert nach Christus ein weit gespanntes Verteidigungssystem vom Rhein bis zur Donau – der Limes Romanus – erbaut, 550 Kilometer ist er lang. Das weitläufigste Bauwerk misst allein in Bayern eine Länge von über 110 Kilometern.

Zunächst war er eine Demarkationslinie, eine Grenzbefestigung mit einem Erdwall, auf dem ein Flechtwerkzaun geführt wurde. Später wird er durch hohe Palisaden aus Eichenpfählen verstärkt.

Fundamente für Wachtürme:

In regelmäßigen Abständen, alle vier- bis achthundert Meter, stehen Holztürme, besetzt mit jeweils vier bis fünf Wachsoldaten. Sie dienen zur Überwachung und Nachrichtenübermittlung des Grenzsystems. In den Holzkastellen sind die Unterkünfte der Wachtruppen.

Da wo keine natürlichen Grenzen sind, wie die Flussläufe Rhein und Donau, der »nasse Limes«, wird zwischen Koblenz und Regensburg der obergermanische-raetische Limes errichtet. In der zweiten Hälfte des zweiten Jahrhunderts wird der Grenzverlauf weiter östlich vorgeschoben und durch den Vorderlimes über Neckar und Odenwald zusätzlich abgesichert.

Im 3. Jahrhundert werden im obergermanischen Grenzabschnitt der Palisadenzaun durch Wall und Graben und in Rätien durch bis zu drei Meter hohe und 1,20 Meter breite Steinmauern ausgebaut. Auch die Holztürme wurden durch Steinbauten ersetzt.

Der Limes dient nicht nur der Abschreckung, sondern vor allem dem Schutz der dahinter liegenden Truppenkastelle. Die römische Streitmacht umfasst über Raetien verteilt circa 8000 Mann.

Eine Kolonialmacht zieht nach Plan kerzengerade Grenzsysteme durch die Landschaft Richtung Donau.

Grenzgarnison Abusina bei Eining an der Donau, südlich Weltenburg:

Die Truppen sind bunt zusammengewürfelt – in Eining Reiter aus Britannien, und Truppen aus Nordafrika zum Beispiel im Allgäu.

Da und dort gibt es auch Tore zum Passieren, ein germanisch-römischer kleiner Grenzverkehr. Tacitus berichtet auch von einer friedlichen Koexistenz:

»Der Stamm der Hermanduren ist den Römern treu ergeben. Daher sind sie die einzigen Germanen, die nicht nur am Donauufer, sondern auch im Inneren unseres Landes und in der Provinz Raetien Handel treiben dürfen. Sie kommen allerorten und ohne Beaufsichtigung über die Grenze. Und während wir allen anderen Stämmen nur unsere Waffen und Feldlager zeigen, haben wir den Hermanduren unsere Häuser und Gutshöfe geöffnet; denn sie sind ja frei von Begehrlichkeit.«

Doch dann gegen Ende des 2. Jahrhunderts beginnt das Anlaufen gegen den Limes. Die germanischen Völkerschaften im Osten und im Nordwesten waren in Bewegung geraten. Zunächst sind es Angriffe auf einzelne Grenzabschnitte wie bei Pfünz. Kastelle werden zerstört, auf raetisches Gebiet eingedrungen.

Es zeigt sich, dass der Limes keine unüberwindbare Grenze, sondern nur ein Hindernis ist, und dass eine Grenzsicherung durch Hilfstruppen ungenügend sein muss.

Nach dem Vorstoß im Jahre 166 n. Chr. sichert Marc Aurel, der »Philosoph auf dem Kaiserthron« die Donaulinie dem Weltreich. In Rätien wird eine Legio tertia Italica, die dritte italische Legion mit 6000 Mann und 700 Reitern aufgestellt. Ihr Standort wird »Castra Regina« – das Lager am Fluss Regen, Regensburg.

Kaiser Marc Aurel hat die Umwallung mit Mauern und Türmen für die dritte italische Legion bauen lassen. In Vertretung des Kaisers übt ein kaiserlicher Legat die propraetorische Gewalt aus. Der legatus pro praetore hat nicht nur den militärischen Oberbefehl, sondern ist auch Chef der zivilen Verwaltung.

Der Standort der Legion macht Regensburg bald zur wichtigsten Stadt in Rätien. Die Porta Praetoria ist das Tor zu dieser römischen Militärstadt.

Was in einzelnen Wellen, von den Markomannen über die Chatten, überfallartig begonnen hat, wird mit dem ersten Sturm der Alemannen im Jahr 213 zur Bedrohung des Imperiums. Immer wieder müssen beschädigte Grenzanlagen: Wälle, Türme oder Lager neu aufgebaut werden.

Die Überfälle nach Raetien hinein sind für die Wachen auf den Tortürmen und für die Zivilbevölkerung ein Schrecken. Verstecke für wertvolles Sachgut und Münzen werden angelegt, wie Versteckfunde aus Straubing oder Manching zeigen.

Durch Truppenabzüge zu anderen Kriegsschauplätzen wird es immer schwieriger, die Grenzbefestigungsanlagen zu besetzen. Jetzt werden noch mehr Männer aus den benachbarten Germanensiedlungen als Grenzwachen rekrutiert. Diese Wehrsiedler und Grenztruppen bringen bald ihre Familien mit und bewohnen die Grenzlager. Weitere Alemannen-Einfälle zerstören auf weiten Grenzabschnitten den Limes. Ganze

Landstriche sind entvölkert und unverteidigt. Raetien scheint bereits verloren. Bis die Streifzüge dann zurückgedrängt werden können und auch Augsburg von der Belagerung sowie die »Vindeliker vom Joch der Barbarenknechtschaft« wieder befreit werden.

Durch militärische Siege über die Alemannen und die Markomannen gegen Ende des 3. Jahrhunderts und durch eine neue Organisation der Reichsverwaltung gelingt die Wiederherstellung der äußeren und inneren Sicherheit. Grenzschutz und Kastelle werden wieder aufgebaut, Verbindungsstraßen gesichert.

Trotz der Schwäche des Reiches und seiner Grenzen halten diese Provinzen noch das ganze 4. Jahrhundert den so genannten »Barbaren« stand. Im Gegensatz zu früher toleriert die römische Provinzverwaltung jetzt, dass sich die vermehrt in Raetien eingedrungenen Feinde – überwiegend Alemannen – ansiedeln.

Schon damals Denkmäler, von der Zeit eingeholt: Gloria Victoria, die strahlende Siegesgöttin, ihr zu Füßen ein gefesselter Germane.

Der Untergang des Römischen Reiches ist den letzten Kaisern ins Gesicht geschrieben. Es bedurfte nur noch eines äußeren Anlasses: Zu Beginn des 5. Jahrhunderts scheint das Voralpenland kaum mehr geschützt, die Hunnen verwüsten das Land, Siedlungen werden verlassen und niedergebrannt.

In diesen dunklen Zeiten des untergehenden Römischen Reiches erhellt eine Lebensbeschreibung – ausgerechnet verfasst am Rande der Welt – den Zusammenbruch in Noricum und Raetien. Ein authentischer Abriss der letzten 30 Jahre der Römerzeit, eine Alltags- und Sozialgeschichte: Die Vita des Heiligen Severin, 511 geschrieben, 29 Jahre nach dessen Tod 482 von seinem Schüler Eugipp.

Severin, ein Wandermönch von aristokratischer Herkunft, kommt Anfang der 60er-Jahre des 5. Jahrhunderts »auf göttlichen Befehl« aus dem Osten hierher ins Voralpenland.

Kaufleute, Soldaten und Beamte, die aus Italien hierherversetzt werden, bringen das Christentum auch nach Raetien und Noricum. Ob in Cambodunum, also Kempten, oder in Biriciana, also Weißenburg.

Noch gelten aber die Gesetze der alten Götter. Man trägt sie bei sich, macht Abbilder von ihnen und verehrt sie in Tempeln und Privathäusern, auch in Weißenburg. Man glaubt an Jupiter, Neptun, Herakles, Demeter, und Venus. Doch die Götterwelt und die göttliche Macht verblassen. Eine völlig neue Religion verbreitet sich.

Wer aber an den neuen, einen Gott glaubt, wird verfolgt. Unter Kaiser Diokletian müssen viele Christen sterben – auch in Raetien.

Der Flammentod, den die bekennende Christin Afra in Augsburg sterben muss, macht sie zur Märtyrerin. Der dortige Afra-Kult bestätigt das Bestehen früher Christengemeinden. Erst unter Kaiser Konstantin wird das Christentum toleriert und unter Kaiser Theodosius im Jahre 392 als Staatsreligion anerkannt. Das ist genau die Zeit, in der der »Limes Romanus« als feste Grenze zerfällt.

In einer Zeit, in der die militärische und zivile Ordnung nicht mehr funktioniert, die Bevölkerung von allen Seiten bedroht wird, gründet Severin Mönchsgemeinden, versucht der romanischen Bevölkerung beizustehen, die Christen angesichts einer Endzeitstimmung im Glauben zu bestärken. Severin wird zu einem geistlichen Oberhirten und politischen Führer. Er versucht die Gemeinden vor den ins Land hereinbrechenden Germanenstämmen zu schützen.

Auch gegenüber dem bis nach Passau vorgedrungenen Alemannen-König Gibuld verschafft er sich offensichtlich Respekt. Eugipp beschreibt das Treffen:

»Dieser Herrscher kam einmal nach Passau gezogen mit dem Verlangen, den Heiligen zu sehen. Dieser verließ jedoch den Ort und ging ihm entgegen, damit er die Stadt nicht durch seinen Einmarsch bedrücke und redete dann mit so fester Entschlossenheit auf den König ein, dass dieser vor ihm ganz heftig zu zittern anfing. Darauf machte Gibuld kehrt.«

Die »Severin-Vita« erzählt auch von anderen Germanenvölkern, die diesen Grenzabschnitt bedrohen.

Die kleine Kirche Severins und sein kleines Kloster, eine der ersten Gründungen in Bayern, suchen den Schutz des in der Vita erwähnten spätrömischen Kastells Boiotro in Passau.

Die Kastelle der Donau entlang sind verlassen, die Besoldung der Grenztruppen war ausgeblieben, die Staatsmacht zerfallen. Auch Severin muss aufgeben. Um das Jahr 475 sammelt er die Bewohner der Grenzgemeinde Quintanis, also Künzing, führt sie nach Passau und tritt von dort, zusammen mit der hiesigen Gemeinde, den geordneten Rückzug nach Noricum an.

»Nach der Zerstörung der Ortschaften im oberen Donauraum übersiedelt die ganze Bevölkerung, die der warnenden Stimme des Heiligen Severin Gehör geschenkt hatte, in die Stadt Lauriacum.«

Severin will »alle Bewohner aus der tagtäglich sich wiederholenden Ausplünderung durch die Barbaren« herausholen.

Von Lorch zieht er mit seiner Gemeinde nach Favianis, also Mautern. Noch Tage vor seinem Tod beschwört er die Flüchtlinge zusammenzustehen:

»Wisset, meine Brüder, wie die Kinder Israels bekanntlich vom Ägypterlande loskamen, so erscheint mit Sicherheit die Zeit, da sich auch alle Völker dieses Landes von der harten Barbarenherrschaft befreien werden. Es werden nämlich alle mit ihrer Habe aus diesen Ortschaften auswandern und ohne jeden Verlust in eine Römerprovinz gelangen. Die hiesigen Ortschaften, jetzt dicht bevölkert, werden sich in eine so trostlose Einöde verwandeln, dass die Feinde in der Annahme, hier etwa Gold finden zu können, sogar die Gräber der Toten aufreißen werden.«

Severin stirbt am 8. Januar 482 in Favianis. Es kommt so, wie er es vorausgesagt hat: Seine Gemeinde folgt sechs Jahre später dem Aufruf des Odoaker, dem neuen Machthaber im Westteil des Römischen Reiches, zur Rückkehr aller Romanen nach Italien. Wie Severin verfügte, nehmen sie bei ihrer Rückführung im Jahr 488 den Leichnam des Heiligen mit.

Der Aufbruch des Heiligen Severin von Künzing über Passau nach Lorch im Jahre 475 fällt fast zusammen mit dem weltgeschichtlich historischen Jahresdatum 476, als Odoaker den römischen Kaiser Romulus Augustulus, »das Kaiserlein«, absetzte und sich selbst zum König in Italien machte.

Dieses Datum gilt als der Endpunkt des Römischen Reiches. Die Vita Severins gibt Zeugnis ab über eine Zeitenwende, ausgerechnet von der Randlage Passau aus.

Die Lebensgeschichte des Heiligen Severin berichtet von einigen Volksstämmen, etwa von den Alemannen, nicht aber von den Baiuwaren. Erst 40 Jahre nach ihrer Niederschrift tauchen sie aus dem Dunkel auf, sozusagen am Rande, als Fußnote der Geschichte.

Der Geschichtsschreiber Jordanes schließt anno 551 seine Geschichte des gotischen Volkes ab. Er schreibt von einem Kriegszug der Goten gegen die Sueben, in dem besonders kalten Winter des Jahres 469:

»Als der Gotenkönig sah, dass die Donau zugefroren war, führte er sein Fußvolk über den Fluss und erschien überraschend im Rücken der Sueben. Denn jenes Land der Sueben hat im Osten die baiobaros, im Westen die Franken, im Süden die Burgunder und im Norden die Thüringer zu Nachbarn.«

»Baiobaros« – die Baiuwaren.

Jordanes hatte die Information von Cassiodor, einem hohen Staatsmann unter Theoderich. Nach seinem Sieg über Odoaker errichtet Theoderich das Ostgotenreich in Italien.

Die Nordgrenze seines Reiches war die Donau und Raetien war kein Niemandsland, deshalb pocht Theoderich gegenüber dem Frankenherrscher Chlodwig auf diesen Herrschaftsbereich. An den König des nördlich angrenzenden Stammesvolks der Thüringer verheiratet

Theoderich 510 seine Nichte. Er war eben an stabilen Verhältnissen an seinen Reichsgrenzen und an einer politischen Konsolidierung interessiert.

Nach Theoderichs Tod bröckelt die Herrschaft der Goten in Italien auseinander. Es beginnt an der Nordgrenze: Der Ostgotenführer Witigis tritt 536 alemannisch-raetisches Gebiet an den Frankenkönig Theudebert ab, der bereits das Gebiet der Thüringer nördlich der Donau seinem Frankenreich einverleibte. Der Name des Grenzlands – Raetien – verschwindet aus dem Sprachgebrauch. In diesen Jahren zwischen 488, als Odoaker die nördlichen Grenzgebiete räumen ließ, und 536, als Witigis alemannisch-raetisches Grenzland an den Frankenkönig abtrat, vollzieht sich die Stammes- und Herrschaftsbildung der Baiuwaren.

Ebenso wie Jordanes 551 erwähnt sie auch bald Venantius Fortunatus im Jahr 565. Auf seiner Reise zu Grabstätten christlicher Glaubenszeugen kommt er auch nach Augsburg:

»Du kommst nach Augsburg, wo Wertach und Lech zusammenfließen. Dort verehrst du die Gebeine der heiligen Märtyrerin Afra. Wenn dann der Weg frei ist und dir nicht der Baier entgegentritt … so ziehe über die Alpen.«

Hier wird mitten im 6. Jahrhundert die Existenz eines »Baiovarius« in Baiern bestätigt – von dem aus Italien stammenden Schriftsteller und Bischof von Poitiers.

Nachdem mit der Auflösung der Organisationseinheit Provinz auch deren Bezeichnung »Raetien« verblasst war, tauchte ein anderer Name auf: »Baiobari« oder »Baiovarii« heißt das Volk und »Baiuaria« das Land.

Woher kommen sie, woher kamen sie ins Land und warum tauchen sie plötzlich aus dem Dunkel der Geschichte auf?

Die Sagen um dieses rätselhafte Volk haben fast so viele Namen, wie es Länder und Völker im Osten gibt. Das haben diese Sagen fast alle gemeinsam: Die Bayern stammen aus dem Osten. Es gäbe da ein Land Baia und ein Volk der Baianoi, so nennt es Ptolemäus; man wähnt sie am Schwarzen Meer oder hinter den Karpaten. Gemäß der Lebensbeschreibung des Bischofs Anno von Köln, dem Anno-Lied, um 1100 in Versen gedichtet, stammen sie von der Arche Noah auf dem Berg Ararat – aus Armenien …

Auch die Lebensbeschreibung des Bischofs Altmann von Passau und die Leidensgeschichte des Heiligen Quirinus von Tegernsee, ebenso die »Kaiserchronik« – in Regensburg geschrieben, sämtliche aus dem 12. Jahrhundert, verweisen auf Armenien als Herkunftsland.

Der gelbe Berg, die »Gelbe Bürg«, bei Treuchtlingen am Rande des baiuwarischen Stammesgebiets, markant in der Landschaft, seit Urzeiten bewohnt. Anziehungs- und Siedlungspunkt verschiedener Völkerschaften: Kelten, Römer, Alemannen und Baiuwaren zogen hier ein und aus. Sie bevorzugten die besondere Lage des Hochplateaus. Es verschaffte ihnen den Überblick über das Land und bot ihnen Schutz.

Ein Ort, typisch für Bayern – das vielschichtige Zusammenwachsen der keltischen Urbevölkerung mit den im Land gebliebenen Romanen, den ins Land gezogenen Neusiedlern aus zahlreichen Volksstämmen wie den Alemannen. Sie bilden die Schichten der hier wohnenden Bevölkerung, die jetzt Bayern genannt werden. Neben einem keltischen Oppidum und an einer römischen Heerstraße am Limes gelegen, wird dieser Tafelberg auch in der Zeit der Baiuwaren ein strategisch wichtiger Fluchtpunkt: Sie verschanzen sich in den aufgelassenen Wallanlagen ihrer Vorgänger.

Mitten im baiuwarischen Siedlungsraum – Grabfunde aus der Gegend um München. Schmuckstücke von herrschenden Geschlechtern – ein silberner Ohrring, ein silberner Armreif.

Das Land »Baia« glaubte man auch in Böhmen gefunden zu haben. Ins Böhmische abgewanderte keltische Boier hätten Böhmen, lateinisch Boiohaemum, zu Deutsch: Baiaheim, den Namen gegeben. Doch die Kelten hatten das Böhmerland bereits ein halbes Jahrtausend zuvor verlassen.

Die Leute aus dem Böhmerwald seien durch die Cham-Further-Senke nach Bayern eingewandert. Diesen Handelsweg nutzten sie, um mit den römischen Grenzstationen ins Geschäft zu kommen oder als Grenzsoldaten im römischen Sold angeworben zu werden. Manche von ihnen siedeln auch hier, so wie sich weiter westlich Alemannen ansiedeln oder nördlich Thüringer und Rugier.

Es gibt also keine Einwanderung eines ganzen Volksstammes, keine Landnahme durch einen Stamm, sondern ein vielschichtiges Zusammenwachsen der keltischen Urbevölkerung mit den im Land gebliebenen Romanen und germanischen Zuzüglern. Splittergruppen verschiedener Germanenstämme, die sich hier am Ende der Römerzeit schubweise ansiedelten. Dass diese Stammesbildung offensichtlich erstaunlich rasch abläuft, ist nur möglich, weil sie auf vorhandenen Bevölkerungsschichten aufbaut: eine kelto-romanische-germanische Mischbevölkerung.

Dieses fruchtbare Land zog die Menschen an und wurde zu einem wichtigen Siedlungsgebiet. Die Funde geben Auskunft über den Reichtum und Kunstsinn der Siedler. Fibeln schmückten ihre Gewänder, in denen sie begraben wurden.

Sie verarbeiteten Edelmetalle und seltene Steine zu kunstvollen Gegenständen und zierten diese Schmuckstücke mit Tiermotiven.

Kunst auf bayerischem Boden – ein Produkt verschiedener Einflüsse im eigenen Land und des Austauschs auf den Handelswegen, die das Land durchziehen.

Die keltisch geprägte Bevölkerung hatte noch lange keltisch gesprochen, so wie die im Land verbliebenen Romanen weiterhin ihre Umgangssprache in der Alpenregion pflegten.

In den Hochgebirgstälern hatten sich die Romanen, die so genannten »Walchen«, zurückgezogen – die »Walchen«, daher der Name Walchensee. Weiter südlich in den Alpen pflegten sie weiterhin ihre Sprache im Raeto-Romanischen.

Da der politische Provinzname Raetien abgelegt war, griff man angesichts der neuen fränkischen Zuordnung auf eine Bezeichnung vor der römischen Herrschaft zurück: auf die »Boier« – »als Ursubstrat und Kern« des keltischen Stammlandes zwischen Alpen und Donau und hängte für die Menschen, die dort herstammten, das Grundwort »varii« an: »Boiovarii«.

Bereits um 624 bestätigt Abt Jonas von Bobbio in seiner Lebensbeschreibung des Heiligen Columban:

»Boiae, qui nunc Baioarii vocantur« – die Boier, die jetzt Baiern genannt werden.

Jetzt wird das Land vor den Bergen christlich. Baioarii bekennen sich zum christlichen Glauben. Ein Land im Zeichen des Kreuzes.

Ob Säben in Südtirol oder die Insel Wörth im Staffelsee, es entstehen Wirkungsstätten christlichen Glaubens und bald auch Bistümer mit großer Strahlkraft.

Grabfunde, die den christlichen Glauben bezeugen sollen: Den Toten legt man Kreuze bei.

Das Kreuz führt man auch im Kampf mit – auf dem Schildbuckel.

Andere Grabstätten mit alten heidnische Symbolen wie der Sonnenwirbel weisen auf einen langsamen Wandel zum neuen Glauben hin.

Ein Blick von Bayerns höchstem Berg, der Zugspitze, nach Süden und ein Blick von der Zugspitze nach Norden. Von da, wo man das Land und seine Geschichte am besten überblickt. Ständig dem Rätsel auf der Spur.

Des Rätsels Lösung: Der bayerische Volksstamm taucht nicht plötzlich aus dem Dunkel der Geschichte auf, sondern er bildet sich dort, wo er bereits wohnt. Die Bayern kamen nicht von irgendwoher, sie waren bereits da.

Zu dem Zeitpunkt, als sich der fränkische Herrschaftsbereich vom Westen nach Osten ausweitete, traten die Bayern aus dem Zonenrandgebiet einer Reichsprovinz heraus und betraten die Bühne der europäischen Politik.

Arbeitsleben um 800 n.Chr., dargestellt im »Salzburger Calendar«

2
Liebe, Hass und Macht

So wie damals vor 15 Millionen Jahren der Aufprall eines Meteoriten auf Bayern den Lauf des Mains umdrehte, passiert jetzt um 500 n. Chr. etwas Einschneidendes, das einem Wechsel der Himmelsrichtungen gleich kommt.

Ausgerechnet zu dem Zeitpunkt, als Bayern aus dem Dunkel der Geschichte heraustritt, findet ein historischer Umbruch in der europäischen Geschichte seinen Abschluss.

Hat dieser Umbruch mit Bayern zu tun?

Seit über 1000 Jahren hatten Kelten und dann Römer die Geschichte des Landes geprägt. Es war stets nach dem Süden ausgerichtet. Der Limes schirmte die Bewohner zum Norden hin ab. Sie waren Weltbürger, da sie zum Römischen Weltreich gehörten.

Als dieses Reich zerfällt, entsteht Bayern. Seine Menschen werden offensichtlich respektiert: »Wenn der Weg frei ist und dir nicht der Baier entgegentritt …«, heißt es schon anno 565.

Gibt es Mitteilungen, die erklären, wie sie wurden, wie sie sind?

Im Norden waren die Thüringer. Doch diese Nachbarn bedrängen Baiern, je mehr der Rechtsnachfolger des Römischen Reiches, das Ostgotenreich in Italien zerfällt, die Herrschaft über das Grenzland nicht mehr ausübt und das herrschaftslose Land seinem Schicksal überlässt.

Es liegt ungeschützt vor den Thüringern, die bereits Regensburg besetzten.

Im Westen des alten Reiches bildet sich ein Frankenreich. Es greift nach Osten aus, besiegt Thüringen mitsamt Regensburg und macht 536 auch die Alemannen untertan.

Im selben Jahr beschreibt der byzantinische Historiker Agathias die Expansion des Frankenreichs unter König Theudebert:

»Er unterwarf die Alemannen und gewisse andere benachbarte Stämme.«

Und etwa zur gleichen Zeit teilt dieser Frankenkönig dem Kaiser des Oströmischen Reiches, Justinian, voller Stolz mit:

»Von der Donau und der Grenze Pannoniens erstreckt sich unsere Herrschaft unter der Obhut Gottes bis an die Küste des Ozeans.«

Mit diesem Landbesitz prahlt der Frankenkönig gegenüber dem oströmischen Kaiser. Das bedeutet: Der Frankenkönig hat auch das ganze herrschaftslose Land Baiern vereinnahmt.

Diese Mitteilung an Byzanz will nicht nur die Größe des Frankenreiches herausstellen, sondern auch klarstellen, dass dieser Griff – nach Mitteleuropa hinein – Länder an das Frankenreich im Westen anbindet und dass diese jetzt zu Theudeberts Herrschaftsbereich gehören. Auch die Baiuwaren waren unter fränkische Oberhoheit gekommen.

Bisher war die Geschichte Bayerns nach Süden ausgerichtet. Jetzt dreht sich die Kompassnadel zum Westen – eine Zeitenwende.

Dieses Frankenreich stünde auch unter der Obhut Gottes, besagt die Botschaft. Das weite Land sei christlich und Gott auf der Seite des fränkischen Reiches.

Diese Worte sind eine Kampfansage an Byzanz – es geht um die Vormacht in Europa.

In Baiern hatten sich kleinere Herrschaftsbereiche in den verschiedenen Siedlungsgebieten zu einem Volksstamm gebildet. Der Frankenkönig führte diese Herrschaftsbereiche in Baiern zusammen. Er lässt ihr Volksrecht aufzeichnen, die Lex Baiuvariorum. Darin wird auch festgelegt, wer an der Spitze des Volksstammes steht – ein Herzog.

»... Der Herzog aber, der dem Volk vorsteht, war immer aus dem Geschlecht der Agilolfinger und muss es immer sein, weil es die Könige, unsere Vorfahren, ihnen so zugestanden haben.«

So schreibt es das bairische Volksrecht vor: Dem Geschlecht der Agilolfinger, königsgleich durch ihre Vorfahren, »aus fränkischem Geschlecht«, wie es in einer Chronik heißt, steht ein erbliches Recht auf die Herrschaft und die Herzogswürde zu. Das Herrschaftsgebiet entspricht in etwa dem Raetiens. Die Verwaltung benutzt die noch intakten Gebäude aus der Römerzeit.

Baiern ist christlich, die Verehrung von Heiligen wirkt fort, so wie es Venantius Fortunatus 565 bei einem Besuch in Augsburg bestätigt. Die Grabbeigaben geben Zeugnis vom Glauben im Land.

Nach dem Übertritt des Frankenkönigs Chlodwig zum katholischen Glauben ist die Religion im Frankenreich auch für seine Nachfolger bindend. Auch für seinen Enkel Theudebert und den Urenkel Theudebald – christliche Könige des Frankenreichs.

Die Agilolfinger aus fränkischem Geschlecht waren als bairische Herzöge weder von Frankens Herrschaft eingesetzte Amtsherzöge noch waren sie politisch völlig unabhängig von den fränkischen Herrschern.

Baiern und seine Herzöge sind wichtig für das Frankenreich.

Das Land der Baiern liegt an der strategisch wichtigen Donau und an den Alpendurchgängen – ein Tor nach Südosteuropa und zum Süden. Baierns zentrale Rolle wird deutlich, als der Frankenkönig Theudebald im Jahre 555 gestorben war. Seine Witwe Walderada heiratet einen Agilolfinger Herzog, »qui dicebatur Garipald«, »der Garibald genannt wird«.

Garibald heiratet also eine fränkische Königin. In den Jahren, in denen die Baiern zum ersten Mal genannt werden, stellt ihr Herzog Garibald bereits etwas dar, wird königsgleich.

Doch seine Frau war nicht nur Frankenkönigin, sondern sie ist von Geburt königlichen Geblüts. Sie ist die Tochter des Königs der Langobarden – Wacho. Mit dieser Heirat beginnt auch eine bairisch-langobardische Liaison. Seine Heirat bestätigt den Bund mit den Königen des Frankenreichs und tritt gleichzeitig in eine neue Partnerschaft ein. Garibald als Urahne in einem Stammbaum, eine europäische Familiengeschichte.

Die Langobarden kamen vermutlich aus Schweden über die Ostsee, der Elbe entlang, nach Böhmen und weiter, der Donau entlang, nach Pannonien. Es war die letzte große Wanderung eines Volkes in der Mitte Europas.

Theudebert, der Frankenkönig, hatte doch gegenüber Justinian, dem Kaiser von Byzanz, geprahlt, auch Pannonien gehöre zum Frankenreich.

In seinem Vernichtungskrieg gegen das Ostgotenreich lässt Justinian die Langobarden und deren König Wacho weiterziehen, benutzt sie als Schutzschild gegen fränkische Expansion, bis die Langobarden im Jahre 568 schließlich nach Norditalien ziehen.

Garibald und Walderada, die Königswitwe aus dem Frankenreich und Tochter des Langobardenkönigs Wacho, bekommen ein Kind, das sie Theodolinde taufen. Eines Tages reist eine Gesandtschaft aus dem Süden durch Baiern zum herzoglichen Hof nach Regensburg.

Wachos Nachfolger als König der Langobarden wurde Authari. Er lässt um die schöne bairische Prinzessin Theodolinde werben. Da er sich selbst ein Bild von ihr machen will, reist er mit über die Berge, will sich aber nicht zu erkennen geben. Für die Mühsal der langen Reise wird er belohnt.

Er wendet sich an Herzog Garibald:

»Da uns die Gestalt deiner Tochter wohl gefällt und wir sie darum zu unserer Königin wünschen, so möchten wir, falls es eurer Herrlichkeit beliebt, einen Becher Wein aus ihrer Hand entgegennehmen, wie sie ihn uns später reichen wird.«

Eine Liebesgeschichte wie im Märchen. Die Baiern geleiten die Besucher auf ihrem Heimweg. Als sie sich der Grenze zum Langobardenreich nähern, da »richtete sich Authari, so sehr er konnte, auf dem Pferde auf und stieß mit aller Macht die Streitaxt, die er in der Hand trug, in einen nahe stehenden Baum, ließ sie darin stecken und sprach: ›Solche Hiebe führt Authari!‹«

Jetzt wissen die Baiern, die ihn begleiten, wer der Mann ist, der von der Brautfahrt zurückkehrt: Authari, der König der Langobarden, wollte seine Gefühle nicht mehr verbergen.

Theodolinde ist als Tochter der Walderada eine Enkelin des verstorbenen Königs der Langobarden, Wacho. Damit stärkt sie die Stellung ihres Mannes. Am 15. Mai 589 wird auf dem Campo Sardi vor den Toren von Verona Hochzeit gefeiert. Ihr Portrait ziert ein Geschenk – ein Evangeliar.

Kaum war die Hochzeit vorbei, greift das Frankenreich die Langobarden an. Das Jahr darauf stirbt König Authari. Dann heiratet Theodolinde im November 590 Agilulf. Die Königin macht damit den Auserwählten zum König. Sie schenkt ihrem Gemahl einen Saphir-Becher.

Der Frieden, der geschlossen wird, ist bitter: Das Frankenreich nimmt den Langobarden ihre Selbstständigkeit und setzt im Jahre 592 den bairischen Herzog Garibald ab und dessen Verwandten Tassilo I. ein. König Agilulf und seine Stammesführer, die »duces«, beraten, wie sie ihr Reich erhalten können, unter ihnen Theodolindes Bruder und der Mann ihrer Schwester.

Dem frankenfreundlichen Herzog Tassilo I. wird die Einhaltung der auf ihn gesetzten Erwartungen eingeschärft: Sicherung der Grenzen donauabwärts und der Alpendurchgänge.

Noch im Jahr seiner Einsetzung muss er sich beweisen. Die Slawen, die im Südosten über die Alpen ins bairische Land vorstoßen, werden von Tassilo bis in die Ostalpen zurückgedrängt. Inntal, Brenner und westliches Pustertal gehören jetzt zu Baiern.

Theodolinde aus Baiern führt ihre Langobarden zum katholischen Glauben. Das Königspaar lässt in Monza, in der Nähe ihres Palastes, einen Dom bauen und Theodolinde stiftet dem Dom zu Monza wertvolle Kunstschätze, ein Goldkreuz mit einem Holzsplitter vom Heiligen Kreuz, ein Geschenk Papst Gregors des Großen – das »Gregoriuskreuz«.

Im Domschatz von Monza befindet sich auch die Krone der Königin.

Das Königspaar unterstützt die Missionsarbeit des Mönches Columban und lässt ihn im Jahre 612 südlich von Mailand das Kloster Bobbio gründen. Unter königlichem Schutz baut der aus Irland stammende Mönch seine Missionsarbeit auf: Er will die Langobarden arianischen Glaubens zum Katholizismus bekehren.

Unter ihrer Krone vereint Königin Theodolinde das Land. Sie sorgt sich um die sieben Herzogtümer der Langobarden und erhält symbolisch für ihre Fürsorge sieben Küken unter der Obhut ihrer Mutterhenne als vergoldetes Tafelsilber vom Papst geschenkt – ein Dank für die Bekehrung ihres Volkes.

Jetzt möchte Theodolinde auch ihr Heimatland Bayern missionieren lassen. Bevor Columban das Kloster Bobbio gründete, war er Abt in Burgund. Auf Theodolindes Veranlassung schickt Columban seinen Nachfolger im Kloster Luxeuil, Eustasius, nach Baiern, um die Organisation der Kirche aufzubauen. Baiern war zwar seit der Römerzeit weitgehend katholisch, doch die kirchliche Betreuung ist verwaist. Theodolinde stirbt am 22. Januar 625. In ihrem Grab hat man wertvolle Beigaben gefunden, auch die Henne mit ihren sieben Küken.

Um das Evangelium zu verkünden, wandert im Auftrag Theodolindes Abt Eustasius von Luxeuil »zu den Boiern, die jetzt Baiern genannt werden«, wie es in der »Lebensbeschreibung« des Heiligen Columban in Bobbio heißt.

Mission im Innern, Bedrohung von außen:

Baiern erfüllte den Auftrag des Frankenkönigs, die Slawen im Südosten in Schach zu halten.

Doch im Osten brodelt es. Ein Großreich der Slawen bedroht von Böhmen aus das Frankenreich. Noch weiter östlich kämpfen Awaren gegen Bulgaren.

9000 Bulgaren werden mit Frauen und Kindern vertrieben. Der Frankenkönig verspricht ihnen Hilfe, weist ihnen Lagerplätze in Baiern zum Überwintern zu. Als sie sich bis nach Baiern durchschlagen konnten, befiehlt er, alle in einer Nacht zu erschlagen. Diesen fränkischen Befehl müssen die Baiern ausführen. Nur 700 Bulgaren entkommen dem Massaker – ein Verbrechen zu einem Zeitpunkt, als sich Rechtsbewusstsein in Baiern schärft.

Es wird in einem bairischen Rechtsbuch niedergeschrieben, in der »Lex Baiuvariorum«. Schon durch die Dauer seiner Entstehung wird es zu einem Jahrhundertwerk und illustriert die Stammesgeschichte, aber auch den Einfluss, den die fränkischen Könige auf das bairische Gesetzeswerk ausübten.

Angelehnt an Rechtsmuster der Westgoten regte der fränkische König Theuderich I. an, das Recht der Franken, Alemannen und Baiern aufzuzeichnen. In seinem Kern stammt das Rechtsbuch aus der Zeit seines Nachfolgers, des Frankenkönigs Theudebert. Es wollte auch das Verhältnis zwischen der fränkischen Oberherrschaft und dem bairischen Herzogtum der Agilolfinger regeln.

Ein Rechtsbuch spiegelt die Entwicklungsgeschichte eines Gemeinwesens. Es soll im Innern des Herzogtums das Stammesgefüge intakt halten und die Bevölkerungsschichten integrieren. Auch die Rechte des Herzogs werden definiert: Er ist der oberste Repräsentant des Volksstammes; den Herzog stellt das Geschlecht der Agilolfinger, doch ist es den im Gesetzbuch aufgeführten fünf Geschlechtern gleichgestellt. Diese regional über das Land verteilten Familienverbände heißen Huosi, Fagana, Hahilinga, Drozza und Anniona.

Unter dem Frankenkönig Childebert II. wurde das Stammesrecht durch kirchliche Novellen erweitert, eine erneute Bearbeitung gibt es zur Zeit des Frankenkönigs Dagobert I., bis um 740 dem Stamm der »freien Baiern« sein Recht endgültig bestätigt wird. Ein Buch für alle Rechtsfälle.

Dass Religion und Staat in Bayern eine besondere Beziehung aufweisen, zeigt sich bereits in diesem bairischen Rechtsbuch. In den 23 Artikeln stehen an erster Stelle Klerus und Kirche.

Als Missionare zogen Bischof Marinus und sein Neffe Diakon Anianus durchs Land. Am Irschenberg bei Wilparting beendeten sie ihre Wanderschaft und lebten hier 40 Jahre als Einsiedler, bis Marinus um das Jahr 697 von einer Räuberbande überfallen und ermordet wird. Als Anianus vom Tod seines Onkels erfährt, betet er um die Aufnahme in den Himmel.

Nach Eustasius, der Anfang des Jahrhunderts aus Burgund nach Baiern kam, wandert gegen Ende des Jahrhunderts – etwa zeitgleich, als der Mord in Wilparting geschah, ein anderer Glaubensbote durch das Land. Mit ihm beginnt die zweite Missionswelle. Das Rupertuskreuz dokumentiert die Zeit und ihren Glaubensboten.

Rupert nimmt seine Missionstätigkeit auf. Der bairische Herzog Theodo persönlich hat diesen Bischof von Worms gerufen und ihm die Missionsarbeit im Salzburger Land aufgetragen.

Ihm gelingt es hier eine christliche Gemeinde aufzubauen. Die Zahl derer, die er zum Glauben führt und tauft, wächst. »Apostel der Baiern« nennt man ihn bald. Zum Kloster St. Peter gründet er auf dem Nonnberg ein Frauenkloster.

Sein Bischofssitz wird zum Mittelpunkt neuen christlichen Lebens. Herzog Theodo belohnt seine Arbeit mit Schenkungen an Land, Höfen und Salzrechten – die reiche Diözese Salzburg entsteht.

Bischof Rupert beginnt mit dem Bau des Salzburger Doms und schafft die Grundlage dafür, dass Salzburg zur kirchlichen Metropole ganz Baierns werden kann.

Im Jahre 711 kommt aus Poitiers Emmeram und zieht als Missionar durchs Land. Herzog Theodo überredet ihn zum Bleiben.

Drei Jahre lang leistet er Missionsarbeit in Regensburg. Er ist ein Vertrauter des Herzogs und der herzoglichen Familie.

Eines Tages macht sich Bischof Emmeram auf den Weg zum Papst nach Rom. Kurz vor seiner Abreise zieht die Herzogstochter Uta den Bischof ins Vertrauen: Sie gesteht eine heimliche Liebe zu einem Ritter am Hof und – die Folgen dieser Liebe.

Der Bischof rät ihr dies den Eltern zu sagen und, um beide während seiner Abwesenheit zu schützen, zunächst ihn als Vater zu nennen.

So hört es Utas Bruder Lantpert. Er reitet mit einigen Kriegern los, um sich am Bischof zu rächen. Er holt ihn in Kleinhelfendorf bei Aibling ein. Lantpert stellt den Rompilger und verhöhnt ihn als seinen »Schwager«.

Emmeram wird gefoltert: Seine Augen werden herausgestochen, Nase, Ohren und Zunge abgeschnitten; er wird grausam hingerichtet.

Im Jahre 717 kommt Korbinian als Missionsbischof von Melun an der Seine nach Freising über der Isar. Er wirkt auf dem Domberg neben der Burg des Herzogs Grimoald.

Sein Vater, Herzog Theodo, will Baiern unter seinen Söhnen aufteilen, wobei er Lantpert wegen des Bischofmords übergeht.

Jeder Herzogssitz soll auch Bischofssitz werden. Auf einer Romreise empfängt Korbinian die Bischofsweihe. Bis dann der Haussegen zwischen Burg Frigisinga und Pfalzkapelle schief hängt.

Nach dem Tod seines Bruders bindet sich Grimoald mit dessen Witwe Pilitrud. Dies missbilligt Korbinian und fordert ihre Trennung. Pilitrud will den Bischof vergiften. Korbinian flüchtet nach Südtirol.

Liebe, Hass und Macht in Baiern. Heiliger Korbinian!

In der Krypta des Doms zeigt die »Bestiensäule«, was sich oben abspielt. Nach dem Tod seiner Brüder will Grimoald allein herrschen, die Macht nicht mit seinem Neffen Hucbert teilen. Dieser ruft den Hausmeier des Frankenreichs, Karl Martell, um Hilfe. Er dringt nach Baiern ein und macht, nachdem Grimoald Opfer eines Meuchelmordes wurde, Hucbert zum alleinigen Herzog in Baiern und nimmt Herzogin Pilitrud und deren Nichte Swanahilt ins Frankenreich mit.

Herzog Hucbert kann jetzt Bischof Korbinian nach Freising zurückholen. Er gründet eine Kirche, dem Heiligen Stephan geweiht – Weihenstephan.

In der Krypta befindet sich auch der Schrein mit den Reliquien des Heiligen Korbinian. Wie die Geschichte mit Pilitrud und der herzoglichen Familie weitergeht, das hat Korbinian nicht mehr erlebt: Pilitrud lebt ohne Einfluss am fränkischen Hof, anders ihre Nichte Swanahilt. Karl Martell verliebt sich in die Agilolfingerin. Sie heiraten und bekommen einen Sohn – Grifo. Als in Freising Herzog Hucbert 736 stirbt, erlischt die in Bayern regierende Linie der Agilolfinger.

Karl Martell und Swanahilt machen Odilo aus der schwäbischen Linie der Agilolfinger zum bairischen Herzog und geben ihm Hiltrud, Karl Martells Tochter aus erster Ehe, zur Frau.

Herzog Odilo kommt nach Regensburg und ergreift Besitz vom Herzogtum Baiern, das jetzt wieder aus einer Hand regiert werden soll. Bereits Herzog Theodo hatte bei einem Rombesuch im Jahre 716 die Organisation einer eigenen bairischen Landeskirche mit Papst Gregor II. vereinbart. Doch die Nachrichten aus Baiern von Mord und Totschlag an einem Bischof verhinderten die Ausführung des päpstlichen Dekrets.

Neben Regensburg und Freising wird jetzt auch Passau eine eigene Diözese. Der Ort, an dem der Heilige Severin gewirkt hatte, wird Bischofssitz und die St. Stephans-Kirche zur Kathedrale erhoben.

Und der Bischofssitz der Diözese Salzburg, wo früher der »Apostel der Baiern«, Rupert, wirkte, wird Bischofssitz einer bairischen Kirchenprovinz.

Bonifatius, der »Apostel der Deutschen«, hat als päpstlicher Legat diese bairische Kirchenorganisation durchgeführt. Der Status einer eigenen Landeskirche gibt dem Herzogtum eine Sonderrolle im fränkischen Reich.

Bonifatius gründet auch in Würzburg ein Bistum. Von hier aus hatte Kilian, der Missionar aus Irland, Mainfranken christianisiert und hier erleidet der »Apostel der Franken« den Märtyrertod.

Auch die bereits 700 Jahre alte Römerstadt Augsburg wird zum Sitz einer Diözese. An der Stätte frühen Christentums wird die Märtyrerin Afra verehrt. Vom Jahre 739 an ist jeder Augsburger Bischof namentlich bekannt.

Bonifatius wird bei seiner Missionsarbeit von dem ebenfalls aus England stammenden Willibald unterstützt. Sie gründen in Eichstätt ein Kloster und Willibald wird Bischof des neu gegründeten Bistums.

Die Regierungszeit des Herzogs Odilo war nicht nur die Gründerzeit der Bistümer sowie der Landeskirche, sondern auch von vielen Klöstern. Odilo gründet allein sieben Klöster.

Klöster stehen untereinander in regem Kontakt. Das Kloster auf der Bodensee-Insel Reichenau ist eng verbunden mit den Klostergründungen in der Zeit des Agilolfingers in Baiern.

Die Kultur dieser Klosterinsel prägt die Klöster in Bayern. Von der Reichenau ziehen Mönche in das neu gegründete Kloster Niederaltaich. Gebetsgemeinschaften verbinden die Klöster und man führt darüber Buch. Das »Reichenauer Verbrüderungsbuch« nennt Namen und Zahl der Mönche in manchen Klöstern Baierns. So auch des Klosters Mondsee, das Odilo gründet. Den Kontakt unter den Klöstern besorgen Klosterboten.

Die Welle von Klostergründungen der Agilolfinger setzt auch der Sohn des Herzogpaares Hiltrud und Odilo, Tassilo, fort: im Chiemsee auf der Fraueninsel.

Auch die Chiemseer Nonnen werden im Inselkloster Reichenau namentlich aufgeführt – zu Lebzeiten Irmingards, der zweiten Stifterin des Klosters auf Frauenchiemsee.

Während Bistümer und Klöster wie auch Weltenburg gegründet werden, ist der Weiterbestand Baierns gefährdet. Das Land gerät in den Strudel eines Machtkampfs im Frankenreich.

Karl Martell hatte die Merowinger Könige verdrängt. Nach seinem Tod will seine Witwe, die Agilolfingerin Swanahilt, ihren Sohn Grifo als

Nachfolger. Seine Halbbrüder Pippin und Karlmann sind dagegen. Sie rücken am Lech gegen Baiern vor, wo sie den Hort dieser Verschwörung vermuten.

Die Tassilo-Linde bei Wessobrunn als historisches Vermächtnis: Was sich ab jetzt nicht weit von hier am Lech ereignet, ist für Tassilo ein Ur-Erlebnis.

Das Heer der Franken zieht plündernd durch Baiern. Dass Herzog Odilo das Herzogtum nicht verliert, verdankt er seiner Frau Hiltrud. Als der Herzog stirbt, putscht Grifo noch einmal, bemächtigt sich seiner Halbschwester Hiltrud und ihres Kindes Tassilo und reißt das Herzogtum an sich. Noch einmal besetzt Pippin Baiern, setzt Grifo ab und das Kind Tassilo als Erben ein, macht sich zu dessen Vormund und regiert Baiern.

Als Tassilos Vater starb, war er sieben, als seine Mutter starb, war er 13 Jahre alt.

Pippin hatte inzwischen den Machtkampf im Frankenreich für sich entschieden. Seit 747 war er Alleinherrscher und erhob sich vier Jahre später zum König, nachdem er den letzten Merowinger abgesetzt und ins Kloster gesteckt hatte.

Der Vormund bestellt den jungen Tassilo zu sich nach Compiègne, um ihn für mündig zu erklären, er ist jetzt 16 Jahre alt. Dafür dass er Herzog werden darf, muss Tassilo III. aber den Lehenseid leisten – eine Provokation. Baiern – ein Lehen der Karolinger? Das war 757.

Sechs Jahre später ruft der Frankenkönig zum Heereszug gegen das Fürstentum Aquitanien auch den bairischen Herzog auf. Tassilo erscheint zwar, doch rückt er wieder ab – ein Bruch des Treueeids.

Sein Einsatz gilt den Karantanen in Kärnten. Fürst Boruth hat wieder einmal Baiern um Hilfe gegen Angriffe der Awaren gerufen. Erfolgreich hatte bereits Tassilos Vater, Herzog Odilo, eingegriffen. Für diese Hilfe aus Baiern mussten die Karantanen Christen werden und die Söhne des Fürsten Boruth für einige Zeit das Kloster Herrenchiemsee besuchen.

Eine große Herausforderung für das Salzburger Bistum und für dessen Missionsarbeit. Virgil, der iro-schottische Abt von St. Peter, hat sich der Slawenmission besonders angenommen.

Tassilo setzt ein Zeichen. Er lässt in Salzburg eine Basilika errichten, die Virgil 774 als Bischof den Heiligen Petrus und Rupert weihen kann.

Die Einrichtung einer eigenen Landeskirche stützt das Herzogtum. Sein Einsatz für die Kirche verschafft Tassilo Respekt beim Papst.

Zur Befriedung im Südosten gründet Tassilo 777 das Kloster Kremsmünster und richtet damit in der Region ein Zentrum des Glaubens, der Kultur und der Wirtschaft ein.

»Ich Tassilo, Herzog von Baiern, habe im dreißigsten Jahr meiner Regierung erwogen, von dem Besitz, dessen mich der Herr gewürdigt hat, Gott selbst etwas wieder darzubringen.«

Der bairische Herzog vermacht dem Kloster auch private Schätze: zwei Leuchter und einen Brautkelch, den Tassilokelch.

Hochzeit zwischen den Agilolfingern und dem langobardischem Herrscherhaus nach alter Tradition: Herzog Tassilo heiratet Liutbirga, die Tochter des Langobardenkönigs Desiderius.

Erinnerung an das Brautpaar – »an den tapferen Herzog Tassilo und Liutbirga, die Jungfrau aus königlichem Geschlecht«.

Sie bekommen einen Sohn. Zu Pfingsten 772 tauft ihn Papst Hadrian I. auf den Namen Theodo.

Auch Pippins Sohn Karl, der bei Tassilos Lehenseid in Compiègne dabei war, heiratet eine Tochter von Desiderius. Karl wurde nach dem Tod Pippins, dem Bruder von Tassilos Mutter, König des Frankenreichs.

Diese doppelte Hochzeit macht die Vettern Tassilo und Karl jetzt auch zu Schwägern. Es sieht nach goldenen Zeiten aus – nach einem bairisch-langobardisch-fränkischen Bund.

Als Karl König wurde, hatte Herzog Tassilo seine Machtposition bereits ausgebaut. Der junge Herr des Frankenreichs beargwöhnt die bairisch-langobardische Allianz. Da das langobardische Königreich in Karls

Augen den Karolingern feindlich gesinnt ist, schickt er seinem Schwiegervater die Tochter zurück, überzieht das Langobardenreich mit Krieg, bis es 774 zusammenbricht und Karl sich die Langobardenkrone aufsetzt.

Nachdem Desiderius als Partner des bairischen Herzogs ausgeschaltet ist, wendet sich Karl jetzt direkt dem Baiernherzog zu.

Der Karolinger will Herzog Tassilo zwingen, den Lehenseid zu wiederholen, den er bereits als Jugendlicher auch vor dem zehnjährigen Karl in Compiègne leisten musste. Karl lässt in drei Heeressäulen gegen Baiern aufmarschieren. Er will den bairischen Herzog mehr als demütigen.

Was auf dem Lechfeld im Jahre 787 geschieht, darüber berichten die Reichsannalen:

»Wie nun Tassilo erkannte, dass er von allen Seiten umschlossen war, und mit ansah, wie die Baiern alle dem König Karl treuer waren als ihm, und das Recht des erwähnten Königs anerkannten ..., da kam er, von allen Seiten gezwungen, persönlich (auf das Lechfeld), gab sich dem König als Vasall in die Hände, erstattete ihm das von König Pippin übertragene Herzogtum zurück und gestand, in allem gefehlt und übel getan zu haben. Dann erneuerte er wieder den Eid, stellte zwölf auserlesene Geiseln und seinen Sohn Theodo als Dreizehnten.«

Tassilo übergibt das Szepter, das Herrschaftszeichen der Agilolfinger, und damit das Stammesherzogtum. In dieser Inszenierung erhält der Vasall als Gnadenakt Baiern zurück – als Lehen. Tassilo sucht Verbündete. Auf den Rat seiner Frau nimmt er Kontakt zut den Awaren auf.

Im Jahr darauf der letzte Akt: Karl lädt Tassilo vor – in die Kaiserpfalz Ingelheim zwischen Bingen am Rhein und Mainz. Die Lorscher Annalen berichten:

»König Karl berief eine Versammlung auf sein Hofgut Ingelheim. Daselbst erschien auf des Königs Befehl Tassilo wie auch seine übrigen Vasallen. Und die Getreuen aus Baiern huben an und sprachen, Tassilo bewahre nicht die gelobte Treue, sondern nachdem er seinen Sohn und andere Geiseln gestellt und Eide geschworen, sei er auf Anraten seines Weibes Liutbirga treulos geworden.

Das konnte auch Tassilo nicht ableugnen, vielmehr gestand er ein, zu den Awaren geschickt, die Vasallen zu sich gerufen und nach ihrem Leben getrachtet zu haben.

Und er gestand, gesagt zu haben, wenn er auch zehn Söhne hätte, so wolle er lieber, dass alle zugrunde gingen, als dass es bei dem Vertrag (mit den Franken) bliebe. Er sagte auch, besser sei es, tot zu sein, als so zu leben. Als er alles dessen überwiesen war, da gedachten die Franken und Baiern, die Langobarden und Sachsen, und alle, welche aus den verschiedenen Ländern auf dieser Versammlung erschienen waren, seiner früheren Übeltaten und wie er den König Pippin im Feld verlassen habe, und sie erklärten den Tassilo für des Todes schuldig. Wie aber alle einstimmig das Todesurteil über ihn aussprachen, wurde der fromme König von Mitleid ergriffen, und aus Liebe zu Gott, und weil er sein Verwandter war, bewog er die Geistlichen und seine Getreuen, dass ihm das Leben geschenkt ward. Wie nun Tassilo von dem gnädigen König gefragt wurde, was er tun wolle, bat er um die Erlaubnis, sich scheren zu lassen, in ein Kloster gehen zu dürfen.«

Eine Persönlichkeit verlässt die Bühne des theatrum mundi. Über ein halbes Jahrhundert spielte er seine Rolle – tollkühn, Höhen und Tiefen durchlebend, gedemütigt, aufbäumend. Er hat alles gewagt und alles verloren: Tassilo III., Herzog von Bayern.

Nicht einmal seine bairischen Bischöfe halfen ihm, auch nicht der Papst, sondern Nachbarn im Osten – die Awaren – hatten Respekt vor ihm und wollten helfen.

Der Brautkelch sollte sie vereinigen. Doch Tassilo, seine Frau Luitbirga und ihre Kinder werden in verschiedene Klöster verbannt. Sie werden sich nie mehr wieder sehen.

In Freising auf dem Domberg wird um 765 ein lateinisch-deutsches Wörterbuch angefertigt, mit über 3500 Übersetzungen. Die Bezeichnung für dieses Buch, »Abrogans«, leitet sich ab von dem ersten Wort »abrogans«, neben das der Schreiber »dheomodi« gestellt hat, was »demütig« heißt. Diese Eigenschaft war Bischof Arbeo von Freising gegenüber seinem Herzog Tassilo nicht eigen. Der Bischof war bereits früh auf Distanz zu seinem Herzog gegangen.

Arbeo gehörte zu den nicht ihrem Herzog, sondern »dem König Karl getreuen Baiern«. Der Bischof schreibt, der Untergang der Agilolfinger sei die gerechte Strafe Gottes für das, was sie den Bischöfen Emmeram und Korbinian angetan hätten.

Bischof Arn, Virgils Nachfolger in Salzburg, gibt dem Freisinger Bischof Arbeo die Anregung, eine Biografie über beide Glaubensboten zu schreiben.

Mit diesen beiden Biografien wird Arbeo der erste Geschichtsschreiber in Baiern. Er beschreibt die Schwierigkeiten der Missionsbischöfe mit ihren bairischen Herzögen.

Bischof Arn gehört Karls Hofakademie an, die Gelehrte aus dem ganzen Reich vereinigt. Der Salzburger Bischof wird zum ersten Metropoliten, zum Oberhaupt der bairischen Kirchenprovinz erkoren.

Der Karolinger hat sich durchgesetzt: Er siegte über die Langobarden, über die Baiern und gewinnt auch den Papst für sich.

Erzbischof Arn von Salzburg ist am Weihnachtstag des Jahres 800 bei der Krönung König Karls zum Kaiser in Rom dabei.

Dass Baiern noch fortbestehen kann, ist auch der von den Agilolfingern geschaffenen eigenen Kirchenprovinz zu verdanken.

Kurz nach der Besitzergreifung von Baiern vereinnahmt Karl auch die »uneinnehmbare Stadt« Regensburg – »die Stadt … aus Quadern gebaut, mit hochragenden Türmen und Brunnen reichlich versehen«, so beschreibt Arbeo von Freising die Hauptstadt des ausgelöschten bairischen Stammesherzogtums.

Jetzt packt Karl in Baiern ein gigantisches Projekt an: Er will die Donau über den Main mit dem Rhein verbinden.

Dort, wo nur zwei Kilometer die Flussläufe der schwäbischen Rezat, die in den Main fließt, und der Altmühl, die in die Donau mündet, trennen, soll auf der Wasserspiegelhöhe der Altmühl ein Kanal an die Rezat herangeführt werden; eine Staustufe soll den Schiffen über die Höhendifferenz hinweghelfen.

Der Kanal hat für den Karolinger eine große strategische Bedeutung. Angesichts des Krieges gegen die Awaren im Osten und gegen die Sachsen im Norden, braucht er einen Verbindungs- und Transportweg.

Im Jahre 793 beginnen die Bauarbeiten. Die Lorscher Annalen berichten:

»Als er (der König) überzeugt worden war – von Leuten, die sich für zuständig hielten –, man könne, wenn man zwischen Rezat und Altmühl einen schiffbaren Graben zöge, bequem von der Donau in den Rhein gelangen, da der eine von den beiden Flüssen doch in die Donau, der andere in den Main münde, begab er sich sogleich mit seinem ganzen Gefolge an Ort und Stelle, warb eine große Zahl von Arbeitern an und verblieb den ganzen Herbst bei diesem Unternehmen. So wurde dann der Graben zwischen den genannten Flüssen in einer Länge von 2000 Schritt und einer Breite von 3000 Fuß gezogen; doch vergebens: Denn anhaltender Regengüsse wegen wie durch die von Natur aus sumpfige und feuchte Bodenbeschaffenheit konnte das, was da geschaffen wurde, keinen Bestand haben. Was die Werksleute tagsüber an Erde aushoben, das fiel des nachts, da das Erdreich an seinen Platz zurückrutschte, wieder in sich zusammen.«

Bis zu 7000 Menschen sind hier bis Mitte Dezember eingesetzt. Die Spuren der »Fossa Carolina«, des Karlsgrabens zwischen Weißenburg und Treuchtlingen, sind deutlich. Mangelnde Planung, Wintereinbruch und Kriege stoppen den Kanalbau.

Karl vereinnahmte Baiern, aber hier zu Lande vereinnahmte man auch ihn. In der Reismühle bei Gauting sei er auf die Welt gekommen und im Untersberg sei Kaiser Karl noch immer.

Für Tassilo blieb in Karls Reich kein Platz, und schon gar nicht für eine Sonderrolle Baierns. Der Karolinger, König der Franken und der Langobarden, band das vom Frankenreich sich wegbewegende Baiern fest an sich, an den Thron in der Pfalz zu Aachen in der Krönungskirche des Heiligen Römischen Reiches. In der Pfalzkapelle ist Karl der Große begraben – als »Vater Europas« ließ er sich feiern.

Aachen sollte ein neues Rom werden, »Roma secunda«, ein Reich imperialen Zuschnitts.

In 30 Jahren hatte Karl ein Großreich geschaffen – von der Nordsee bis nach Süditalien, vom Ebro bis über die Elbe, ein »Patricius der Römer«, ein Schutzherr der Kirche und der Pippin'schen Schenkung, dem Kirchenstaat.

Nun konnte er nur noch heilig gesprochen werden.

Konnte die Welt aber überhaupt noch durch eine Person zusammengehalten werden?

Die Tassilo-Linde beim Kloster Wessobrunn symbolisiert den Stammbaum des Herrschergeschlechts der Agilolfinger.

Wessobrunn, ein Stützpunkt herzoglicher Macht in Baiern, wird nach der Entmachtung des Wohltäters Wessobrunn ein karolingisches Reichskloster. Jetzt muss hier für den Kaiser gebetet werden. Doch am 11. Dezember – an Tassilos Todestag – beten die Mönche für ihren Herzog.

Auch aus dieser Zeit – das älteste Gedicht, in Althochdeutsch, über die Schöpfung der Welt – das »Wessobrunner Gebet«:

»Das erfuhr ich unter den Menschen als der Wunder größtes,
dass es die Erde nicht gab und nicht den Himmel,
es gab nicht Baum noch Berg, noch irgendeine Blume,
es schien nicht die Sonne,
es leuchtete weder der Mond noch das glänzende Meer:
Als da nichts war, ohne Anfang und Ende, in ungemessener Zeit,
war da doch der eine allmächtige Gott,

der Wesen freigebigstes, und es waren bei ihm auch viele herrliche Geister. Und es war der heilige Gott.«

Bayern hatte 788 seine Selbstständigkeit verloren.

Das Urteil gegen Tassilo war ein Verstoß gegen ein konstitutives Gesetz, das den Agilolfingern das Recht auf das Erbe des Stammesherzogtums zusprach. Was die Merowinger Könige den Agilolfingern garantiert hatten, nahmen ihnen die Karolinger weg. Die »Lex Baiuvariorum«, das Recht der Baiern, wurde elementar verletzt.

Karl schickt seinen Schwager Gerold als Präfekten nach Baiern.

Als dieser in den Kriegswirren im Osten fällt, wird Adulf als Nächster ernannt. So geht es ein ganzes Jahrhundert lang.

Erhalten bleiben der Name und der Umfang des Landes.

Das Land der Baiern, wie es Arbeo von Freising sieht. Es ist die erste Landesbeschreibung:

»Herrlichstes Land, erstrahlend in Anmut, überreich an Wäldern, fruchtbar an Wein, ergiebig an Eisen, an Gold und Silber und Purpur; die Männer hoch gewachsen und strotzend in Kraft, aber gutmütig und handsam; das Erdreich gesegnet mit Garben, Zugvieh und Herden, so viel, dass sie fast den Boden bedecken; Bienen und Honig in Mengen; in den Seen und Flüssen ein Gewimmel von Fischen; das Land bewässert durch Quellen und Bäche; Salz, was man nur braucht; auch das Bergland fruchtbar und für die Weide bereitet; gute Kräuter im Überfluss; die Wälder prachtvoll besetzt mit Hirschen und Elchen und Auerochsen, mit Gämsen und Steinböcken und mit Wildzeug aller Art.«

Auch dieses »Taschenbuch« der »Lex Baiuvariorum« aus dem ersten Viertel des 9. Jahrhunderts, in der Umgebung von Regensburg geschrieben, zeigt, was damals Recht und Sitte war.

»Damit sie immer ein gerechtes Urteil fällen«, sollen die Grafen es stets bei sich tragen – nicht schwer unterm Arm, sondern kleinformatig in der Tasche: Ein Nachschlagewerk über Bräuche und Unsitten, für Freie und

Freigelassene, also die »Liberi« und die »Frilaz«; für Knechte und Mägde, also die »servi«; über die Rechte, die sie haben und nicht haben. Und – was sie erwartet bei Diebstahl, Jagdfrevel, Tierquälerei, Beschädigung von Nachbars Obstgarten, bei Brandstiftung, Grabschändung oder Bischofsmord. Auch der Schutz der weiblichen Ehre wird garantiert. Und: Verlässt ein Ehemann seine Frau, so muss er diese wirtschaftlich absichern. Es ging auch um Sicherheit beim – »Fensterln«:

»Wenn einer dem anderen die Leiter oder ein anderes Steiggerät widerrechtlich umstößt und jener droben bleiben muss, was sie ›in Verzweiflung bringen‹ nennen, so büße er mit zwölf Schillingen.«

»Wenn einer sein Besitztum einem anderen verkauft, so soll der Kauf nach empfangenem Preis durch Urkunde oder durch Zeugen als rechtskräftig bestätigt werden. Jener Zeuge soll am Ohr gezogen werden, denn so verlangt es euer Gesetz.«

Das »Salzburger Calendar« ist eine der ersten Darstellungen des Alltags und des bäuerlichen Lebens – Monatsbilder aus einem Kalender, um 818 aufgezeichnet, mit Berufsbeschreibungen aus dem frühen Bayern.

Fremde Äbte werden den Klöstern vorgesetzt. Vor allem die Mönche von Benediktbeuern ärgern sich über das ständige Auswechseln der Äbte.

Die eben noch in der Agilolfinger Zeit gegründeten Klöster müssen jetzt alle vor 788 getätigten Schenkungen und Besitztümer nachweisen. Sonst verfällt der Besitz an das karolingische Herrscherhaus oder wechselt den Besitzer. In den Schreibstuben der Klöster wird unermüdlich gearbeitet. Diese »Güterverzeichnisse«, die um 790 erstellt werden, geben Einblick in die Wirtschafts- und Sozialstruktur. Sogar jedes Buch, jedes Schreibgerät, jedes Tintenfass und jede Schreibfeder werden inventarisiert. Diese Güterverzeichnisse geben auch Auskunft über Arbeitsleistung und Abgaben der abhängigen Bauern.

Viele Klöster trifft es hart: Das 746 von Otkar und Adalbert gegründete Kloster Tegernsee bekommt der Bischof von Freising. Die zwei

Chiemsee-Klöster werden dem Bischof von Metz zugeteilt, und Kloster Mondsee wird Köln übergeben. Klöster an bairischen Seen sind begehrte Objekte für die fernen neuen Herren.

Baiern wird zur Provinz, derer man sich bedient. Und so urteilt selbst Bischof Arn von Salzburg:

»Was den guten Willen des Kaisers anlangt, so bin ich dessen ganz sicher, dass er in dem ihm von Gott verliehenen Reiche alles nach Recht und Gerechtigkeit geordnet haben will; aber er hat nicht so viele Förderer als Vernichter des Rechtes, nicht so viele Verkünder des Rechtes als Plünderer.«

Polling, ein Kloster im Pfaffenwinkel, stammt auch aus Tassilos Zeiten. Dort wo der Herzog ein Kreuz fand und auf der Fundstelle ein Kloster baute, ganz in der Tradition der bairischen Freigebigkeit des Landesherren, auch des Einzelnen gegenüber der Kirche – die »Liberalitas Bavarica«. Sie ist gleichzeitig ein Hinweis, dieser Verpflichtung auch nachzukommen, vor allem in diesen Zeiten, in denen gewachsene Bindungen abgeschnitten werden und die Karolinger sich des Landes und seiner Klöster bedienen. Da ist die Erinnerung an diese bairische Besonderheit angebracht.

Der Wirtschaftsfaktor Kloster prägt das Land. Ganz Bayern ein Klostergut?

Klosterwirtschaft nach Plan. Sie prägt das Leben der überwiegenden Mehrheit der Menschen in Bayern.

Mehr als die Hälfte des Landes sind in klösterlichem Besitz, 9/10 der Bevölkerung arbeiten für Grundherren, 2/3 wohnen und arbeiten auf dem Grund und Boden der Klöster.

Mals im Südtiroler Vintschgau, St. Benedikt, Bilder des Lebens um 800, der weltlichen und der göttlichen Ordnung. Ein Lehensherr der Karolinger muss ihr dienen, auch als Krieger. Bei Feldzügen rekrutiert sich die Hälfte der kaiserlichen Truppen aus Klosterabhängigen.

Klöster sind zentrale Wirtschaftsunternehmen. Der Fischfang ist wichtige Ernährungsgrundlage. Durch Rodungen entstand Platz für Weideland und Siedlungen. Die Klöster sorgten für Fortschritt: Die Drei-Felder-Bewirtschaftung oder der Räderpflug mit einer Pflugschar aus Metall verbessern die Bodennutzung. Manche Klöster mehren ihren Besitz und zählen Hunderte von Bauernhöfen ihr Eigen.

Ein Leben nach einem göttlichen, wirtschaftlichen und sozialen Plan – auf einem Muster: Der »St. Galler Klosterplan«. Innenansicht eines Lebensmittelpunkts.

Dieser Klosterplan ist ein durchdachter Aufriss eines funktionierenden Klosterbetriebs. Er ist ein Muster für Klöster, auch in Bayern. Ein Grundriss für das Ineinandergreifen von benediktinischem Regelwerk, von Gebet und Arbeit in einer Civitas Dei – einem göttlichen Bezirk. Hinter dicken Schutzmauern Mönchszellen, Kreuzgang, Refektorium, Konvent, Kapelle, Bibliothek, Schreibstube und Schreibschule, Schulräume, Küche, Werkstätten, Apotheke, Krankenstation, Kräutergarten.

Weltabgewandte Ordnung und doch mit der Welt draußen eng verbunden.

Ein Zentrum des Sammelns und Herstellens von Bildprogrammen für die göttliche und kaiserliche Ordnung ist die Reichenau.

Hier wird in den Schreibstuben um das Jahr 830 der Klosterplan ausgearbeitet für das Nachbarkloster St. Gallen – eigentlich müsste er »Reichenauer Klosterplan« heißen.

Ein Fresko zeigt einen Mönch mit dem »liber vitae«, dem »Reichenauer Verbrüderungsbuch«.

Dokumentierte christliche Kommunität – die »Verbrüderungsbücher«. Sie sind ein Verzeichnis der Klostergemeinschaft innerhalb des Konvents und der Mönche anderer Klöster, mit denen man sich in Gebetsgemeinschaften zusammengeschlossen hat.

Das Verbrüderungsbuch von St. Peter in Salzburg zeigt die Verbundenheit mit Gott und der Welt. Es verzeichnet die Zusammenkünfte der Gebetsgemeinschaften und gibt Auskunft über die Vitae der Klosterbrüder. Das Klosterleben und der Austausch mit weltlichen Förderern werden dokumentiert. Doch der monastische Aufbruch und die Blüte der agilolfingerzeitlichen Klöster in Baiern ist erst einmal gestoppt. Ein ganzes Vierteljahrtausend lang ...

Bald nach dem Tod von Karl dem Großen wird ersichtlich, wie es mit Bayern weitergehen soll:

In einer »ordinatio imperii« aus dem Jahre 817 heißt es:

»Ebenso wollen wir, dass Ludwig Bayern erhält, die Karantanen, Böhmen, Avaren und Slawen, die im Osten Bayerns wohnen, und ferner zu seinem Unterhalt zwei Königshöfe im Nordgau, Lauterhofen und Ingolstadt.«

Ganz im Sinne der Reichsteilung, die im Vertrag von Verdun 843 endgültig bestätigt wird, erhält Ludwig der Deutsche, der Enkel Karl des Großen, das Ostfränkische Reich. Hauptstadt wird Regensburg. Von seinem Regierungssitz aus erkennt er die »herausragende« Aufgabenstellung: Bayern soll zukünftig für den Aufbau einer Grenzorganisation im Osten, für die »Ostmark«, zuständig sein.

Nach dem Krieg gegen die Awaren, die jetzt von den Slawen vernichtend geschlagen werden, führt Ludwig der Deutsche Krieg gegen Mähren. Dort will Herzog Ratislav die politische Selbstständigkeit in einem Großmährischen Reich erlangen. Um sich Anerkennung zu verschaffen, vereinbart er mit dem byzantinischen Kaiserreich den Einsatz von Missionaren – als brüderliche Hilfestellung unter slawischen Völkern. So kommen die Missionsbrüder Methodius und Kyrillus nach Mähren.

Und um auch eine kirchliche Selbstständigkeit im Sinne einer eigenen Landeskirche zu erwerben, verhandelt Herzog Ratislav aus Mähren auch mit dem Papst in Rom. Der segnet die christliche Mission der Glaubensbrüder zu ihrem Einsatzort ab, sehr zum Ärger von Passau. Denn dieses Bistum fühlt sich traditionell für die Missionsarbeit in Mähren zuständig.

Die bayerische Landeskirche duldet keine oströmischen Aktivitäten in ihrem kirchlichen Einflussgebiet, und der ostfränkische König Ludwig der Deutsche will verhindern, dass ein Großmährisches Reich in die politische Einflusszone von Byzanz gerät – direkt vor der Nase Regensburgs.

In dem deutsch-mährischen Krieg werden Gefangene gemacht:

Die beiden Missionsbrüder Methodius und Kyrillus werden den bayerischen Bischöfen überstellt. Auf einer bayerischen Bischofssynode im Jahr 870 werden die Apostel aus dem Osten vorgeführt. Jetzt sind die Demarkationslinien zwischen dem Ersten und dem Zweiten Rom abgesteckt. Methodius und Kyrillus verbringt man, wie man vermutet, ins Bodensee-Kloster Reichenau. Damit die byzantinischen Missionare keine Gottesdienste mehr in slawischer Sprache halten, nimmt man den beiden Slawenaposteln ein Buch weg und verwahrt es im Kloster St. Emmeram – eine lateinische Handschrift, in der die slawische Übersetzung mit einem Griffel über den Zeilen eingeritzt wurde.

Nach diesem Bruder Kyrillus wird die kyrillische Schrift benannt.

Im selben Jahr, 870, stellt die bairische Landeskirche ihre Verdienste bei der Missionierung im Osten in einer Denkschrift für König und Papst dar: »De conversione Bagoariorum et Carantanorum libellus«, über die »Bekehrung der Bayern und der Karantanen«.

Das letzte Jahrhundert des ersten Jahrtausends bricht an.

Verursacht durch eine Völkerbewegung im Osten werden die Ungarn von ihrem Stammland am Schwarzen Meer nach Westen vertrieben – donauaufwärts. Sie stehen bald vor Bayern – dem Tor zum Osten. Das Land Baiern, das Reich, das ganze Abendland ist in Gefahr …

Zuerst überrennen die Madjaren das Großmährische Reich. Dann macht ihr bewegliches Reiterheer bereits Vorstöße nach Bayern hinein.

Wie die Vorahnung einer Apokalypse klingt eine althochdeutsche Dichtung in Reimen, das »Muspilli«, um 860 niedergeschrieben:

»Wenn des Elias Blut zur Erde tropft, dann aufbrennen die Berge,
kein Baum hält stand, nirgends auf der Erde;
die Bäche vertrocknen, das Moor saugt sich auf, in der Flamme verglüht der Himmel,
der Mond fällt herab, der Erdkreis brennt,
kein Stein hält stand, dann kommt der Tag des Gerichts ins Land,
kommt, mit dem Feuer die Menschen zu suchen …«

Diese Vision vom Tod, vom Weltuntergang und vom Jüngsten Gericht ist in ein Buch eingetragen, das der Salzburger Erzbischof Adalram Ludwig dem Deutschen schenkt: Ein lateinisch geschriebener Codex, in den Adalram eigenhändig eine persönliche Widmung und ein Gedicht mit 103 Zeilen in Althochdeutsch schreibt.

Knapp 20 Jahre nach dem Tod Ludwigs dem Deutschen, als im Jahr 900 zum ersten Mal die Madjaren, auch Ungarn genannt, in Bayern auftauchen, steht in der Thronfolge an der Spitze des Reiches ein Siebenjähriger: Ludwig das Kind. Angesichts seines Alters und der Notlage kann es das Herrscheramt nicht ausüben. Mit ihm wird das Ende des karolingischen Geschlechts eingeleitet.

Mit der Reichsregentschaft über Ludwig das Kind beauftragt wird Markgraf Luitpold. Er führt das Geschlecht der Luitpoldinger an, hat einen starken Rückhalt im bayerischen Adel und übernimmt angesichts der Gefahr für dieses exponierte Territorium des Reiches in Baiern die Regierungsgewalt.

Nach einigen, wenig erfolgreichen Abwehrkämpfen gegen die Eindringlinge sucht Markgraf Luitpold die Entscheidung, will ein für alle Mal die Gefahr für das Abendland bannen. 907 stößt er mit dem bayerischen Heerbann bis Pressburg vor.

Vernichtender hätte die Niederlage nicht sein können: Markgraf Luitpold fällt, ebenso der Erzbischof von Salzburg. Nicht nur der bayerische Adel, vielmehr »der bayerische Stamm ist beinahe vernichtet worden«, so heißt es damals.

Heinrich II., 1014 in Rom zum Kaiser gekrönt, sieht in Bamberg die Hauptstadt des Erdkreises, das »neue Rom«.

3
»Herrschaftszeiten!«

Man schreibt das Jahr 907 – die Katastrophe in Pressburg: Der Sieg der Ungarn, ein geschlagenes baïrisches Heer, das Reich ohne Führung, der Reichsregent Markgraf Luitpold gefallen – angesichts dieser Notlage rückt »im Herzogtum« sein Sohn Arnulf in die Verantwortung um Bayern. Jetzt macht das Geschlecht der Luitpoldinger bayerische Geschichte.

Ein Land in einer Zerreißprobe. Ganze 100 Jahre lang. Der Luitpoldinger Arnulf, Herzog von Baiern, erlebt nach dem Tod des letzten Karolingers, Ludwig dem Kind, drei deutsche Könige.

Der Kampf gegen die Madjaren beschäftigt die Menschen in Baiern und macht einen Bewohner ihrer Hauptstadt zu einer legendären Figur. Ein Madjare, groß und stark wie ein Hüne, traut sich nach Regensburg und fordert die Bewohner auf, sich mit ihm zu messen. Einer von ihnen, ein Neubürger vom Lande, Hans Dollinger, wagt es, nimmt es mit ihm auf – mitten in Regensburg. Der Ungar ist schwer bewaffnet, führt ein Wappenschild mit dem Bild des Teufels, spiegelblank, dass es blendet. Doch Dollinger, der Mann aus Baiern, besiegt den Teufel aus Ungarn.

Ein gutes Omen?

Kriege im eigenen Land und Kriegszüge im Osten: Die Abwehr der Madjaren kommt den Menschen im Westen der Austreibung des Teufels gleich.

Jetzt wird Heinrich von Sachsen deutscher König. Dieser Heinrich I.

muss in einer vor Regensburg getroffenen Vereinbarung Arnulf freie Hand in Bayern zusichern.

Doch dies ist zunächst eher eine militärische Aufgabe.

Zum Aufbau eines Reiterheeres gegen die Madjaren treibt Arnulf die Unkosten durch Konfiszierung von Klostergütern ein. Die Mönche schimpfen den Herzog jetzt Arnulf »den Bösen«. Vor allem in Tegernsee ist man verbittert: Fast alle Klosterhöfe werden enteignet.

Herzog Arnulf und König Heinrich I. haben vorgesorgt. Sie sprechen sich in der Frage ihrer Nachfolger gegenseitig ab.

Als dann Heinrichs Sohn Otto deutscher König wird, hält dieser sich nicht daran und setzt Luitpoldinger Herzöge in Baiern ein und ab.

Otto gibt schließlich seinem Bruder Heinrich, dem jetzigen Herzog von Sachsen, das Herzogtum Baiern. Ein Schachzug – denn Heinrich ist mit Judith, Arnulfs Tochter, verheiratet, eine aus dem Geschlecht der Luitpoldinger.

Über diesen Griff der Ottonen nach Baiern sind die Luitpoldinger wütend.

Es kommt zum Aufstand des bairischen Adels, angeführt vom weit verzweigten Geschlecht der Luitpoldinger.

Regensburg ist Zentrum und Schauplatz dieses Aufruhrs, der schon zwei Jahre dauert. Eine Rebellion in Baiern, aus der Hauptstadt heraus, gegen König Otto, gegen das Reich.

Monatelang belagert Otto schon Regensburg. Die Stadt wird ausgehungert, ein Stadtteil wird niedergebrannt, bis dann im Frühjahr 955 die Belagerten aufgeben.

Einer, der mit seinen Truppen Otto unterstützt, ist Bischof Ulrich von Augsburg. Als er in die Stadt am Lech zurückkehrt, findet er ein von den Aufständischen geplündertes Augsburg vor.

Mitten in dieses zerrissene Baiernland stoßen die ungarischen Reiterverbände vor, zerstören Dörfer und Klöster. Im August 955 formieren sie sich vor Augsburg.

König Otto versucht mit seinem Heer dem von den Ungarn belagerten und von Bischof Ulrich verteidigten Augsburg zu Hilfe zu eilen.

Gerhard, ein Augsburger Geistlicher, ist Augenzeuge des drohenden Sturms auf die Stadt:

»In der Stunde des Kampfes aber saß der Bischof auf seinem Ross, angetan mit der Stola, ohne durch Schild und Helm geschützt zu sein, und blieb unversehrt von den Pfeilen ... Unterdessen erschien Berthold, der Sohn Arnulfs, beim König der Ungarn und verriet ihm, dass der ruhmreiche König Otto im Anzug sei. Als jener das hörte, gab er Befehl, sein Feldsignal erklingen zu lassen. Auf dieses Signal hin ließ die gesamte Streitmacht vom Angriff auf die Stadt ab. Der König stellte den Kampf um die Stadt ein und brach auf, um dem ruhmvollen König Otto entgegen zu ziehen. Denn er wollte zuerst ihn und die Seinen bezwingen, um als Sieger zurückzukehren und dann die Stadt und das ganze Land umso leichter in Besitz zu nehmen.«

Das Wunder der »Heiligen Lanze«: König Otto führt sie mit sich, besiegt die Ungarn in der Schlacht auf dem Lechfeld – es ist der 10. August 955. Die Gefahr für das Abendland ist gebannt. Doch noch nicht für Baiern. Berthold kann entkommen.

Bischof Ulrich stirbt im Jahr 973. Er wird in der Kirche begraben, in der seit 600 Jahren die Heilige Afra verehrt wird. Seitdem heißt diese Augsburger Kirche »St. Ulrich und Afra«.

Als Herzog Heinrich von Sachsen und Baiern stirbt, tritt sein Sohn, der ebenfalls Heinrich heißt, seine Nachfolge an. Halb Sachse, halb Luitpoldinger greift er den alten Zank mit den Ottonen auf.

Heinrich »der Zänker« probt den Aufstand gegen das Reich und wird neun Jahre lang mit dem Entzug des Herzogsamts bestraft, Kärnten wird von Baiern abgetrennt und selbstständiges Herzogtum und obendrein wird Luitpold aus dem Geschlecht der Babenberger Markgraf der Ostmark.

Damit beginnt die Geschichte Österreichs.

Diese mächtige bairische Familie besetzt jetzt Schlüsselpositionen – die Ostmark und den Nordgau, wo Berthold von Schweinfurt residiert.

Kaiser Otto III. setzt historische Zeichen: Er begibt sich nach Aachen und lässt zur Vorbereitung einer Heiligsprechung das Grab Karl des Großen öffnen.

Dann will er von Rom aus eine »renovatio imperii Romanorum«, eine »Erneuerung der römischen Kaiserherrschaft« – eine Rückbesinnung angesichts des Millenniums und eine Neuordnung der politischen Verhältnisse im Südosten.

Am 1. November 996 beurkundet Kaiser Otto III. der bischöflichen Kirche zu Freising eine Schenkung in Neuhofen an der Ybbs in der bairischen Ostmark, die jetzt »Ostarrichi«, also Österreich heißt.

Bayern vor der Jahrtausendwende: Turbulente Zeiten, im Zank mit sich und mit dem Reich. Um die Zukunft des Landes ist es nicht gut bestellt, wo doch Bayern jetzt neben der sächsischen Königslandschaft der Kern des Reiches und Regensburg sein Zentrum ist.

Als im Jahre 998 der Mond über Regensburg blutrot steht, ergreift viele die Angst, dies sei das Zeichen für den Untergang der Welt.

Die Zeit vollende sich nach 1000 Jahren, heißt es. Mit dem Ende des Römischen Reiches werde der Antichrist von der Welt Besitz ergreifen und dann stünde das Jüngste Gericht bevor.

Es geschehen Zeichen der Veränderung in Europa:

Dass die Zeit nahe ist, dokumentiert der seit 1002 regierende König und 1014 zum Kaiser gekrönte Heinrich II. in seinem »Perikopenbuch«. Um die Zeit des Millenniums war er Zeuge großer historischer Ereignisse. Heinrich war in Aachen bei der Öffnung des Grabes Karls des Großen dabei, in Rom, wo er mit seinem Heer den römischen Kaiser, Otto III., vor den Römern schützen musste, ebenso in Gneses, als das christliche Polen begründet wurde.

Das Giselakreuz bezeugt es: Mit König Stephan I. wird Ungarn christlich.

Seine Frau Gisela ist die Schwester Heinrichs.

Fünfzig Jahre zuvor hatten noch ungarische Reiterheere Baiern bedroht, wurden verteufelt und waren der Schrecken des Abendlands.

Wer ist dieser Heinrich mit dem Gespür für den »kairos«, solchen historischen Momenten jeweils nahe zu sein? Sieht er sich gar als letzter Kaiser, mit dem das »Ende der Zeiten« kommt? Will er die Menschen im Angesicht der Jahrtausendwende auf das Ende der Zeiten vorbereiten?

Heinrich war am 6. Mai, vermutlich im Jahr 973, in Abbach, geboren worden. Der Sohn Heinrichs des Zänkers wird in den Domschulen von Freising, Hildesheim und schließlich Regensburg ausgebildet. Hier übernahm Bischof Wolfgang seine Erziehung. Dieser hatte die vom lothringischen Gorze ausstrahlende Reformbewegung nach Bayern gebracht und Kloster St. Emmeram zum geistigen Zentrum dieser Reform gemacht. Als im Herbst 995 sein Vater, Heinrich der Zänker, starb und seine letzte Ruhestätte in St. Emmeram fand, war Heinrich unumstrittener Herzog von Baiern.

Hierher dringt im Januar 1002 aus Italien die Nachricht vom Tod Kaiser Otto III.

Der bairische Herzog handelt schneller als eventuelle Mitbewerber um den Thron ohne Erben: Er reitet dem Heereszug, der den Sarg von Italien durch die Alpen heimführt, entgegen. Der Chronist Thietmar von Merseburg:

»Als sie von dort aus den Hof Polling des Augsburger Bischofs Siegfried erreichten, empfing sie Herzog Heinrich, dessen Tränen sie wiederum tief erschütterten. Unter großen Versprechungen ersuchte er sie einzeln, ihn zu ihrem Herrn und König zu wählen. Auch übernahm der die Leiche des Kaisers und die kaiserlichen Insignien mit Ausnahme der Lanze, die Erzbischof Heribert heimlich an sich gebracht und vorausgesandt hatte. Der Erzbischof wurde vorübergehend in Haft genommen, durfte dann aber unter Hinterlassung seines Bruders als Bürgen weiterziehen und schickte die heilige Lanze bald zurück.«

Der bayerische Herzog setzt sich an die Spitze des Trauerzugs, führt ihn nach Augsburg zur Afra-Kirche. In der Kapelle des Heiligen Ulrich von Augsburg lässt er die Eingeweide des toten Kaisers aufbewahren. Heinrich gibt bis zur Grenze seines Herzogtums dem Trauerzug sein Geleit – auf dem weiten Weg nach Aachen, wo auch Karl der Große begraben ist.

Motive und Ziele von Herrschaftswille – Regierungsprogramme werden in Bildprogrammen gezeigt, im »Krönungsbild« des Regensburger Sakramentar, angefertigt im Kloster St. Emmeram. Mitten im Bild steht Heinrich, dem Christus segnend die Krone aufsetzt. Die Bischöfe Ulrich von Augsburg und Emmeram von Regensburg, als Patrone des Reichs, fassen ihn am Ellenbogen und geleiten ihn zum Thron, während vom Himmel zwei Engel die heilige Lanze und das Schwert als Zeichen der Herrschaft in seine Hände führen.

Die reale Königssalbung findet am 7. Juni 1002 in Mainz statt. Die Freude der Baiern an diesem Tag ist groß. In einem Vers des Dichters und Bischofs Leo von Vercelli steht die Zeile: »Bayern jubelt im Triumph ...«

Nun geht es darum, »pax et ordo«, Friede und Ordnung, wiederaufzurichten auf dem ganzen Erdkreis, im Zeichen der christlichen Weltherrschaft und des katholischen Glaubens, der die ganze Welt umfasst – Katholos.

»Oh Zierde Europas« wird Heinrich II. gerühmt.

Das Himmelsfirmament mit den Sternzeichen auf dem Sternenmantel, ein Geschenk aus Apulien, ist eine »descriptio totius orbis«, eine Beschreibung des ganzen Erdkreises. Das Ende der Zeiten stünde bevor, das Weltgericht sei nahe.

»Mit dem Tod Kaiser Ottos III. sei auch die Welt gestorben und jede Herrschaft zusammengebrochen. Die Erde hätte ihr Gesicht verändert, Wölfe seien aufgetaucht, der Himmel drohe herabzustürzen und die Welt mitzureißen ...«

So beschreibt Bischof Leo von Vercelli die Endzeitstimmung.

Doch der neue König habe durch seine Herrschaft das Ende aufgehalten. Heinrich sitzt in vollem Ornat auf dem Königsthron. Durch einen Baldachin erscheint die segnende Hand Gottes, ganz nah über der Krone. Vier himmlische Figuren umrahmen dieses »Thronbild«.

Bilder zur Zeit der Herrschaft, das Bild der Herrschaft im »Perikopenbuch«, angefertigt im Inselkloster Reichenau, zwischen 1007 und 1012:

»König Heinrich freudig und leuchtend im Glanz des Glaubens hat dieses vom göttlichen Gesetz erfüllte Buch zu den Weihegeschenken der Kirche gegeben als immer währende Zierde für ewige Zeit.«

Heinrich stiftet das »Perikopenbuch« mit dem reich geschmückten Buch-Einband der Bamberger Domkirche. Auf der vorderen Seite des »Perikopenbuches« – eine Kreuzigung. Es ist eine Elfenbeinschnitzerei mit karolingischen sowie byzantinischen Werkstattmustern.

Edelsteine und Goldschmiedearbeiten mit den Evangelistendarstellungen umrahmen das Elfenbeinrelief.

Die Reichenauer Malkunst ziert diesen Band mit ganzseitigen Initialen, Miniaturen und Bildern zu den Festtagen des Kirchenjahres.

Ein Bildprogramm in klaren Farben und goldener Schrift.

Die Zierseite mit den Widmungsversen rufen die Patrone des Domes Petrus und Paulus an:

»Durch deine Fürbitte mach diesen Ergebenen über den Sternen selig – zusammen mit Kunigunde seiner erlauchten Mitregentin.«

Eine Bildgeschichte in zwei Phasen – überirdisch und irdisch illustriert: In der ersten Bildphase huldigen Roma, Gallia und Germania, Provinzen mit gekrönten Häuptern, der Herrschaft und der gottgewollten Ordnung. In der zweiten Phase: Petrus und Paulus führen zwei demütige Menschen zum Ort des Geschehens. Dann krönt Christus mit beiden Händen gleichzeitig Heinrich und Kunigunde, die seit 14 Jahren ein Ehepaar sind. Das Regierungsprogramm des Ehepaares: Die Reform der Kirche soll die Erneuerung des Reiches stützen. Kaiserin Kunigunde als

»consors regni«, als eine »Gefährtin in der Königsherrschaft«. Die Frau an der Seite des Kaisers regiert mit.

Regensburg, St. Emmeram – der Stuhl seines Vaters, Heinrich des Zänkers, der so genannte Heinrichsstuhl – symbolisiert seine Herkunft:

Bereits die Erziehung durch Bischof Wolfgang von Regensburg führte Heinrich zur benediktinischen Reformbewegung. Der Herzog fördert die vom Kloster Cluny im Burgund über ganz Europa sich ausbreitende Glaubenserneuerung und behält so als Herr der Reichskirche Domkirchen und Klöster fest in seiner Hand.

Kaiser Otto III. hatte Berthold von Babenberg die Herrschaft Bamberg im Nordgau weggenommen und samt Burg Babenberg Heinrich dem Zänker übertragen – als Dank dafür, dass der nicht mehr zankte.

Die einflussreichen Babenberger, aus deren Geschlecht auch der neu eingesetzte Herzog Luitpold von Österreich stammte, mussten eine neue Burg bauen – in Schweinfurt. Die Babenberger wollten dennoch ihr Ziel, das Herzogtum Baiern ganz für sich zu erwerben, nicht aufgeben.

Eine Bildchronik erzählt vom Schicksal des Geschlechts der Babenberger.

Diese Babenburg der Babenberger schenkt Heinrich seiner Kunigunde zur Hochzeit. An der Stelle des »castrum Babenberh« soll der Bamberger Dom errichtet sowie ein Bistum gegründet werden, »um das Heidentum der Slawen zu zerstören«.

Das Motiv für diese Gründung nennt Heinrich II. auf einer Synodalversammlung mit ganz persönlichen Worten: Er habe Christus zu seinem Erben gewählt, »denn auf Nachkommen kann ich nicht mehr hoffen«. Da die Ehe kinderlos bleiben werde, soll sein Königtum in die Hand des Christkönigs zurückgegeben werden. Alles ererbte Gut aus Kunigundes Besitz und das ganze kaiserliche Familienerbe.

Fünf Jahre nach der urkundlichen Gründung des Bistums, genau auf den Tag am 6. Mai 1012 – es ist Heinrichs Geburtstag – wird die Bischofskirche, der Bamberger Dom, in einem feierlichen Staatsakt eingeweiht.

Um über die letzten Dinge wie über Rom, Ostrom, Staat und Kirche zu sprechen, lädt der Kaiser Papst Benedikt VIII. im Jahr 1020 nach Bamberg ein – in Heinrichs Hauptstadt, der Hauptstadt des Erdkreises, ins »neue Rom«. Der Papst in Bamberg, an diese »ebenso göttlichen wie auch frommen Feiertage« werde man sich noch in Jahrhunderten erinnern, heißt es in einer Chronik.

Eine Inszenierung in Stein – der Bamberger Reiter. Er stellt vermutlich Stephan, König von Ungarn, dar, den Mann von Heinrichs Schwester Gisela. Eine Figur, die den Aufbruch nach Mitteleuropa und das neue Bild von Herrschaft symbolisiert.

Vom Domberg ausgehend werden Kirchen und ein Bistum gegründet, auch die Stadt Bamberg. Und diesen Neubauten soll sich ein neues Reich zuordnen. Sichtbare Zeichen zum Himmel: Das Kloster auf dem Michelsberg und der Dom.

Als »Heinricus dux Baioarie Romanorum imperator« (»Heinrich, Herzog von Bayern, Kaiser der Römer«), definiert er sich in der Genealogie der Kaiser auf der »Bamberger Tafel«.

Nicht die alte Hauptstadt Regensburg, sondern Bamberg ist das Zentrum und das Vermächtnis des Königtums zu Beginn des neuen Jahrtausends. Der König hat Gott als seinen Erben benannt und will damit die gottgegebene Gewalt zurückgeben – eine Herrschaft aus Bamberg über Rom, zum Schutz der römischen Kirche.

Eine gemeinsame Kaiserherrschaft, das Kaiserpaar als ein »consortium imperii«, auch nach dem Tod als Reliquien vereint. »Um der künftigen Wiedervergeltung willen, habe ich Christus zu meinem Erben gewählt«, sprach diese Gemeinschaft wie aus einem Mund. Heinrich stirbt am 13. Juli 1024. Kunigunde geht nach seinem Tod in ein Kloster, wo sie neun Jahre später stirbt.

Bamberg wird politisches, kirchliches und kulturelles Zentrum des ostfränkisch-deutschen Reiches. Eine »renovatio imperii Francorum« definiert die Mitte eines neuen Europas, dessen Stützen die Kaisergewalt und die Reichskirche sind. Heinrich II. hielt von Baiern aus das Reich zusammen – eine schwere Aufgabe. Der Kaiser, der das Ende der Zeiten aufgehalten hat, am Ende seiner Zeit.

Die Grabstätte des Kaiserpaares: Heinrich ruht neben Kunigunde, der Gefährtin in der Königsherrrschaft, in einem Sarkophag – einer Arbeit von Tilman Riemenschneider.

Der einzige deutsche König, der heilig gesprochen wurde und das einzige heilig gesprochene Herrscherpaar in der deutschen Geschichte.

Eine »civitas dei« besonderer Art findet sich im Klosterleben am See, im Kloster Tegernsee. Über diesen Alltag um die Jahrtausendwende erzählt der Mönch Froumund – das Kloster als Mittelpunkt, die Welt von Tegernsee aus gesehen. Es geht um die liebe Not im Klosterbetrieb, um Unterricht, Bücherausleihe, Klosterküche oder um die Schreibstube angesichts der Knappheit an Pergament …

Der Klosterlehrer hat all dies handschriftlich in seine Tegernseer Briefsammlung aufgenommen. Zum Nachlass gehören auch Briefe des Klosters. Bei Froumund geht der spätere Abt Ellinger in die Schule.

In seiner Amtszeit entsteht in Tegernsee »Ruodlieb«, der erste deutsche Roman, geschrieben von einem Klosterinsassen, der zuvor die Welt gesehen hat – Reiseerlebnisse eines Ritters. Zwei Drittel des Romans sind überliefert in Lateinversen: Vom Leben am fernen Hof eines Königs, dessen Weisheiten, über Brautwerbung bis zu Fischsorten im Tegernsee.

Dann über ein Jahrhundert später, aber ebenso eine Dokumentation dessen, was sich im Weltendrama dieses Jahrhunderts zuspitzt, eine weitere Handschrift vom Kloster Tegernsee: »Ludus de Antichristo«, 1168 entstanden. Dieses »Spiel vom Antichristen« ist Weltliteratur aus Baiern. Das Spiel greift das Weltbild der Jahrtausendwende auf – ein Welttheater.

Die Zeichen der Erfüllung der Apokalypse sind bereits sichtbar: Weltuntergangsstimmung, Endzeiterwartung, Weltgericht dargestellt auf der Bamberger Apokalypse Heinrichs II.

Diese großen Ereignisse kündigen sich nicht an, sie sind da:

Die geistliche und weltliche Ordnung gerät aus den Fugen. Der Antichrist kämpft gegen den »Endkaiser« um die universelle Macht. In diesem Spiel unterwirft der Antichrist die ganze Welt, dann, als sie ihm zu Füßen liegt und ihm huldigt, stürzt sie ab.

Von diesem Anfang vom Ende schreibt auch der Bischof, dem das Kloster Tegernsee gehört: Otto von Freising.

Vom Domberg aus sieht er das Ende aller Zeiten nahen. Die großen Stoffe und Entwicklungen, die seine Zeit prägen und sich in seiner Zeit zuspitzen, lassen ihn nicht los.

So schreibt Otto von Freising eine Weltgeschichte – von Adam und Eva an bis zum Jüngsten Gericht. Dass sich Geschichte als eine Serie von Unfällen darstellt, sich zur Tragödie entwickelt, ist die Einsicht in die Notwendigkeit – eine Glaubenssache. Otto Bischof von Freising ist der bedeutendste deutsche Geschichtsschreiber im Mittelalter.

Sein Werk »Chronicon« hat den Untertitel »Historia de duabus Civitatibus«, »Von den zwei Staaten« – des Imperiums und des Sacerdotium. Es sind der Weltstaat und der Gottesstaat, das irdische und das himmlische Reich. Eine Universalgeschichte, die Reichsgeschichte, Kirchengeschichte und Ideengeschichte deutet und Perioden zuordnet.

Die Zeitläufte stellt er in einem gesamtgeschichtlichen Weltbild dar.

Er listet sie alle auf: die römischen, die fränkischen und die deutschen Kaiser.

Der junge Otto ging mit 16 Jahren zum Studium nach Paris. Dort bestimmt der Streit zwischen dem Scholastiker Abälard und dem Mystiker Bernhard von Clairvaux das Universitätsleben.

Diese neuen Denkansätze verarbeitet Otto für sich: Der scholastisch Geschulte verlässt nach fünf Jahren Paris und tritt – eigentlich auf dem Heimweg – in Lothringen in eine Zisterzienser-Abtei ein, bleibt dort wiederum fünf Jahre und wird 1138 im Alter von 26 Jahren zum Bischof von Freising berufen.

Die französische Denkschulung prägt die Interpretation seiner Weltchronik, an der er drei Jahre lang schreibt – den »Gottesstaat« des Augustinus als Vorbild vor Augen.

Der Freisinger Bischof aus dem Geschlecht der Babenberger kennt Geschichte auch als Familiengeschichte: Wie Heinrich II. seine Vorfahren aus Bamberg und Bayern verdrängte und wie die Welfen und nicht die Babenberger Herzöge in Baiern werden.

Otto ist der Enkel von Heinrich IV. und Halbbruder von Konrad III. Dieser Staufer wird in demselben Jahr König, in dem Otto Bischof von Freising wird – im Jahre 1138.

Im zweiten Kreuzzug, zu dem Bernhard von Clairvaux aufrief, begleitet er Konrad III. ins Heilige Land.

Zehn Jahre nach der Weltchronik beginnt der Bischof mit den »Gesta Friderici«. Sie führen bis zur Geschichte seines Neffen Friedrich I. Barbarossa, Reichsgeschichte aus innerer Verwandtschaft betrachtet, und beginnen mit seinem Großvater, Kaiser Heinrich IV., der nach dem Investiturstreit mit Papst Gregor VII. den Gang nach Canossa antritt.

Otto beschreibt die Folgen dieser Auseinandersetzung zwischen weltlichem und geistlichem Recht. Er sieht diese als eine epochale Veränderung, als einen Auflösungsprozess der bisherigen Ordnung.

Um die Vergangenheit zu erkennen und um die Gegenwart zu verstehen, beobachtet Otto von Freising aus sein Zeitalter und schärft mit seinem historischem Werk Geschichtsbewusstsein in Baiern.

Herzogliche, königliche und kaiserliche Familienbande in Baiern zu Herrschaftszeiten.

»Herrschaftszeiten!«, wenn man die Folgen bedenkt, die der Kampf zweier Geschlechter – der Staufer und der Welfen, um Krone und Macht im Reich für Baiern hatte. Ein Weg – Höhen und Tiefen durchmessend. Er führt zur Spur des Löwen ...

Man schreibt das Jahr 1125. Nach dem Tod von Kaiser Heinrich V. sollte ein Staufer folgen. Doch einer aus dem Geschlecht der Suplinburger wurde überraschend deutscher König.

Das besorgte der mächtige Baiernherzog aus dem Welfenhaus – Heinrich der Schwarze.

König Lothar III. dankte es ihm: Dem Sohn des Herzogs von Baiern versprach er sein eigenes Herzogtum Sachsen, riesige Erbgüter in der Toscana, vertraute ihm sogar seine Tochter Gertrud an und sah diesen Heinrich den Stolzen bereits als seinen Nachfolger.

Doch als Lothar III. stirbt, wird nicht dieser stolze Welfe, sondern ein Staufer König.

Konrad III. rächt jetzt an den Welfen die Niederlage, die sie 1125 den Staufern zufügten.

Staufer und Welfen sind eigentlich enge Nachbarn, vom Oberrhein und Bodensee stammend, miteinander verwandt, verheiratet und verschwägert, aber erbarmungslos, wenn es um die Macht im Reich geht. Mit Konrad III. kommen die Staufer an die Macht und demonstrieren sie auch.

Der König nimmt Heinrich dem Stolzen Sachsen und Baiern weg.

Bei Heinrichs Tod ist sein Sohn erst zehn Jahre alt. König Konrad III. setzt in Baiern seinen Stiefbruder Markgraf Leopold IV. von Österreich ein – einen Babenberger. Als das Kind dreizehn Jahre alt wird, bekommt es das Herzogtum Sachsen zugesprochen. Um das Erbe Baiern muss er noch fünfzehn lange Jahre kämpfen – Heinrich der Löwe.

Nach dem Tod Konrad III. folgt ihm 1152 sein Neffe – der Staufer Friedrich, Herzog von Schwaben. Ihm ließ Heinrich, Herzog von Sachsen, den Vortritt. Dafür verspricht ihm Friedrich das Herzogtum Baiern. Friedrich ruft zu einem Zug nach Italien auf. Heinrich drängt vor dem Aufbruch auf dem Lechfeld bei Augsburg Anfang Oktober 1154 auf die Rückgabe Baierns. Friedrich vertröstet ihn, Heinrich zieht mit, nach Rom, wo sich Friedrich zum Kaiser krönen lassen will.

Die Römer, die Friedrich seines rötlich-blonden Bartes wegen »Barbarossa« nennen, nehmen den Kaisertitel »rex Romanorum« wörtlich. Sie – die Römer – hätten diesen Titel zu vergeben, nicht der König, nicht der Papst. Es kommt zu einem Aufstand, den Herzog Heinrich niederschlägt. Den »Löwen« nennt man ihn jetzt, seines draufgängerischen Einsatzes wegen.

Kaiser Friedrich I. Barbarossa muss jetzt seinem Drängen nachgeben. Nach der Rückkehr aus Italien beruft er Mitte Oktober 1155 einen Reichstag ein – nach Regensburg. Der amtierende Herzog von Baiern, Markgraf Heinrich II. Jasomirgott von Österreich, sieht nicht ein, dass er sich von seinem bairischen Besitz trennen soll.

Heinrich Jasomirgott will Herzog bleiben. Der Preis für sein Zugeständnis ist hoch: Die Ostmark soll ein selbstständiges Herzogtum werden, losgelöst von Bayern und mit einer autonomen Stellung im Reich.

Und er setzt beim Kaiser durch, dass eine Übergabe außerhalb der Stadtmauern stattfindet, weiter südlich auf den Wiesen von Barbing.

Auch Bischof Otto von Freising ist an diesem historischen Tag im September 1156 anwesend. Er ist ein Bruder von Heinrich Jasomirgott.

»Die wichtigsten Punkte dieser Einigung waren, wie ich mich erinnere, folgende: Heinrich der Ältere (der Babenberger) gab die Herzogsgewalt in Bayern durch sieben Fahnen zurück. Sie wurde dem jüngeren Heinrich (dem Löwen) übergeben, und dieser gab durch zwei Fahnen die Ostmark mit den seit alters her dazugehörigen Grafschaften zurück. Dann machte Barbarossa aus dieser Mark und den Grafschaften … aufgrund eines Beschlusses der Fürsten ein Herzogtum und übertrug es mit zwei Fahnen nicht nur dem Babenberger selbst, sondern auch seiner Gemahlin …«.

Mit diesem Schachzug wird Baiern in seine alte, angestammte Mittellage verwiesen – dem Land vor den Bergen.

Dennoch ist Heinrich der Löwe als Herzog von Sachsen und Herzog von Baiern der mächtigste Länderfürst. Um diese Machtposition zu festigen, beginnt er seine Regierungszeit in Baiern mit einem Handstreich ...

Es geschah an der Isar.

Seit altersher führte die alte Römerstraße, von Salzburg und Reichenhall kommend – der Hallweg – bei Föhring über die Isar. Diese Brücke von Föhring gehört zu Freising, wo Otto Bischof ist. Um zu passieren erhebt die Herrschaft einen Brückenzoll, eine wichtige Finanzquelle.

Herzog Heinrich errichtet weiter südlich eine neue Brücke, dort wo der Weg zu dem Dorf »Munichen« führt. Hier baut er für den Personen – und Gütertransport eine Zollstation und einen Markt und verleiht auch noch das Münzrecht.

Der Ort »Munichen«, der bislang linksab, entlang dem von Norden nach Süden führenden Landweg von Freising nach Wolfratshausen liegt, wird eingebunden in die Ost-West-Straßenachse von Salzburg nach Augsburg.

Das trifft den Bischof tief. Hat der neue Herzog seiner Familie schon das Herzogtum genommen, so schneidet er ihm im eigenen Bistum auch noch die wichtige Verkehrsader ab.

Er legt Beschwerde ein und geht bis zur höchsten Instanz – zum Kaiser. In der Kanzlei wird die »causa Föhring« behandelt.

Der Kaiser muss sich mit der leidigen »Auseinandersetzung« befassen:

»Der Streit, der bekanntlich zwischen Dir, teuerster Onkel, der Du gegenwärtig die Würde des Bischofs von Freising bekleidest und Unserem hochedlen Blutsverwandten Heinrich, dem Herzog von Bayern und Sachsen, über den Markt zu Föhring und München hin- und hergeht.«

Im »Augsburger Schied« – eine Urkunde vom 14. Juni 1158 – möchte der Kaiser den Rechtsstreit abschließen. Der Spruch sieht eine Regelung vor, die den Geschädigten an den Einkünften beteiligt, die der Fernhandel hier abwirft: Ein Drittel für den Bischof, zwei Drittel für den Herzog.

Der Gerichtsort Augsburg ist derzeit ein Heerlager, das Lechfeld – ein Sammelpunkt für den zweiten Italienzug des Kaisers Friedrich I. Barbarossa.

Nach diesem Schiedsspruch sucht Heinrich der Löwe kurz vor dem Abmarsch nach Italien den Kaiser auf. Er sagt ihm, er könne ihm nicht nach Italien folgen. Er müsse erst in Baiern die Dinge ordnen; außerdem sei im Herzogtum Sachsen die Ostgrenze gefährdet. Heinrich reitet nordwärts – bis zur Ostsee, nach Lübeck. Ein Hafenort, der dem Grafen Adolf von Schauenburg gehört, als Ausgangspunkt für die Herrschaft über die Ostsee?

Der Herzog droht dem Grafen mit Enteignung, stellt ihn – um einem misslichen Rechtsstreit zu entgehen – mit beachtlichen Regalien ruhig. Auch diesem Ort verleiht er das Zoll- und Münzrecht. Der Ostseehandel wird jetzt über Lübeck abgewickelt. Der Zugang zur Ostsee – eine Antwort auf den von Bayern abgeschnittenen Wirtschaftsraum im Südosten?

Hoch im Norden ereilt Heinrich von dem in Italien weilenden Friedrich I. Barbarossa der Ruf, die aufgeriebenen Truppen zu verstärken.

Im Jahre 1159 zieht Heinrich über den alten Kaiserweg durch Südtirol mit seinen Truppen nach Norditalien und gerät in Crema in einen Stellungskrieg. Rahewin, der Notar des Bischofs Otto von Freising, berichtet von dort:

»Je weniger er nach Ruhm verlangte, umso mehr erwarb er sich ihn. Bei allen rühmlichen Unternehmungen tat er das meiste, aber redete am wenigsten von sich. Nachdem er vom Kaiser das Herzogtum Bayern erhalten hatte, war er, sobald er Wesen und Sitten der Bevölkerung kennen gelernt hatte, durch großen Eifer und große Klugheit rasch zu solcher Berühmtheit gelangt, dass er, nachdem er den Frieden in ganz Bayern befestigt hatte, bei den Guten außerordentlich beliebt war, den Bösen aber heftigsten Schrecken einflößte, sodass man ihn, wenn er abwesend war, fürchtete, als wäre er anwesend …«

In Zukunft meidet Heinrich der Löwe den Kriegsschauplatz Italien und auch Baiern. Er führt von Sachsen aus Krieg gegen die Slawen.

Dann pilgert er ins Heilige Land und lässt seine Eindrücke in einem Evangeliar abbilden:

Eine Krönung des Herzogpaares, zwei Hände, die aus den Wolken die Kronen aufsetzen, deuten auf Gott, aber auch auf die königlich-kaiserliche Abstammung des Paares. Eine Würde, nicht vom Papst und nicht vom Kaiser verliehen, ein Herzog direkt von Gottes Gnaden.

Friedrich I. Barbarossa ist auf dem Kriegsschauplatz in Norditalien in einer desolaten Lage. Der Kaiser schickt Heinrich dem Löwen mehrere inständige Bitten um militärische Hilfe, um seinen Einsatz und um eine Unterredung hinterher.

Der Welfe verweigert den Befehl – ein offener Rechtsbruch. Prompt trifft den Kaiser 1176 in der Schlacht von Legnano eine vernichtende Niederlage.

Die Folgen sind für den Löwen bitter: Der Kaiser verhängt die Reichsacht über ihn, entzieht ihm die Herzogtümer Baiern und Sachsen sowie seine Reichslehen.

Das Schicksalsrad dreht sich. Der mächtigste Landesfürst im Reich, Heinrich der Löwe, ist gestürzt. Er muss das Reich verlassen. Der Kaiser belehnt am 16. September 1180 seinen getreuen Kampfgefährten auf italienischen Kriegsschauplätzen, Otto von Wittelsbach, mit dem Herzogtum Baiern.

Der Bischof von Freising reagiert prompt. Er lässt die Vorgänge der Föhringer Brückenverlegung wiederaufrollen: In einem Regensburger Urteilsspruch im selben Jahr 1180 wird dieser Handstreich als Gewaltakt und in Baiern der Herzog öffentlich als Rechtsbrecher dargestellt:

»... dass der edle Mann Heinrich von Braunschweig, vormals Herzog von Bayern und Sachsen, der den Markt mit der Brücke in Föhring ... zerstört und ihn gewaltsam nach dem Ort München verlegt hat.«

Damit wird der »Augsburger Schied« von 1158 aufgehoben:

»Wir widerrufen die Verlegung des vorgenannten Marktes, geben ihn samt der Brücke unserem getreuen Bischof von Freising und seinen Nachfolgern zurück.«

Aber die Brücke bleibt dort, wo sie ist. Noch ein drittes Mal führt sie zum Rechtsstreit. Seitdem muss das herzogliche München in den ganzen Herrschaftszeiten der Wittelsbacher den Regalienanteil zur »Rekognition für die Verlegung der Brücke« auf Heller und Pfennig nach Freising abführen.

Das Ende des Brückenstreits bestätigt eine Kaiserurkunde aus dem Jahr 1209, ausgestellt von Otto IV., dem Sohn Heinrichs des Löwen. Weit weg von der Isar war der Vater als Herrscher von Braunschweig 1195 gestorben, und Friedrich I. Barbarossa auf dem Kreuzzug 1190 im Fluss Saleph ertrunken.

In München ging es um eine Holzbrücke, in Regensburg um die 330 Meter lange Steinerne Brücke über die Donau, die 1146 nach elf Jahren fertig gestellt ist und direkt in die Hauptstadt führt. Im selben Jahr ruft Bernhard von Clairvaux zum Kreuzzug auf und das Jahr darauf bricht man, von Regensburg aus, auf ins Heilige Land, um Jerusalem zu befreien. Bis zu diesem heutigen Tag – »unze an disen hiutigen tac«, dem Aufruf zu diesem Kreuzzug, berichtet in 17 000 Versen, mittelhochdeutsch geschrieben und 1150 in Regensburg fertig gestellt, die »Kaiserchronik«. Ein lückenlos verfasstes Werk, das historische Räume andenkt, auch die Frage der Herkunft der Baiern beantwortet – von Armenien, vom Berg Ararat, von der Arche Noah kämen sie …

Einer aus dieser Regensburger Geschichtswerkstatt ist der »Pfaffe Konrad«, wie er genannt wird: Ein Kaplan am herzoglichen Hof Heinrichs des Löwen, in dessen Auftrag er um 1170 auch das »Rolandslied« verfasst.

Darin verarbeitet er die altfranzösische literarische Stoffvorlage des »Chanson de Roland«. Im Kampf gegen die Sarazenen fällt Roland im Tal von Ronceval, der Held, der Märtyrer, der treue Kampfgefährte Karls des Großen, der in diesen Jahren, 1165, in Aachen heilig gesprochen wird. Christliches Rittertum, Helden und Heilige, in Baiern episch breit und neu aufgelegt, auch um auf den nächsten Kreuzzug einzustimmen, der wieder von Regensburg aufbricht und von dem Friedrich I. Barbarossa nicht zurückkehren wird.

Europäische Geschichte, die in Bayern literarisch verarbeitet wird, auch in Passau. Am Bischofssitz entsteht das »Nibelungenlied«. In 2376 Strophen wird die Geschichte Siegfrieds erzählt. Historische Vorlage ist der Untergang der burgundischen Krieger an Etzels Hof, ein Stoff, der am Rhein und an der Donau spielt. Es ist das Werk des Mittelalters. Bayerische Literatur im deutschen Sprachraum, ein um 1200 geschriebenes Epos über die Nibelungen und ihr Ende:

»So war mit Leid geendet / die frohe Festlichkeit,
wie immer ja der Freude / am letzten Ende folgt das Leid.
Ich kann euch nicht bescheiden / was später nun geschah,
als dass man Frau'n und Ritter / dort beweinen sah
mitsamt den edlen Knappen / der lieben Freunde Tod.
Hier hat die Maer ein Ende / Das ist der Nibelungen Not.«

Vom Lebensgefühl, von Liebe, Herz, Schmerz erzählt der Minnesang.

Zum Beispiel ein Liebeslied aus der Ostmark der Babenberger, aus der Umgebung von Linz, »der Kürenberger« hat es gedichtet:

»Swenne ich stan aleine in mînem hemede,
Und ich an dich gedenke, ritter edele,
so erblüet sich min varwe,
als der rôse in touwe tuot
und gewinnet daz herze vil mangen trûrigen muot.«

(»Wenn ich so alleine da stehe in meinem Kleid, edler Ritter / so erröte ich wie eine Rose im Morgentau / und mein Herz wird angefüllt mit großer Trauer.«)

Und einer, der aus dem fränkischen Eschenbach, östlich von Ansbach, kommt und sich ausdrücklich einen Bayern nennt, ist Wolfram von Eschenbach. Sein Hauptwerk ist »Parzival«. Es ist die Geschichte eines »thumben Knaben«, ein »Tor reinen Herzens«, der im Narrenkleid durch die Welt zieht und zur Tafelrunde des König Artus vordringt – ein keltischer Stoff, den Wolfram von Eschenbach zu einem Epos verarbeitet.

Vorbild war das Werk »Perceval« des Chrétien de Troyes. Dessen Artussage verknüpft Eschenbach mit der Gralssage – eine Geschichte in 24 812 Versen erzählt; wie das Nibelungenlied ein großer europäischer Stoff im Mittelalter.

Wolfram von Eschenbach wägt das ritterliche Ideal und das christliche Ideal ab. Man müsse Gott mehr gefallen als den Menschen. In dieser Suche und Prüfung bewähre sich die »Staete«, das stetige Streben nach dem Ideal.

Wolfram von Eschenbach verkehrt am herzoglichen Hof in Landshut bei Ludwig I., dem Kelheimer. Er kennt auch die Schwestern des Herzogs, Elisabeth und Sophie, die mit dem Landgrafen Hermann von Thüringen verheiratet ist. Am Thüringer Hof lernt Eschenbach auch Walther von der Vogelweide kennen.

Nach einem langen Wanderleben darf sich Walther 1220 zur Ruhe setzen. Auf einem kleinen Lehen, dem »Hof, genannt zur Vogelweide« bei Würzburg.

Kaiser Friedrich II. hat es ihm geschenkt, als Dank für seine Dienste.

Walther von der Vogelweide öffnet die geschlossene höfische Welt für jedermann.

»Under der linden
an der heide,
da unse zweier bette was,
da mugt ir vinden
schone beide
gebrochen bluomen und gras.
Vor dem walde in einem tal,
tandaradei,
schone sang die nahtegal ...«

Weit verbreitet auch die Lieder des Neidhart von Reuenthal, ein Niederbayer, der am Wittelsbacher Hof Herzog Ludwig des Kelheimers in Landshut weilt. Auch dort, bei dessen Nachfolger Herzog Otto II., tritt der Tannhäuser auf. Er rühmt den Gastgeber: »der zu Peierlant mac sich zu künegen gelichen«, »der aus Baiern kann sich mit Königen vergleichen.«

In Benediktbeuern wird in der Klosterbibliothek das klassische Erbe abendländischer Texte aufbewahrt. Unter ihnen eine Handschriftensammlung – die »Carmina Burana«, »eine Sammlung von poetischen und prosaischen Satyren, meistens gegen den päpstlichen Stuhl«. Ein Dokument, ausgerechnet in einem Kloster, Texte aus dem vollen Leben, weltliche Lieder – manche Texte stammen von bekannten Minnesängern. Es geht um Liebesfreud und Liebesleid, Spott und Galanterie, unterwegs aufgeschnappte Lieder von fahrendem Volk – Studenten, Sänger und Spielleute, wie man sie in Schänken oder auf Burghöfen hört, gesammelt, dazugedichtet, eine Spitze noch draufgesetzt: 318 Liebes-, Fress- und Sauflieder.

Eine Liedersammlung, zusammengestellt zu Beginn des 13. Jahrhunderts in der Sprache, die man versteht – mittellateinisch, mittelhochdeutsch, welsch-französisch durchsetzt. Es sind keine Kirchenlieder, die im Kloster Benediktbeuern aufbewahrt werden, sondern Texte der Zeit, ein Liederzyklus, ein Zyklus der Existenz des Menschen und seines Daseins. So wie »Fortuna«, die »Weltliche«, das Schicksalsrad dreht – eine Allegorie, auch an Kathedralen zu sehen.

Eine andere Beschreibung der Lebensverhältnisse stammt von der Burg Falkenstein. Zu ihr gehören Ländereien vor den Bergen, weit in den Chiemgau hinein. Diese Besitzverhältnisse sind im »Codex Falkensteinensis« aufgeführt.

Anlässlich der Teilnahme am Italienzug des Friedrich I. Barbarossa sollte gegebenenfalls den Hinterbliebenen ein Verzeichnis der Erbmasse vorliegen. Dieses erste weltliche Güterverzeichnis inventarisiert sämtliche Güter dieser Falkensteiner Adelsfamilie.

Es geht um Abgaben der Bauern, um Gebühren bei Gerichtstagen, den Unterhalt der Pfarrkirchen, um Ablieferung von Vieh, Käse, Salz, Wein, also schlicht um die Lasten und Kosten des Alltags.

Dieses Verzeichnis verdeutlicht die eigenständigen Entwicklungen, die Land und Stadt nehmen: Hier das Leben der Bauern und die Entwicklung zum Bauernstand, dort in den Städten das Werden des Stadtbürgers.

Zum Beispiel in Regensburg, eine Stadt mit Wohntürmen, in denen reiche Kaufleute, die Stadtpatrizier, wohnen. Jeder will den anderen überragen. Erste Adressen, mit Verbindungen nach ganz Europa.

Regensburg als Kreuzungspunkt des Fernhandels und des internationalen Finanzgeschäfts mit eigenem Münzrecht. Der Palazzo des Geschäftsmannes Runtinger lässt den Wohlstand ahnen, er zeigt sich im Geschäftsbuch der Runtinger und in der Korrespondenz vom Kontor aus mit Kiew, Lyon, Lübeck, Prag oder mit Orten im Orient.

Eine Welt im Umbruch: Einer, der sich um die kümmert, die durch die geänderten gesellschaftlichen Bedingungen aus der Bahn, an den Rand geworfen werden, ist der Franziskaner Berthold von Regensburg.

Er geißelt wortstark die herrschenden Verhältnisse in Kirche und Staat, den Reichtum der Kaufleute und die Armut im Volk. Auch Themen der neuen Arbeitswelt greift er auf:

»Ein einziger von ihnen hat so viel, dass wohl hundert mit Recht daran genug hätten, wenn man es gleich aufteilte. Und deshalb sind die Arbeiter so sehr arm bei all ihrer Arbeit.«

Von Regensburg zieht Berthold als Bettelmönch und Volksprediger durch Europa. Geiz, Habsucht und Betrug sind seine Themen, er arbeitet in Gleichnissen, mit Bildern und Anekdoten. Er predigt unter freiem Himmel. Wo er sich ankündigt, pilgern Tausende hin. Er ist der größte Volksprediger im Mittelalter. Salimbene, ein Franziskaner-Mönch aus Parma, beschreibt, wie er den Volksprediger aus Regensburg erlebt hat:

»Ihm folgte eine große Menge von Männern und Frauen, zu Zeiten 60 000 bis 100 000, um seinen ... Worten zu lauschen ... Er bestieg, wenn er predigen wollte, einen Belfried, das ist ein hölzerner Turm, der etwa nach Art eines Glockenturms gebaut ist und den er als Kanzel auf den Feldern benutzte. Auf dessen Spitze war eine Fahne aufgepflanzt, damit aus der Richtung des Windes das Volk erkenne, auf welche Seite es sich niedersetzen solle, um ihn am besten zu hören.«

Bruder Berthold stirbt am 13. Dezember 1272 in Regensburg. Sein Grab ist in der Franziskaner-Kirche.

Sie stammen von der Burg Scheyern – die Wittelsbacher.

Zum ersten Mal taucht der Name in einer kaiserlichen Urkunde des Jahres 1115 auf. Als Grafen von Scheyern sind sie aber schon früh im Jahrhundert zuvor bezeugt. 1121 wird aus dem Grafen ein Pfalzgraf; das bedeutet die Ausübung der höchsten Gerichtsinstanz in Vertretung des Königs und die Verwaltung der Königsgüter im Herzogtum. Dazu hatten die Wittelsbacher das Vogtamt am Bischofssitz in Freising.

In Anspielung auf die Herkunft der Wittelsbacher aus Scheyern bezeichnet Otto Bischof von Freising in seiner Chronik einen Grafen von Scheyern als Reichsverräter, der die Ungarn dazu überredet hätte, in Bayern einzufallen und folgert daraus, dass die »gesamte Nachkommenschaft ... jedes kirchlichen oder weltlichen Amtes unwürdig« sei.

»Der Pfalzgraf Otto übertrifft alle seine Vorfahren an Bösartigkeit und drangsaliert bis zum heutigen Tage unablässig die Kirche Gottes.«

Dies ärgert den jungen Pfalzgrafen Otto von Wittelsbach so sehr, dass er den Bischof mitten im Hochamt im Dom zu Freising vor allen Leuten grob beschimpft. Dass dieser Otto dann auch noch Herzog wird, erlebt der Bischof nicht mehr. Er wollte keinen Otto neben sich haben, auch keinen Heinrich den Löwen, der ihm die Isarbrücke wegnimmt, sondern nur Gott über sich und die Weltgeschichte hinter oder unter sich.

Otto von Wittelsbach hatte durch die Abtrennung der Steiermark und Österreichs ein verkleinertes Baiern übernommen. Als der Herzog nach drei Amtsjahren stirbt, übt seine Frau Agnes die Regentschaft aus, bis ihr Sohn Ludwig die Nachfolge antreten kann.

Ludwig erhält später nach seinem Geburts- und Todesort den Beinamen »der Kelheimer«, da er auf der Donaubrücke ermordet wurde.

Er hatte Ludmilla geheiratet, die Witwe des Grafen von Bogen, eine Tochter des Herzogs von Böhmen.

Der Kelheimer machte Baiern größer: Der Stauferkönig Friedrich II. belehnt 1214 den Herzog Ludwig und seinen Sohn Otto mit der Pfalzgrafschaft bei Rhein, die Kurpfalz am Mittelrhein. So kommt der staufische Löwe ins bairische Wappen.

Und als der letzte Graf von Bogen stirbt, übernehmen die Wittelsbacher die Grafschaft auf dem Bogenberg und das heraldische Zeichen der Grafen von Bogen. Die »Rauten« besiegeln ein Erbe, mehren das Haus Wittelsbach und schmücken Baiern.

Herzog Ludwig schuf auch neue regionale Zentren: Städte und Märkte wie Landau oder Landshut an der Isar. Muss er auch, will er sein Herzogtum ausbauen; denn die alten Zentren sind wirtschaftlich seit jeher in bischöflicher Hand.

Dieser Gründungsort Landshut steht unter der Hut einer Burg. Während auf Burg Trausnitz der Wittelsbacher Turm und die Georgskapelle hochgezogen werden, wird unten am neuen Ort gebaut.

1204 – das Jahr der Hochzeit Ludwigs und Ludmillas ist auch das Gründungsjahr. Vier Jahre später wird dem Wittelsbacher vom Kaiser die Erblichkeit des Herzogtums Baiern bestätigt.

Des Gründers Sohn Otto macht die Trausnitz zu seiner Residenz und Landshut zur Hauptstadt des Herzogtums.

Ottos Söhne teilen sich bald das Herzogtum Baiern auf: Heinrich übernimmt das »Niederland«, also Niederbaiern mit Landshut als Hauptstadt, der er das Stadtrecht verleiht.

Und Ludwig erhält die von seinem Großvater für die Wittelsbacher erworbene Kurpfalz sowie das »obere Baiern«.

In 100 Jahren gelingt es den Wittelsbachern als Erben mancher Adelsgeschlechter wie der Falkensteiner, der Andechs-Meranier oder dem Staufererbe aus altem Welfenbesitz in der Oberpfalz und am Lechrain Land und Macht zu mehren und ihre Landesherrschaft auszubauen.

Als Herzog Ludwig in München stirbt, ist sein Sohn Rudolf, der die Pfalz regiert, Vormund für den erst zwölfjährigen Bruder, dem Oberbaiern zugesprochen ist.

Dieser Wittelsbacher wird nicht nur Herzog von Bayern, sondern auch deutscher König und römischer Kaiser – Ludwig der Bayer.

Mit den umwälzenden Ideen eines Wilhelm von Occam, der in Oxford Theologie studierte, wird München in der ersten Hälfte des 14. Jahrhunderts geistiges Zentrum Europas

4
Im Herbst des Mittelalters

Herbst im Land vor den Bergen. Zwischen Lech und Salzach beginnt die Zeit der Jagd. Kaiser Ludwig bevorzugt das Revier um Fürstenfeldbruck. In den Wäldern gibt es viel Wild – sogar Bären leben hier noch. Am 11. Oktober 1347 bricht er zur Jagd auf. Es sollte sein letzter Tag werden.

Der plötzliche Tod beschließt ein unruhiges Leben, eine ewige Jagd nach Ruhm und Anerkennung, die im Bann des Papstes endet.

Aus der Traum von universeller Macht! Bavariae Dux – Herzog von Bayern, deutscher König, römischer Kaiser. Als Sohn einer Habsburgerin und Herzog Ludwig II. von Bayern wurde er im Jahre 1282 geboren. Als Ludwig der Bayer geht er in die Geschichte ein.

Er ist der erste Wittelsbacher, der die Krone des Heiligen Römischen Reiches Deutscher Nation trägt – der Traum des Hauses Wittelsbach von Großmacht.

Das Grabmonument in der Münchner Frauenkirche ist ein Testament seiner Taten als Erbe und Auftrag für die nächsten Generationen.

Das erzerne Prunkgrab wird erst drei Jahrhunderte nach seinem Tod erbaut. Kurfürst Maximilian I. errichtet es für seinen großen Vorfahren – um den Makel des Kirchenbannes zu tilgen und damit das katholische Bayern für weitere Großtaten zu rüsten.

»Er war gegen niemanden streng oder missmutig, sondern bescheiden und gutmütig, wie jemand, der von jedermann geliebt und nicht gefürchtet werden wollte. Sein Antlitz weckte den Anschein dauernden Lächelns«, so der italienische Chronist Alberto Mussato. In seinen Entscheidungen aber war Ludwig oft voreilig. Auch Kriege scheute er nicht.

»Wir Ludwig von Gottes Gnaden, römischer Kaiser, zu allen Zeiten Mehrer des Reiches ...«

Wie er das wurde?

Ludwig und die Politik: Im Kurfürstenzyklus von Mainz sieht er sich als König mit Reichsadler als Schildwappen. Er, selbst ein halber Habsburger, muss diesen Titel für die Wittelsbacher erst hart erkämpfen.

Das luxemburgische Fürstenhaus, das als böhmisches Königshaus den Löwen in seinem Wappen trägt, ist Ludwigs Verbündeter, als dieser im Jahre 1314 gegen seinen habsburgischen Vetter, Friedrich den Schönen, zum deutschen König gewählt wird.

Zwei Mal waren der Wittelsbacher und der Habsburger schon gegeneinander angetreten: bei Gammelsdorf und bei Mühldorf am Inn – die letzten Ritterschlachten auf deutschem Boden. Jedes Mal verließ Ludwig als Sieger das Schlachtfeld. Das Haus Wittelsbach hat den Kampf der Dynastien für sich entschieden: königs- und kaisergleich, neben Habsburg und Luxemburg.

Ludwig – ein moderner Regent, ein unabhängig Denkender. Einmischung von außen verbittet er sich und vergisst dabei, dass der Herrscher über die bairischen und deutschen Lande für die Würde eines römischen Kaisers einen Papst braucht, der ihn krönt. Statt in Rom ist der Papst im Exil in Avignon, abhängig von der Krone Frankreichs. München und Avignon – eine gefährliche Front tut sich auf.

Eine Krise, die das Papsttum fundamental erschüttern wird, bahnt sich an. Und der Bayer lässt sich in diesen schweren innerkirchlichen Konflikt verwickeln, der ganz Europa in Mitleidenschaft ziehen wird.

Mit dem »Armutsstreit« flackert zum ersten Mal die soziale Frage auf. Die Anhänger des heiligen Franz von Assisi führen einen gewaltigen Geisteskampf an, der gegen das Papsttum aufwallt.

Der vom Heiligen Franziskus gestiftete Franziskanerorden will zu Demut und einfacher Lebensführung anleiten. In ihrem Streit mit der Kirche wegen ihres Armutsgelübdes werden sie zu Bundesgenossen des Kaisers, der mit dem Papst um die Herrschaft in der Welt kämpft.

Und Ludwig schlägt sich auf die radikale Seite dieses Bettelordens. Die Mönche ziehen hinaus durch Europa und predigen das Wort Gottes. Wiederherstellung der apostolischen Armut der Kirche nach dem Vorbild Christi und seiner Jünger – so lautet der Kampfruf. Zielscheibe ist das Papsttum in Avignon, dem die Anhäufung von Geld wichtiger ist als die Verbreitung des Evangeliums.

Eine »schreckliche Räuberhöhle« nennt der Rechtsgelehrte Marsilius von Padua die Kurie, die nur noch Schacher mit Ämtern und Pfründen im Sinn habe.

Für die franziskanische Opposition wie für Ludwig ist Papst Johannes XXII. »ein apokalyptisches Ungeheuer«. Doch der weiß sich zu wehren. Er brandmarkt denjenigen als Ketzer, der behauptet, Christus und seine Jünger seien arm gewesen. Die Inquisition kann jetzt jeden Kritiker verfolgen.

Der Hof in München bietet Schutz und Trutz. Eine »geistliche Hofakademie« mit Vordenkern aus ganz Europa hat sich hier eingefunden im Franziskaner-Kloster. Es wurde zum Fluchtpunkt für Michael von Cesena, den abgesetzten Ordensgeneral der Franziskaner, und für viele Mitbrüder.

Allen voran Wilhelm von Occam. Ein herausragender Philosoph seiner Zeit, der in Oxford Theologie studierte. Er wird vom Papst der Ketzerei angeklagt und flieht nach München. Fast 20 Jahre bis zu seinem Tod arbeitet er im Franziskaner-Kloster.

Auch der Arzt, Jurist und Rektor der Pariser Sorbonne, Marsilius von Padua, flüchtet nach München. In seinem für Ludwig geschriebenen Hauptwerk »defensor pacis« richtet er schwerste Angriffe gegen das Papsttum, das die Wurzel allen Übels in der Welt sei. Marsilius von Padua fordert die Trennung von Kirche und Staat. Er überreicht dem Kaiser die radikalste kirchenpolitische Kampfschrift des Mittelalters.

In diesem grundlegendem Werk zur Staatslehre entwickelt Marsilius den völlig neuen Gedanken einer »Volkssouveränität«.

Umwälzende, neue Ideen werden in München geboren. Die Stadt wird zum Zentrum des politischen und geistigen Lebens im mittelalterlichen Europa. Ludwig bietet den Staatsrechtlern und Philosophen im Münchner Franziskaner-Kloster Schutz vor der drohenden Inquisition. Wilhelm von Occam hatte Ludwig im Kampf gegen den Papst um Hilfe gerufen.

»Oh, Kaiser verteidige mich mit dem Schwert und ich will Dich mit dem Wort verteidigen.«

Occam und seine Mitstreiter verfassen im Namen des Kaisers Kampfschriften. Sie sehen sich als Speerspitze gegen den »mystischen Antichristen ...«, »der sich fälschlich Papst nennt«. Sie erklären ihn für abgesetzt.

Die Krise erreicht im Jahr 1327 ihren Höhepunkt. Ludwig zieht mit 4000 Rittern über die Alpen nach Rom – eine letzte Machtprobe zwischen Kaiser und Papst.

Am 17. Januar 1328 lässt sich Ludwig in der Peterskirche die Kaiserkrone aufsetzen. Das Zeremoniell ist nach den Vorstellungen des Marsilius gestaltet: eine Krönung, bei der das römische Volk und nicht der Papst die höchste Würde des Abendlandes verleiht. Der spricht dem Ketzer auch noch die Würde eines Herzogs von Bayern ab, nennt ihn verächtlich »Bavarus«, »den Mann aus Baiern«.

Die Begeisterung der Römer für den Bayern hält nicht lange an. Der neue Kaiser geht einen Schritt zu weit. Es kommt zum Aufruhr. Ludwig plant einen Feldzug gegen das Königreich Neapel, den wichtigsten Verbündeten des Papsttums in Avignon. Die leere Kriegskasse soll auf Kosten der Römer durch Abgaben gefüllt werden.

Ludwig und seine deutschen Ritter müssen sich Richtung Norden zurückziehen. In Pisa erhält Ludwig von einem Mönch eine Madonnenfigur aus Carrara-Marmor geschenkt. Sie werde ihn bei seiner Reise über die Alpen vor jeglicher Gefahr beschützen.

In der Einöde des Graswangtales stiftet Ludwig am 28. April 1330 sein Kloster Ettal. Ein bleibendes Werk des Gebannten.

»Got ze lob und unser frawen zu ern.«

Der Legende nach weigerte sich Ludwigs Pferd weiterzuziehen und sank in die Knie. Ludwig sah darin ein Zeichen der Himmelsgöttin, an diesem Platz einen eigenen, neuen Orden zu gründen.

Eine Gemeinschaft von 20 Benediktinern, einem Meister mit 12 Rittern und deren Frauen entstand. Ein Ritterstift, das an die Tradition der Tafelrunde des König Artus erinnert – einer Gralsburg gleich – mitten im Graswangtal. Das Kloster Ettal – ein Zeichen der Frömmigkeit des Exkommunizierten.

Ludwig und die Architektur des Reiches: Schon im Jahr 1323, als das askanische Fürstenhaus der Mark Brandenburg ausstirbt, konnte Ludwig das Land mit dem Adler im Schild übernehmen und seinem Sohn übergeben.

Raute und Löwe stehen für die Kurwürde der Pfalz. Ludwig überlässt den Söhnen seines Bruders die Ober- und die Kurpfalz – ein geschickter Schachzug, besiegelt im »Hausvertrag von Pavia« im Jahre 1329, um einen seit langem schwelenden Erbzwist zu beenden.

Die pfälzische Linie neben der bairischen Linie des Hauses Wittelsbach: Die gegenseitige Beerbung soll den Bestand des Hauses Wittelsbach sichern.

Es gelingt Ludwig sogar, die Kurfürsten »zu Ehr und Schutz des Reiches gegen jedermann« zu vereinen. Mit »Jedermann« ist das Papsttum in

Avignon gemeint. Auf Betreiben des Wittelsbachers beschließen 1338 die Kurfürsten auf ihrem »Kurverein in Rhense« bei Koblenz: Es sei altes Recht, dass der von den Kurfürsten gewählte König auch ohne päpstliche Zustimmung das Reich regieren kann. Selbst die geistlichen Kurfürsten, die Bischöfe von Mainz, Trier und Köln stimmen dem zu.

Ein gewichtiger Grundsatz, der 18 Jahre später im Jahre 1356 in das Grundgesetz des Reiches – in die »Goldene Bulle« – aufgenommen wird. Die Wahl des römischen Kaisers und der Ort der Wahl – Frankfurt – werden hier festgeschrieben.

Von Bayern aus werden die Regeln bestimmt, die das Selbstverständnis und die Verfasstheit des Heiligen Römischen Reiches Deutscher Nation bis zu dessen Ende prägen werden.

Des Reiches Veste – die Burg. In ihrem Zeichen und unter ihrem Schutz wächst die Reichsstadt Nürnberg. Hier verbrachte Ludwig seine frühen Herrscherjahre. Dieses Zentrum des Reiches bedachte er mit vielen Privilegien. Die Nürnberger dankten es ihm.

Ludwig macht Nürnberg zur ersten Hauptstadt Deutschlands. Während seiner 33-jährigen Herrschaft weilt er mehrmals im Jahr in Nürnberg. Hierher beruft er viele Fürsten- und Reichstage ein.

Das religiöse Herz der Residenz ist die Burgkapelle. Das architektonische Meisterwerk – von den Staufern erbaut – bewahrt die Zeit dieses eigenwilligen Herrschers ganz in der Tradition der Reichsheiligen Kunigunde und Heinrich II.

Wie schon die Staufer und seine Wittelsbacher Ahnen ist Ludwig Städten gegenüber besonders aufgeschlossen. Er sichert sich damit Rückhalt im aufstrebenden Bürgertum. Der Stadtpolitiker Konrad Groß hilft ihm dabei mit großzügigen Vorschüssen. Er erhält dafür von Ludwig das begehrte Reichsschultheiß-Amt der Stadt und obendrein die Nürnberger Reichsmünze. Es ist die Zeit des Aufstiegs Nürnbergs zur wirtschaftlich und kulturell wichtigsten Stadt Süddeutschlands.

In München liegen die Dinge anders. Die Stadt entwickelt sich nicht so kometenhaft wie Nürnberg. Herzoglich-bairischer Regierungssitz ist der Alte Hof.

Ludwig veranlasst, dass die alte Hofkirche – die Lorenzkapelle – vergrößert wird. In diesem Gotteshaus werden die Heiligtümer des Reiches – die Reichskleinodien aufbewahrt: Szepter, Reichsapfel und Reichskrone.

Biblische Könige verweisen auf den ewigen, göttlichen Anspruch, den der Träger dieser Krone genießt. Die acht Bogen symbolisieren die Grabeskirche Christi, das Himmlische Jerusalem.

Der Reichsapfel stellt die universelle Herrschaft dar. Das Kreuz die Herrschaft Christi.

Ludwig stellt die Residenzstadt München unter seinen besonderen Schutz. 1340 verbrieft er das Münchener Stadtrecht: »Das sind die Rechte der Stat zu München«.

Sie gelten bis zum Ende des alten Reiches. Und Ludwig verfügt, dass der Marktplatz unbebaut und damit »desto lustsamer, desto schöner und desto gemachsamer sei«.

Das Münchner Kindl, die Darstellung eines Mönchs auf der Urkunde, wird zur Wappenfigur der Stadt. Die Farben des Reiches, schwarz und gold, werden auch zu den Farben der Stadt, nicht schwarz und gelb.

Ludwig treibt den Bau eines gigantischen neuen Mauerrings um München voran. Mit der Fertigstellung des Isartors im Jahre 1337 ist die Äußere Stadtmauer vollendet. Auch in seiner Residenzstadt München setzt Ludwig jetzt auf zukunftsorientierte Städtepolitik und sichert damit München als wirtschaftlichen Standort und Umschlagplatz.

Ludwig der Bayer auf Erfolgkurs: Jetzt rückt der Süden in sein Blickfeld – der Bergstock des Schlern in Südtirol. Unten im Eisacktal verläuft der Weg der deutschen Könige zur Kaiserkrönung in Rom – eine strategisch wichtige Landschaft. Dort ist die Grafschaft Tirol. Einen »solchen Bissen« will er sich nicht entgehen lassen und nutzt die Gunst der Stunde. Die Vorgeschichte:

Margarethe, die Erbin des Landes, war bereits als Zwölfjährige mit Johann Heinrich verheiratet worden, einem Sohn des Luxemburger Johann, König von Böhmen. Der Bräutigam war damals erst acht Jahre alt. Die Regierungstätigkeit übernahm daher sein älterer Bruder, der zur Absicherung der Luxemburger Interessen böhmische Edelleute nach Tirol holte. Das bringt den Tiroler Adel auf – und auch Margarethe, die im eigenen Land immer weniger zu sagen hat. Hinzu kommt, dass sie sich im Laufe der Jahre von ihrem Mann schlecht behandelt fühlt und die Ehe kinderlos bleibt. Margarethe verschwört sich mit dem Tiroler Adel gegen ihren Mann. Als Johann Heinrich im Jahre 1341 an Allerseelen von einem Jagdausflug heimkehrt, ist das Tor von Schloss Tirol verschlossen. Seine Frau hat ihn ausgesperrt und kein anderer nimmt ihn auf. Johann Heinrich verlässt Tirol. Die Revolte war gut vorbereitet – unterstützt von Kaiser Ludwig, der seine Chance sieht. Er bietet seinen Sohn, Ludwig den Brandenburger, als neuen Gatten an und sichert sich damit Tirol.

Faschingssonntag 1342: Auf Schloss Tirol wird prunkvoll Hochzeit gefeiert. Doch die Braut, die jetzt heiratet, ist noch nicht geschieden. Die Tiroler Eheaffäre verschlechtert die Beziehung des Kaisers, der seit 1324 unter Kirchenbann steht, zur Kurie noch mehr.

Der Papst reagiert prompt.

»Flehentlich bitten wir die göttliche Macht, dass sie die Raserei Ludwigs zerschmettere. Der Himmel entlade seine Blitze über ihn. Der Erdkreis kämpfe gegen ihn. Die Erde öffne sich und verschlinge ihn lebendig.«

Die päpstlich-luxemburgische Propaganda arbeitet erfolgreich und richtet sich erst gegen Margarethe. Die schöne Frau des Brandenburgers wird als hässliches und lasterhaftes Weib, als »Maultasch« verhöhnt – eine abwertende Bezeichnung für das weibliche Geschlecht. Der Beiname bleibt ihr haften. Und sie muss am Ende ihres Lebens auch noch mitansehen, wie sich das Haus Habsburg ihres Landes Tirol bemächtigt.

Drei Jahre später erbt Ludwigs Frau, Margarete von Holland, ihre Stammlande. Jetzt kann sich der Bayer Holland, Seeland, Friesland und den Hennegau einverleiben. Für sein Reich – diesseits und jenseits der Alpen – benötigt der Kaiser eine neue Statik der Macht.

Glückliche Wittelsbacher: Ludwig auf dem Gipfel seiner Macht, auf der Passhöhe des Mittelalters, auf dem Dach Europas – den Alpen. Ein Adler, der immer weitere Kreise zieht. Von dieser Bastion aus will Ludwig jetzt den Einfluss der Macht des Papstes über das Reich zurückdrängen.

Das Reich der Wittelsbacher reicht nun vom Ufer des Gardasees jenseits der Alpen bis zur Ostsee und zur Nordsee.

Ludwig der Bayer, schier alle Grenzen überwindend, übernimmt sich, so der zeitgenössische Chronist Matthias von Neuenburg:

»Jetzt schärfe deinen Geist, Schreiber! Denn ein schweres Stück Arbeit harret deiner, willst du schildern den langen Flug eines gewaltigen Adlers, der, töricht zugleich und klug, niedergeschlagen zugleich und heiter, kleinmütig zugleich und tapfer, bei allem Unglück noch glücklich, noch aufstieg, während ihm schon die Flügel versengt waren ...«

1346 kommt es zum Gegenkönigtum des Luxemburgers Karl, des späteren Karl IV. gegen Ludwig. Die Häuser Luxemburg, Habsburg und der Papst rücken zusammen.

»Der Zorn Gottes und seiner Heiligen, deren Kirche er zu Schanden machen wollte, entbrenne gegen ihn. In einer Generation sei sein Name verwischt und sein Gedächtnis verschwinde von dieser Erde.« So der Bannfluch des Papstes.

Aus dem verächtlich »Bavarus« genannten Herrscher wird Ludwig der Bayer – ein Ehrentitel.

Am 11. Oktober 1347 erliegt Ludwig auf der Jagd in den Wäldern von Fürstenfeldbruck einem Schlaganfall.

Das Idealporträt des gebannten Kaisers ist in der Münchner Frauenkirche dargestellt. Das Hochgrab – ein Bekenntnis der Dynastie zu ihrem umstrittenen Ahnherren. Mit seinem plötzlichen Tod ist für die Wittelsbacher nicht nur die Kaiserkrone verloren, sondern für Bayern auch der Traum geplatzt, Zentrum des Reiches zu werden. Von der Expansion der Wittelsbacher bleibt wenig übrig. Brandenburg, Tirol und Holland gehen bald wieder verloren. Luxemburg und vor allem Habsburg sind die Gewinner.

Das 15. Jahrhundert ist für Bayern ein ereignisreiches Saeculum: Zeitenwende, Katastrophen und überraschende Wendungen im theatrum mundi, im Welttheater. Die Hussiten fallen aus Böhmen ein. Judenpogrome breiten sich aus. Der schwarze Tod kommt über die Menschen. Bayern zerfällt durch Teilungen in kleinere Einheiten.

Ludwig der Bayer hatte sechs Söhne. Einer von ihnen war also Ludwig der Brandenburger, Graf von Tirol.

Dessen Bruder Stephan II. rückt in Brandenburg nach und verliert Bayerns Land im Norden. Dieser Stephan wiederum hat drei Söhne: Stephan III. – wegen seiner Prunkliebe nach alter Mundart der Kneißl genannt – Herzog von Bayern-Ingolstadt, Friedrich, Herzog von Bayern-Landshut, und Johann II., Herzog von Bayern-München.

Sie sollen Bayern untereinander aufteilen und einträchtig regieren. Doch Vision und Augenmaß ihres Großvaters ist ihnen nicht eigen.

Stephan der Kneißl rühmt sich, Schwiegervater des französischen Königs zu sein: Er verheiratete seine Tochter Elisabeth, jetzt Isabeau de Bavière genannt, nach Paris.

Wie der Kneißl prasst auch sein Bruder Johann. Beide streiten um das Erbe Bayerns. Nach dem Tod Friedrichs führt der Streit zum Krieg. Ein Familienkrieg, der das Land Bayern beutelt und entscheidend die Münchner Stadtgeschichte prägt. Die Kosten werden auf die Steuerzahler abgewälzt – vor allem auf die in München. Die Bürger, die ohnehin schon die höchsten Steuern in Bayern zahlen, müssen noch mehr bluten.

Dies trifft vor allem Handwerker und Lohnarbeiter, deren Unmut wächst. Es kommt zu Unruhen. Dann erreicht auch noch die Pest die Stadt. Not, Erbitterung und Angst breiten sich aus. Eine Stadt gerät in Aufruhr.

München ist mit seinen 12 000 Einwohnern nach Augsburg und Regensburg die bevölkerungsreichste Stadt – fast eine mittelalterliche Großstadt. Ein Auszug aus dem Eidbuch von 1377: Steuererfassung der Bürger der Sendlinger Gasse. Nur wer Steuern zahlt, darf mitbestimmen.

Das Regiment der Stadt ist in der Hand von 40 alteingesessenen Bankiers und Großhändlern. Sie teilen sich die Ämter im etwas größeren Äußeren Rat und im Inneren Rat auf. Drittes Organ ist der Große Rat, die Vertretung der Stadtgemeinde – die »Gemein«. Bei wichtigen Entscheidungen darf diese Bürgervertretung mit bis zu 300 Personen mitbestimmen.

Es beginnt mit einem Auskunftsbegehren der 300. Angesichts der leeren Stadtkasse werfen sie der Stadtregierung Misswirtschaft vor. Sie wollen wissen, »wohin der Stadt Gut gekömmen wäre«.

Als auch noch Johann, Herzog von Bayern-München, stirbt, spitzt sich der Erbkrieg der wittelsbachischen Herzogsfamilie um Bayern auf München zu. Schon vor Johanns Tod hatte das Stadtregiment auf Stephan den Kneißl, Herzog von Bayern-Ingolstadt, gesetzt. Johanns Söhne, Wilhelm und Ernst, bestehen aber auf »ihr« München.

Der Krieg der Herzöge ums Land und der Krieg der Bürger um die Stadt: München zwischen zwei herzöglichen Stühlen – in den Jahren 1397 auf 1398 wird die Stadt zum Schauplatz schwerer Tumulte. Waffenkammern werden gestürmt. Ein Schwertfeger schreit: »Wir sollten die Bösewichter alle nehmen und ihnen die Köpfe abschlagen.« Das Stadtregiment wird abgesetzt. Die »Gemein« bestimmt jetzt die Stadtpolitik – ein Rat vorwiegend aus Zunftshandwerkern. Stadtrevolte in München, ein früher demokratischer Versuch.

Mehrere Ratsfamilien werden vertrieben. So auch Bürgermeister Jörg Kazmair, Mitglied des Inneren Rats. Er flieht aus der Stadt und sucht Obhut bei Herzog Ernst. Andere städtische Beamte werden beim bewaffneten Aufstand in den Gefängnisturm geworfen. Hab und Gut wird ihnen genommen.

Über die Zeit der Unruhen in den Jahren 1397 bis 1403 verfasst Jörg Kazmair eine Denkschrift. Als er die Stadt verließ, wollte er »einsweil« erst mal abwarten, »wo die große sach hinaus woll«. Es werden fünf lange Jahre im Exil:

Gleich auf dem ersten Blatt hält er in einem Namensverzeichnis all die »pösen« fest, welche »die Ersten sind gewesen, die den lauf zu München allermeist triben und angefangen habend.« Ein Tagebuch einer bewegten Zeit.

Kazmairs Wohnhaus im Kreuzviertel in der Kaufingerstraße, Haus Nr. 26, wird beschlagnahmt.

Der neue Rat tut sich schwer. Die Stadtkasse bleibt trotz des enteigneten Vermögens der vertriebenen Ratsfamilien leer. Jetzt verschärft der Wittelsbachische Familienstreit die revolutionäre Lage in der Stadt. Sie ruft Herzog Stephan den Kneißl, und dessen Sohn Ludwig VII. um Hilfe.

Doch die Herzöge Ernst und Wilhelm setzen über Vertrauensleute im neuen Rat eine Gegenrevolution in Gang. Durch »heimliche, geschwinde Praktiken«, sind sie über die geheimen Ratsbeschlüsse informiert, noch ehe der Rat aus dem Rathaus kommt. Diese »heimlichen, schädlichen Praktiken« werden jetzt jedoch aufgedeckt. Die Verschwörer werden hingerichtet.

Die Kassen der verfeindeten Herzöge sind leer. Herzog Stephan bürdet jetzt der Stadt weitere Zahlungen auf. Im Jahre 1400 liegen die Bürgersteuern höher als zur Zeit vor dem Umsturz. Das Zunftregiment, das angetreten war, um bei den Stadtfinanzen mitzubestimmen, steht vor dem Ruin. Die Lage spitzt sich zu. Jetzt sollen die angestammten Bayern-München-Herzöge das revolutionäre München einnehmen.

Die Stadt rüstet sich. Belagerungszustand.

1403. Faschingssonntag, der 25. Februar. Noch wird auf dem Marktplatz getanzt. Der Belagerungsring um München wird enger gezogen. Das Zunftregiment schickt Hilferufe an bayerische Städte. Und bis nach Paris, wo Herzog Ludwig bei seiner Schwester Isabeau weilt. Am Vorabend von Christi Himmelfahrt berät man im Rathaus über die dramatische Lage.

Um Gewalttätigkeit zu vermeiden, kapituliert das revolutionäre Stadtregiment.

Am 1. Juni 1403 zieht Herzog Ernst in die Stadt ein. In seiner Begleitung sind 50 vertriebene Münchner Bürger, unter ihnen Jörg Kazmair. Das beschlagnahmte Anwesen erhält er zurück und er wird wieder Bürgermeister. Münchner Bürgerstolz: Nicht ein Löwe, sondern eine Katze im Wappen des Bürgers Kazmair.

Eine neue städtische Verfassung wird in einem »Wahlbrief« zwischen den Herzögen Ernst und Wilhelm gemeinsam mit der Bürgerschaft am 21. August 1403 besiegelt: Sie garantiert das bürgerliche Mitspracherecht, umschreibt die Rechte der »Gemein«, die diese bei Ausbruch der Unruhen gefordert hatte.

Im Wahlbrief werden auch die Rechte und Pflichten der Zünfte festgeschrieben – wie die der Schäffler, die alle sieben Jahre während der Faschingszeit in Zunfttracht auftreten und nach Zeiten der Pest und Not wieder Leben in die Stadt bringen.

Heldentaten – Moritaten – Mordtaten.

Schauplatz: Straubing an der Donau: Die Liebe des oberbayerischen Erbprinzen Albrecht zu einer nicht Standesgemäßen endet im Jahr 1435 als Tragödie: Agnes Bernauer aus Augsburg, Tochter eines Baders. Er heiratet sie heimlich.

Albrechts Vater, Herzog Ernst von Bayern-München, fürchtet um die rechtmäßige Erbfolge seines Sohnes. Doch die Bernauerin weigert sich, ihre legitime Ehe mit Albrecht zu lösen.

Herzog Ernst entscheidet über das Schicksal der im Wege stehenden Schwiegertochter. Es geschieht »Erbärmliches«.

»Herzog Ernst ließ ertrenken ...«, so die Bayerische Chronik des Historikers Veit Arnpeck, »... zu Straubing Agnes Pernauerin, eines Barbiers Tochter, ein wunderschöne Frauen, umb das sie sein Suhn Albrecht zu der Eh' genommen hatt, und das nicht widersprechen wollt, anno 1435 an Sant Maximilianstag.

Sie ward herrlich begraben mit einem schönen Stein ob ihrem Grab, als doch ein Fürstin. Man sagt, dass sie so hübsch gewesen sei, wann sie roten Wein getrunken hett, so hett man ihr den Wein in der Kehl hinab sehen gehn.«

Der Mord bleibt ungesühnt, die Bernauerin aber im Gedächtnis der Menschen in Bayern unsterblich.

Lange dauert es nicht, da beugt sich der Sohn dem Willen des Vaters. Er heiratet standesgemäß und zeugt zehn Kinder. Auf der Grabplatte Ludwigs des Bayern in der Münchner Frauenkirche versöhnen sich Vater und Sohn.

Im Jahre 1440 wird Albrecht III., jetzt Herzog, auf Einladung der böhmischen Stände die Krone des Königreichs Böhmen angeboten. Für das kleine Haus Oberbayern wäre das Land des Heiligen Wenzel ein großer Zugewinn, doch die damit verknüpfte Bedingung, Bayern müsse sich Böhmen anschließen, stört ihn. Aus Furcht vor unabsehbaren kriegerischen Verwicklungen lehnt der Herzog ab.

Albrecht zieht sich aus der großen Politik ins Kloster Indersdorf zurück. Er lässt sich in die Bruderschaft des Konvents aufnehmen. Kirchliche Erneuerung – das ist sein Ziel, das er mit einer der bedeutendsten Persönlichkeiten seines Jahrhunderts verfolgt.

Nikolaus von Kues, geboren an der Mosel, Bischof von Brixen und Kurienkardinal, ist ein streitbarer Kirchenpolitiker, mit dem Albrecht für die Reform der Kirche »an Haupt und Gliedern« kämpft. Von Kues oder Cusanus, dessen Schriften vom Kloster Tegernsee aus verbreitet werden, hatte die bahnbrechende Erkenntnis verbreitet, die Erde bewege sich als Kugel im Kosmos.

Albrechts Nachfolger, Herzog Sigismund ist ein Schöngeist. Am wohlsten fühlt er sich an seinem Lieblingsort, Schloss Blutenburg.

»Mit schönen Frauen und mit weißen Tauben, Pfauen, Meerschweinchen, Vögeln und allerlei seltsamen Tierlein, auch mit Saitenspiel«.

Sigismund erbaut sich die Schlosskapelle als sein eigenes Refugium und in München veranlasst er den Bau der zweitürmigen Frauenkirche.

Schärfster Kritiker ist sein jüngerer Bruder Albrecht. Vom Ehrgeiz getrieben, verdrängt er den Älteren mehr und mehr aus der Regentschaft. Die offizielle Begründung:

»Infolge der Blödigkeit seines Leibes nicht gern Mühe und Arbeit tragend und mehr geneigt, sich ein geruhiges Wesen ohne alle Bekümmernis zu machen, wolle er sein Regiment in eine Hand stellen, unter der für Land und Leute besser und fleißiger gesorgt sei.«

Innerhalb der Familie mehren sich die Zwistigkeiten. Der Verdrängte lässt sich statt in Müßiggang in ernster Bußgesinnung zusammen mit seinem Namenspatron, dem Heiligen Sigmund, auf dem Hochaltar porträtieren.

Der Geschichtsschreiber Aventinus meint bald:

»Herzog Sigismund ist ein liderlicher Fürst gewesen.»

Liederlich was die Schulden betrifft. Albrecht IV. muss sich jetzt um die Finanzen des Herzogtums Oberbayern kümmern.

Die reiche Verwandtschaft thront in Niederbayern. Hoch über dem Isartal regieren die Vettern der zerstrittenen Familie über das weite Niederbayern – auf Burg Trausnitz. Keine der anderen Wittelsbacher Linien kann es mit ihnen aufnehmen. Sie gelten als die »reichen Herzöge«. Das fruchtbare Ackerland Niederbayerns ist der Grundstock zu ihrem Reichtum.

Familiäre Verbindungen mit den Königen von Frankreich und den wohlhabenden Visconti, den Herren von Mailand, verschaffen ihnen Einfluss und Macht.

Heinrich XVI. ist der Sohn einer Visconti. Er ahmt den Stil italienischer Stadttyrannen nach. Er baut den Stammsitz, die Burg Trausnitz über Landshut aus, vergrößert die Anlage und verwandelt die Burg in ein Residenzschloss.

Für die Schlosskapelle St. Georg stiftet Herzog Heinrich der Reiche den gotischen Hochaltar und lässt sich auf dem linken Flügel darstellen – zu Füßen der Heiligen Elisabeth von Thüringen, darunter seine Namensinitiale »H« und sein Leitspruch »Wills Gott«.

Und Gott will es – man hat die Hut des Landes inne – Landshut, die stolze Bürgerstadt zu Füßen der Burg. Der Turm von St. Martin ist so gebaut, dass man »den Fürsten in die Suppenschüssel schauen kann«.

Die Bürger sind selbstbewusst und lehnen sich bald gegen die Herren da oben auf. Ihre Revolte wird aufgedeckt.

Die Anführer werden hingerichtet und ihre Gelder eingezogen. Salzhandel, Gold- und Silberwerke mehren die Reichtümer der mächtigen Herzöge.

Doch der Stolz der Bürger überlebt im Turmbau von St. Martin, dem höchsten Backstein-Turm der Welt. Eine Steinplastik an der Außenmauer der Kirche zeigt ihren Baumeister Hans von Burghausen. Mit seinem Kirchenbau prägt er die spätgotische Backsteinkunst in Niederbayern und darüber hinaus.

Ein anderer Bürger ist im Inneren von St. Martin auf einem Grabdenkmal verewigt: Martin Mair, einer der ersten Humanisten des Landes. Der Pfälzer steigt zum politischen Berater von Herzog Heinrichs Nachfolger Ludwig auf. Er setzt sich für die Gründung der ersten Universität im Land der Wittelsbacher in Ingolstadt ein. Herzog Ludwig und der Humanist Mair stehen gemeinsam auf der Gründungsurkunde der Universität, die 1472 eröffnet wird.

»Himmel Landshut, tausend Landshut …« erschallt es aus unzähligen Kehlen, als weniger die Liebe als »eine Schickung Gottes zum Nutzen der Christenheit und des Reiches« ein Brautpaar vor den Altar in St. Martin treten lässt.

Die »Landshuter Hochzeit«: Herzog Ludwig lässt 1475 für seinen Sohn Georg die »große Hochzeit« ausrichten. An ihr nehmen der habsburgische Kaiser Friedrich III. und dessen Sohn Maximilian teil. Fürstenhäuser aus ganz Europa und Heerscharen von Rittern reisen an.

Die 18-jährige Braut Jadwiga ist eine Tochter des polnischen Königs und bringt eine reiche Mitgift in die Ehe. Mit gewaltigen Turnieren, mit Fress- und Trinkgelagen wird Hochzeit gefeiert. Allein das Festessen hat 32 Gänge, verspeist werden 323 Ochsen, 969 Schweine, 1133 Schafe, 11 500 Gänse.

Zwei Wochen lang ist die Stadt Kulisse der letzten Prachtentfaltung des späten Mittelalters – Abgesang einer Epoche.

Die Ehe der beiden verläuft wenig glücklich: Jadwiga und Georg haben keinen männlichen Erbfolger.

Die Rüstungen der Turnierritter werden schon bald für den Krieg gebraucht. Georg will seine Tochter Elisabeth, die er mit dem Pfälzer Wittelsbacher Rupprecht verheiratete, zur Erbin machen. Sein Testament führt zum »Landshuter Erbfolgekrieg«, denn das Herzogtum Niederbayern müsste gemäß Wittelsbacher Hausverträgen mit dem oberbayerischen Herzogtum wiedervereinigt werden.

Im Alten Hof in München residiert Herzog Albrecht IV., der eigentlich der rechtmäßige Nachfolger des Landshuter Erbes wäre.

Er hat politisches Gespür und zeigt Ausdauer. Zeitgenossen nennen ihn den »Weisen«. Er träumt von Wittelsbachischer Größe, ganz nach seinem Vorbild, Ludwig dem Bayern. Und – auch da eine Gemeinsamkeit mit dem Urahnen – Albrecht denkt an den Erwerb Tirols.

Er will »das lobliche Haus Bayerns erweitern, zumal an den Enden, die vormals dazugehörten.«

Das Zeitalter seiner über 40-jährigen Herrschaft ist noch Mittelalter, aber – dank seiner Weitsicht – schon der Neuzeit zugewandt. Albrecht fördert den Handel mit Venedig und Italien, indem er die Kesselbergstraße am Walchensee ausbaut. Die Städte wachsen, und reiche Bürgersleute lassen sich auf Gemälden porträtieren.

Das einfache Volk – die Handwerker, Mägde und Gesellen – illustrieren den Alltag.

Um die Bauern vor Willkür durch Adel und Prälaten zu schützen, versucht Albrecht die Stände, die immer mächtiger werden, in Schach zu halten. Doch die Stände pochen auf ihre Rechte. Die Prunkurkunde von 1514 der »Verainigung Gemainer Landschafft der dreyer Stennd im Ober- und Niederland des löblichen Haus und Fürstentumbs zue Bairn« stellt den Höhepunkt ständischer Macht dar.

Die Landstände – auch »Landschaft« genannt – sind die genossenschaftlich zusammengeschlossenen Vertreter der bayerischen Oberschicht. Eine frühe Form von Parlament, obgleich die Mitglieder nicht vom Volk gewählt werden. Vertreten sind drei Stände: Der Adel, die hohe Geistlichkeit und die Bürgerschaft aus Städten und Märkten. Jeder einelne Standesvertreter besiegelt die Urkunde. Bauern, also die überwiegende Mehrheit der Bevölkerung, finden keinen Zulass.

Das Recht der Steuerbewilligung und die Mitwirkung bei wichtigen Landesangelegenheiten, etwa bei Gesetzen und Kriegserklärungen, sind Privilegien, mit denen die Landstände seit 1302 urkundlich ausgestattet waren. Und so üben sie Macht aus:

Braucht ein Herzog Geld, muss er es sich von den Landständen beschaffen. Nur mit deren »Rat« und »Hilfe« kann er das Land regieren. Je mehr ein Herzog unter Geldmangel oder Kriegsschulden leidet, umso mächtiger werden die Landstände.

Albrecht baut sein Territorium planmäßig aus – meist auf Kosten seines Nachbarn Österreich. Kaiser Friedrich III. ist nicht gewillt, tatenlos zuzusehen. Er positioniert gegen Albrecht den mächtigen »Schwäbischen Bund«, in dem viele Fürsten und Reichsstädte zusammengeschlossen sind. Als sein Landshuter Vetter Georg auf die kaiserliche Seite wechselt, scheint Herzog Albrechts Schicksal besiegelt. Er verfällt der Reichsacht und ihm bleibt nichts anderes übrig, als einen Ausgleich zu suchen.

Er muss auf Regensburg verzichten: Gerade hatte er die vom Kaiser finanziell ausgeblutete Reichsstadt durch verlockende Angebote für sich einnehmen können, vom Papst sogar ein Stiftungsprivileg zur Gründung einer Universität erlangt. Auch sein Plan, Regensburg wieder zur Hauptstadt Bayerns zu machen, geht nicht auf.

Zur gleichen Zeit in München: Die Frauenkirche wird eingeweiht und München Hauptstadt der bayerischen Wittelsbacher. In der Schedelschen Weltchronik von 1493 wird München mit 110 Türmen abgebildet – bereits auch der Rathausturm und die Türme der Frauenkirche, noch ohne die halbrunden Kuppendächer – die »welschen Hauben«. Beide Neubauten symbolisieren das geistliche und politische Zentrum der Stadt, die damals fast 14 000 Einwohner zählt. Die Baumaßnahmen werden von Jörg von Halspach, auch Jörg Ganghofer genannt, ausgeführt.

Die Frauenkirche wird zum Wahrzeichen Münchens – ein Denkmal spätgotischer Baukunst. Den 1488 fertigen Rohbau hat der Baumeister Jörg von Halspach kurz vor seinem Tod noch abschließen können. So steht auf seinem Grabstein, er hat den ersten, den mittleren und den letzten Stein zu dieser Kirche gelegt.

Die größte Hallenkirche Süddeutschlands war entstanden. Die an dieser Stelle stehende kleinere Marienkirche war abgerissen worden. Für den Bau des Doms »Zu Unserer Lieben Frau« stiften die Bürger.

So zum Beispiel die Familie Astaller das so genannte Astaller-Fenster: »Dartzu wir die alten scheiben und die gefärbten glas die vor in dem allten venster gewesen und vorhanden sind, prauchen und nehmen sullen.« Aus der alten romanischen Kirche, die Ludwig der Bayer ausstatten ließ, sichert man einige Fenster und baut sie in die neue Frauenkirche ein.

Die Mutter Gottes als Hauptmotiv: Die Himmelskönigin öffnet ihren Mantel weit und bietet den Menschen ihren Schutz und Beistand an. Ihr vertrauen sie, ihr haben sie den gewaltigen Dom gewidmet und gebaut.

Die Münchner Familie Sänftl stiftet das Gemälde der Schutzmantel-Madonna. Geistliche und weltliche Stände haben sich um die Gottesmutter versammelt und erflehen deren Gnade.

Die neue größere Kirche der Münchner wird von den Zünften der Stadt getragen. Sie – nicht der Herzog – zahlen die großen Summen für ihr Gotteshaus. Der Bildschnitzer Erasmus Grasser und seine Werkstatt arbeiten sieben Jahre lang allein am Chorgestühl. Das spätgotische Figurenensemble mit Darstellungen der Propheten und Apostel ist das größte erhaltene in Deutschland. Die Figuren stehen miteinander im Dialog. Der Disput als Zeichen einer lebendigen Gemeinschaft aller Zeiten, Lebensalter, Temperamente und Stände.

Von der alten Kirche hat man auch die Grabstätte des Kaisers Ludwig des Bayern übernommen.

Gleichzeitig mit dem Dombau übernehmen Jörg von Halspach und Erasmus Grasser ein weiteres Bauprojekt. An Stelle des abgebrannten bisherigen kleinen Rathauses verlangt die wachsende Stadt nach einem neuen repräsentativen Saal.

Unter dem kaiserlichen Wappen Ludwigs des Bayern wird Stadtpolitik gemacht und getanzt.

Unter einer Decke vereinen 99 Wappen von Ortenburg bis ins ferne Indien die kleine mit der großen Welt draußen.

Von draußen kommt ein Modetanz nach Bayern – der Moriskentanz.

Grasser, der Mitglied des Stadtrats ist, schnitzt nach diesem Tanz fremdartige und bunte Figuren, die am politischen Reigen der Stadt teilnehmen. Mitten in der öffentlichen Ordnung eine verkehrte Welt: So als gäbe es keine Ständeordnung und keine Kleiderordnung – ein schräger närrischer Tanz für die Münchner im stadteigenen Tanzsaal.

Geboren im oberpfälzischen Schmidmühlen hat der Bildschnitzer – laut Münchner Zunftakten – erst ein Jahr vor dem Auftrag seinen Meistertitel erworben.

Schlimme Zeiten nahen, als der Landshuter Herzog Georg der Reiche ohne einen Erbprinzen im Jahre 1503 stirbt.

Wiederum muss Albrecht gegen eine gefährliche Koalition um sein niederbayerisches Erbe kämpfen. Gegen die Wittelsbachische Pfalz, gegen Böhmen und auch gegen die Stände Niederbayerns.

Aber das Blatt wendet sich: Der neue deutsche König Maximilian I. tritt auf Albrechts Seite, ebenso der Schwäbische Bund. Im Kölner Spruch muss Bayern an das Haus Habsburg für dessen militärische Unterstützung Kufstein, Kitzbühel, Rattenberg und das Zillertal abtreten.

Maximilian I., »der letzte Ritter«, sichert sich Burgen, Schätze und strategische Plätze.

Albrecht IV. schließlich erbt 1505 das Herzogtum Landshut. Er sichert den neuen status quo rechtlich ab: Das »Primogeniturgesetz« besiegelt für Bayern im Jahre 1506 seine Einheit für die Zukunft. Bayern soll nur noch ungeteilt an den erstgeborenen Sohn vererbt werden.

Niederbayern, das Land der reichen Herzöge und der reichen Ernten, ist mit Oberbayern, der alten bäuerlichen Kulturlandschaft, vereinigt.

Jahrhundertelang wird der Bauernstand zur Stütze des Wittelsbacher Hauses. Der Herzog wird zum Fürsprecher des in den Landständen nicht vertretenen »gemeinen Mannes« – der Bevölkerungsmehrheit.

Das passt zum politischen Kalkül des Landesherrn. Die Bauernschaft bleibt bis auf wenige Ausnahmen ruhig.

So sieht das der Humanist Aventinus, Johannes Turmair, in seiner »baierischen Chronik« das Alltagsleben in Bayern:

»Der gemein Mann, so auf Gäu und Land sitzt, gibt sich auf den Ackerbau und das Viech, liegt demselbigen allein ob, darf sich nichts ongeschafft understehn, wird auch in keinen Rat genommen oder Landschaft erfordert. Doch ist er sunst frei, mag auch frei ledig Eigengut haben, dient seinem Herren, der sunst keine Gewalt über ihn hat, jährlich (mit) Güld, Zins und Scharwerk, tuet sunst, was er will, sitzt Tag und Nacht bei dem Wein, schreit, singt, tanzt, kartet, spielt, mag Wehr tragen, Schweinsspieß und lange Messer. Große überflüssige Hochzeit, Totenmahl und Kirchtag haben ist ehrlich und unsträflich, reicht keinem zum Nachteil, kumpt keinem zu übel ...«

Albrecht IV. und Herzog Georg haben trotz allen Familienstreits eines gemeinsam. Ein bayerisches Produkt liegt ihnen am Herzen: Das Bier.

Bayern und Bier gehören zusammen. Ein Gebräu, das mit der Klosterkultur gewachsen ist – mit der Braugerechtsame, der Erlaubnis, Bier zu brauen und auszuschenken. Klöster wie Weltenburg, Weihenstephan, Tegernsee oder Andechs haben hier eine alte Tradition. Zu den vier Elementen kommt nur in Bayern ein fünfter Urstoff des Lebens hinzu: in einer fünften Jahreszeit – Bier als flüssiges Brot in der Fastenzeit.

Dass sich für die Klöster die Herstellung von Bier geschäftlich lohnt, registrieren die Herzöge von Bayern. Sie ziehen die Lizenz zum Bierbrauen und Ausschank an sich und nutzen die Biersteuer als Geldquelle. Herzoglich verwaltetes Bier bedeutet: Preis- und Qualitätskontrolle durch herzogliche Beamte. Albrecht IV. erlässt 1487 eine Vorschrift für Oberbayern, aus welchen Stoffen Bier gebraut werden muss. Und Herzog Georg verordnet 1493 für Niederbayern ein Bierreinheitsgebot. Nach der Wiedervereinigung der ober- und niederbayerischen Lande erlassen die Söhne Albrechts IV., Wilhelm IV. und Ludwig X., im Jahre 1516 für ganz Bayern das Reinheitsgebot für den Bierstoff – das erste Lebensmittelgesetz der Welt:

»Wir wollen auch sonderlichen, das füran allenthalben in unseren Stettn, Märckten und auf dem Lande zu keinem Pier merer Stuckh dann allain Gersten, Hopfen und Wasser gepraucht und genommen werden sölle.«

Bier, ein Grundnahrungsmittel für Bayern, ein herzoglich verschriebenes Rezept in Reinkultur für den Rest der Welt!

Der erste Erdglobus – 1492 in Nürnberg hergestellt von Martin Behaim

5
Ein neues Weltbild

Die erste Landesbeschreibung Deutschlands: Die »Cosmographia«. Mitte des 16. Jahrhunderts stellt der Basler Kosmograf und Humanist Sebastian Münster dieses Werk zusammen, in dem er die Lage des Landvolks und die Ursachen des Bauernkrieges von 1525 beschreibt.

»Da ist nichts dass das arm Volk (die Bauern) nicht tun muss und ohn Verlust nicht aufschieben darf. Was solche harte Dienstbarkeit in dem armen Volk gegen ihren Obern bringe, ist man in kurzen verruchten Jahren wohl inne worden. Es ist kein Stahlbogen so gut, wann man ihn zu hoch spannen will, so bricht er …«

Es brodelt im Land, denn schon wieder sollen die Bauern neue Abgaben leisten. Zu den Naturalabgaben an ihren geistlichen und weltlichen Grundherren kommen jetzt auch noch Steuern für den Landesherrn; dessen erhöhter Geldbedarf wird auf die Bauern abgewälzt.

Und die können und wollen nicht mehr zahlen. Es kommt zu Unruhen, zu Aufruhr und zu Aufständen. Der Bauernstand sammelt sich zu einer politischen Kraft.

Das Landvolk organisiert sich im Schwäbischen und Fränkischen zu überregionalen Bauernbünden.

Diese nennen sich »Armer Konrad« … oder »Bundschuh«. Sein Wappen ist der Schnürschuh der Bauern. Der Bauernaufstand greift um sich.

Für die Unterdrückten muss Martin Luthers Schrift »Von der Freiheit eines Christenmenschen« wie ein Befreiungsschlag gegen Fron und Steuer gewirkt haben. Niemandes Untertan sein – das ist Ziel des Kampfes, auf den sie ihren Schwur leisten. Luthers Worte sind schon bald in aller Munde:

»Ein Christenmensch ist ein freier Herr über alle Ding und niemand untertan.«

Die Aufständischen berufen sich auf die Bibel und fordern ihr gutes, altes Recht zurück.

Durch die Erfindung des Buchdrucks kommen in diesen revolutionären Zeiten neben der Bibel auch Manifeste wie die »Zwölf Artikel« unters Volk. Man liest das Revolutionsmanifest in Oberschwaben und im Allgäu, es erreicht den Neckar, den Main und wird weitergereicht zu den Bauern im Odenwald und in Franken.

Im Frühjahr 1525 wurde es in Memmingen von einem Pfarrer und einem Kürschnermeister verfasst. Seit einiger Zeit werden revolutionäre Ideen von der Kanzel der St.Martins-Kirche verkündet. Das Manifest der aufständischen Bauern bedroht die bestehende mittelalterliche Ordnung.

Die schwäbischen Bauernhaufen fordern »göttliches Recht« ein: Freie Jagd, Holzentnahme und freie Fischerei, Rückgabe der Allmende.

Gemeinsam mit der eingesessenen Bürgerschaft wollen sie außerdem die Einziehung aller Klostergüter, freie Pfarrerwahl sowie Predigt des reinen Evangeliums und Abschaffung der Leibeigenschaft durchsetzen.

Die Bauernaufstände greifen wie ein Flächenbrand um sich – vom Schwäbischen bis nach Thüringen hinein und dort droht der Funke des Schwurs auch nach Bayern überzuspringen.

Anfangs unterstützt Luther die gerechte Sache der Bauern. Doch dann schlägt er sich in seiner Schrift »Wider die mörderischen und räuberischen Rotten der Bauern« auf die Seite der Landesherren.

Die wütenden Bauern vernichten die Zinsbücher der Obrigkeit. Die Bauernaufstände werden zum Bauernkrieg. Im Bistum Würzburg werden 60 Burgen und 20 Klöster abgebrannt, im Bistum Bamberg gehen 197 Burgen und sechs Klöster in Flammen auf.

Dies geschieht im Sinne der »Zwölf Artikel« – jetzt auch »Ochsenfurter Ordnung« genannt. Der Anführer der Bauernbrüder in Franken ist Florian Geyer. Er lässt die Bürger der Stadt Ochsenfurt auf die neue Ordnung schwören.

Der Aufstand greift auch auf die Städte über – in Würzburg scheint die Situation günstig. Der Bürgermeister Tilman Riemenschneider sympathisiert mit den Aufständischen. Am 7. Mai 1525 ist es so weit: Angeleitet von Florian Geyer dringen 10 000 Aufständische gegen den Marienberg vor und erobern die Veste des Würzburger Bischofs. Doch bald wird sie zurückerobert. 4000 Bauern kommen ums Leben. Tilman Riemenschneider wird gefangen genommen und gefoltert. Anders als viele Rädelsführer kommt er mit dem Leben davon.

Der Bildhauer, der sich als Malerknecht im Jahre 1483 in Würzburg niedergelassen hatte, führte eine Meisterwerkstatt. Als Bürgermeister setzt er sich für Rechte der aufständischen Bauern ein.

Der bayerische Kanzler Leonhard von Eck holt zum Gegenschlag aus. Vor einem drohenden Bauernaufstand warnt er im Jahr 1525 als Beobachter Bayerns beim Schwäbischen Bund, einer Verteidigungsgemeinschaft der Landesherren aus Adel, Geistlichkeit und Reichsstädten:

»… Ich kan nit anderst sehen und merken, dass dieser Handl zu Unterdrückung der Fürsten und des Adels fürgenommen, und hat entlich seinen Ursprung aus den luterischen Leren. Aller Paurn Fürnemen ist weder Rent noch Zins ze geben.«

Die Fürsten und Herren schicken ihre Landsknechte hinaus und lassen die aufrührerischen Bauernhorden jagen. Leonhard von Eck ordnet an, scharf gegen die Aufständischen vorzugehen und ruft zum »lustigen Krieg wider die Türken im Land« auf.

Von Bayern aus beobachtet man mit großer Sorge die schrecklichen Ereignisse im Schwäbischen. Greifen die Unruhen über? Trotz grausamer Massaker sammeln sich die Aufständischen aus dem Allgäu am Lech und versuchen nach Bayern einzudringen. Auch hier zu Lande schwelt es schon seit geraumer Zeit. Bayern, ein Pulverfaß? Ein Funke genügt …

Entscheidend ist jetzt das Verhalten der bayerischen Bauern am Lechrain. Noch ist es hier ruhig. Zur Befriedung des Landstriches verordnet Herzog Wilhelm IV. ein Truppenaufgebot:

»… dass sich die paurn öffentlich lassen mercken, man welle ihnen nit trauen und sie wollten doch gern ihr leib und leben zu eurer lieb und uns als ihrn Landsfürstn setzen, dann ihr gemüet sei gar nit, sich unter die Swabpauern zu begeben, wellen ee darob sterben und verderben und sie aus dem land helfen slahen, wo wir sie allain beschützen und beschirmen, hilf und rettung thun …«

Für Herzog Wilhelm IV. geht die Rechnung auf: Der Reigen des Jahres wird nicht gestört. Am Peißenberg versammeln sich sogar Hunderte von Bauern, »damit die Schwäbischen Pauern den nit einnehmen.«

Der bayerische Herzog ordnet an, bei Beschwerden der Bauern »genedige Einsehung« zu üben. Das bayerische Herzogtum bleibt von den revolutionären Umtrieben entlang der Grenze verschont.

Von Bayern aus war bereits eine Reform der Kirche »an Haupt und Gliedern« gefordert worden. Vor allem in den Klöstern, wie etwa Tegernsee, wird innere Reformbereitschaft wachgerüttelt. Von dort kommt der Prediger an den Münchner Hof, Wolfgang Seidel. Er schreibt einen kritischen Fürstenspiegel. »Reformatio« ist das Stichwort dieser Epoche. Im Reich schlägt Luthers Reformation mit Wucht durch – nicht aber in Bayern. Seine Klöster wirken mit ihrer Bereitschaft zur inneren Erneuerung wie Bastionen.

Im Kloster Aldersbach notiert bereits 1520 Abt Wolfgang Marius, was draußen in der Welt geschieht:

»So furchtbare Geschehnisse fielen in diese Zeiten, und in solcher Anzahl, dass sie kaum ein Demosthenes oder Cicero vollständig hätte aufzeichnen können. Als gewaltigstes aber von allem erschütterte die Lehre Martin Luthers die Welt und erfüllte sie mit Aufruhr und Unruhe.«

Seit Menschengedenken hatte es die eine Bibel gegeben. Geschrieben in lateinischer Sprache. In den Klöstern haben Mönche sie von Hand übertragen. Jetzt wird die Bibel zum ersten Mal übersetzt, noch dazu in Deutsch und von einer Maschine gedruckt.

Wie die Bauernaufstände macht auch die neue Lehre vor Bayern Halt, während sie sich im Reich ausbreitet. Auch in den Reichsstädten Regensburg, Augsburg und Nürnberg. In einer Allegorie ist Nürnberg Vorort der Reformation; der neue Christus wird – statt im Jordan – in der Pegnitz getauft.

Selbst in München setzen einige auf die neue Lehre. Der Verleger Hans Schobser druckt zwischen 1519 und 1521 mehrere Schriften Luthers. Für die bayerischen Herzöge Wilhelm und Ludwig ist die Sache Luthers zunächst eine innerkirchliche Angelegenheit. Sie verhalten sich zurückhaltend: »Man solle gemach tun.«

Auch die Bischöfe Bayerns zögern, gegen Luther vorzugehen. Sie sind für Reformen. Leonhard von Eck prüft von Amts wegen die neuen Drucksachen.

Der humanistisch gebildete Kanzler Herzog Wilhelms IV. ist ein profilierter Politikerkopf. Er hat die Wucht der ersten Reformation und ihren politischen Zündstoff von vornherein richtig analysiert und sagt ihr den Kampf an:

»Ist's den Fürsten je not gewesen, ihr Ansehen zu haben, so ist es jetzt, und es gilt nimmer Lachens und mit halbem Wind zu fahren … Es steht gleich an: hupfen oder springen«.

Vor aller Öffentlichkeit wird der Glaubenskampf ausgetragen – wie Luthers Disputation im Jahre 1519 oder – zwei Jahre später – vor dem

Wormser Reichstag. Druckschriften, die darüber berichten, sind im ganzen Land im Umlauf. Der Glaubenskampf bekommt jetzt eine politische Dimension. Ein so verfasstes Heiliges Römisches Reich gerät aus seinen Fugen. In Bayern war man anfangs eher unschlüssig und zögerlich. Bezeichnend dafür ist die Reaktion Herzog Wilhelms IV. auf Luthers starken Auftritt in Worms. Luther nimmt dort seine Lehre nicht zurück, bestärkt vielmehr seine Thesen und bezweifelt die Beschlüsse des Papstes und der Konzilien.

Herzog Wilhelm schart seine katholischen Sachverständigen um sich und fragt sie um Rat: »Kann man dann des Luthers Lehr mit gutem Grund Heiliger Schrift nit widerlegen?«

Die Antwort der doctores zeigt ihre Ratlosigkeit:

»Mit den Apostelschriften wissen wir diese Lehr nicht zurück zu treiben. Aber mit den Patribus und Conciliis wollen wir es leichtlich widerlegen.«

Der herzogliche Kanzler Leonard von Eck rät »zum Springen«. Er will den Glaubenskrieg nicht länger dulden und zunächst gegen die Landstände vorgehen.

Die erste Reformationswelle zwischen 1520 und 1530 hatte die Bürger in Stadt und Land erfasst, jetzt baut sich eine zweite auf: Sie vereinnahmt Adelige, die es dem Landesfürsten zeigen wollen.

Mit dem Hinweis auf die Glaubensfreiheit meinen sie die politische Unabhängigkeit. Zentrum dieser ständischen Reformation ist das reichsunmittelbare, vom Herzogtum also unabhängige Territorium Ortenburg.

Graf Joachim von Ortenburg ist die politische Figur der neuen »Confession«. Er fordert ihre Zulassung in Bayern. Als der Landtag dies ablehnt, führt der Graf von Ortenburg sie im eigenen Herrschaftsgebiet ein. Auch Haag und Hohenwaldeck folgen dem Beispiel und werden zu protestantischen Enklaven im katholischen Bayern. Innerhalb des Adels, der stärksten Fraktion in den Landständen, tun sich Risse auf.

Ein Blick in die Zeit – ein Blick auf die Reichsstädte, z. B. auf Nürnberg: Straßen und Bürgerhäuser gruppieren sich um die Kaiserburg. Eine räumliche Anordnung, die die Mentalität der Bewohner prägt. Nicht umsonst kommt das Wort »Bürger« von Burg. Eine Stadt wie Nürnberg ist bürgerfreundlich, ermöglicht den Aufstieg des Bürgertums: Stadtluft macht frei.

Nürnberg an der Pegnitz: Seit 1191 bestimmte eine Familie aus Württemberg-Hohenzollern die Geschichte – damals stellten die Hohenzollern hier die Burggrafen. Als diese Hohenzollern dann die Mark Brandenburg erhielten und in Preußen Geschichte machten, erwarb die Stadt 1427 die Burg und die Rechte des Burggrafen.

Die Grundlage für die wirtschaftliche Blüte Nürnbergs war der »Freiheitsbrief« aus der Feder von Kaiser Friedrich II., den er der Stadt widmete. Von hier aus wird ein Netz europaweiter Verbindungen geknüpft. Nürnberg wird zur Handelsstadt und zum Zentrum der Montanindustrie: Böhmische Silbergruben, ungarische Kupfergruben und siebenbürgisches Quecksilber.

Handelsleute und Pilger besuchen die Stadt: Die Lorenzkirche, das Heilig-Geist-Spital, den Wallfahrtsort zum Heiligen Sebald, die Magazinhäuser mit den hohen Dächern, die Kaiserburg. Eine Stadt stellt sich der Welt vor.

Das »Handlungsbuch« der Holzschuher beweist, mit welchem Wirtschaftsgeist diese für Nürnberg typische Patrizierfamilie seit dem 14. Jahrhundert Handel in ganz Europa trieb. Regensburg ist nicht länger wirtschaftlicher Vorreiter in Süddeutschland – jetzt übernimmt Nürnberg diese Vorrangstellung.

Patrizier, wie Hieronymus Holzschuher, prägen den Unternehmensgeist, der von hier aus in alle Himmelsrichtungen aufbricht.

An der Spitze der Reichsfinanzpolitik steht der Nürnberger Bürger Konrad Groß. Er ist Reichsschultheiß, und obendrein gehört ihm auch noch die Reichsmünze.

Symbolik als Erinnerung an das Mittelalter, als das eine Reich und die eine Kirche noch herrschten. An der Frauenkirche über dem westlichen Portalvorbau gibt es täglich um 12 Uhr mittags ein politisch inszeniertes »Stell-dich-ein«: das so genannte »Männleinlaufen«: Die sieben Kurfürsten huldigen dem Stifter der Kirche, Kaiser Karl IV., der in der »Goldenen Bulle« verfügte, dass jeder Herrscher seinen ersten Reichstag in Nürnberg abzuhalten habe.

Über der Pegnitz das Heilig-Geist-Spital, das von Konrad Groß gestiftet und 1527 erweitert wird. Es zeugt vom Gemeinsinn der Bürger dieser Stadt Nürnberg. Eine frühe Bürgergesellschaft im Austausch mit Europa.

Als ob diese Stadt angesichts einer völlig gewandelten Welt die Erinnerung an das Reich der Franken in einem großen Tresor eingeschlossen hätte, werden hier die Reichskleinodien im Heiligen Schrein aufbewahrt. Geschichtsbewusstsein wird verinnerlicht, der historische Standort definiert.

Seit 1424 werden die Symbole des Reiches in der Kapelle des Heilig-Geist-Spitals aufbewahrt – Szepter, Reichsapfel und Reichskrone.

Erbe wird als Auftrag empfunden. In der Ziselierarbeit der Feinmechanik graviert sich das Verständnis des Kosmos ein – Zeit als Schmuckstück im bürgerlichen Raum.

Peter Henlein erfindet eine kleine Uhr, die man in die Tasche stecken kann. Ein Schatzkästlein en miniature. Zeit wird verfügbar, man kann sie bei sich tragen. Mit den Feinarbeiten werden Zeit und Raum messbar. Entscheidende Grundlagen für die Navigation werden entwickelt.

Ein vergoldetes Torquetum, mit dem sich der Standort der Gestirne bestimmen lässt – hergestellt in Nürnberg. Mit Hilfe der Nürnberger Drucktechnik werden acht Werke aus arabischen und griechischen Quellen über den täglichen Stand der Planeten unseres Sonnensystems veröffentlicht.

Die Zahlenkolonnen machen eine Kalenderreform Papst Sixtus' IV. möglich, die kirchlichen Feiertage zu bestimmen. Errechnet hat sie der

Mathematiker und Astronom Johanis de Monte, Johannes Müller aus dem fränkischen Königsberg. Regiomontanus wird er genannt. Stationen seines Lebens: Wien, Budapest, Rom. Nürnberg schätzt er besonders.

»Da man von einer so verkehrsgünstig gelegenen Stadt aus leicht auch mit anderen Orten in Verbindung treten könne, sich in einem Geschäftszentrum befinde und von den Handwerkern besonders taugliche Beobachtungsinstrumente zu erwarten habe.«

Regiomontanus äußert Zweifel an der festen Lehre, die Sonne kreise um die Erde. Göttliche Weltordnung neu denken, neu begreifen, neu erfahren – vom fränkischen Nürnberg aus. Nürnberg wird zum Handels- und Informationszentrum für die Entdeckung der restlichen Welt.

Martin Behaim, der Sohn eines Nürnberger Handelsherrn und Schüler des Regiomontanus, umkleidet maßstabsgetreu eine Kugel mit einer Weltkarte. Es ist die »Erfindung« des Globus. Als Vorlage dienen das geografische Weltbild des altgriechischen Gelehrten Claudius Ptolemäus und die geophysikalischen Erkenntnisse des Kardinals Nikolaus von Kues. Behaim ergänzt das Bild von der Welt durch Erkenntnisse von Entdeckungsreisen und durch eigene Erfahrungen. Die bisher bekannten Erdteile sind dargestellt – es fehlen Amerika und der Stille Ozean. Die Darstellung der Erde hat eine neue Qualität.

Das Wappen der Patrizierfamilie Behaim befindet sich im Marienfenster der St. Sebald-Kirche.

Am Hauptmarkt steht Martin Behaims Geburtshaus. Als Kind kann er von hier aus immer am zweiten Freitag nach Ostern das Ereignis miterleben, zu dem Mächtige und einfaches Volk nach Nürnberg pilgern: die »Heiltumsweisung«. Die feierliche Öffnung des »Schatzkästleins«: die Präsentation der Reichsinsignien und des Reichsapfels. Nach diesem nannte er seinen Globus den Erdapfel.

In seiner Lehrzeit kommt er nach Flandern und nach Antwerpen. Dort sieht er zum ersten Mal das Meer. Von Lissabon aus nimmt er an einer Expedition entlang der afrikanischen Westküste teil – ein vergeblicher

Versuch, den Seeweg nach Indien zu finden. Jetzt fasst Behaim den Entschluss, selbst die Route nach Westen zu suchen. Doch dafür braucht er Investoren. Er kehrt in seine Heimatstadt zurück, um mit Hilfe des Globus den Nürnberger Handelsherren die verlockenden Reichtümer Indiens und Chinas nahe zu bringen. Mit einem Empfehlungsschreiben von Kaiser Maximilian an den portugiesischen König reist Behaim nach Lissabon.

Jetzt will er die Umschiffbarkeit der Erde über die Westroute nach Indien beweisen. Doch 1493, in Lissabon angekommen, erfährt Behaim, dass Columbus auf seiner Expedition nach dem östlichen Indien im Westen ein neues Land, Amerika, entdeckt habe. Behaim kommt zu spät. Ironie des Schicksals: Columbus hat sich auf die Kunst der Sternennavigation und auf die Berechnungen des Regiomontanus verlassen. Ausgerechnet die Jahrbücher des Lehrers von Martin Behaim verhalfen Columbus zu seinem Triumph.

Die »göttliche Weltordnung« wird von Nürnberg aus neu vermessen. Eine Vermessenheit? Ein Umdenken hin zum kopernikanischen Weltsystem. Die Neuzeit löst das Mittelalter ab. Auf der Suche nach den inneren Gesetzen greifen die Gelehrten auf antike Schriften zurück.

Einer von ihnen ist der Nürnberger Humanist Willibald Pirckheimer. Er stammt aus einer reichen Patrizierfamilie. Er editiert eine überarbeitete Ptolemäische Erdbeschreibung und versucht, die darin aufgeführten Bezeichnungen zu lokalisieren.

Die erste kartografische Beschreibung Nürnbergs und seines Umlandes verfasst Konrad Celtis.

Der Nürnberger Stadtarzt Hartmann Schedel gibt eine Weltchronik nach dem wissenschaftlichen Kenntnisstand heraus. Die Darstellungen stammen von Michael Wolgemut, dem Lehrmeister Dürers.

Ein Weltüberblick, am Ende des 15. Jahrhunderts von Nürnberg aus betrachtet, ein Bildprogramm einer Zeitenwende:

Kaiser und Papst als Herrscher der Welt und der Ordnung.

Die Geiseln der Menschheit – Pest und Pocken. Totentanz.

Juden-Pogrome. Auf dem Hauptmarkt in Nürnberg werden zur Zeit Karls IV. Juden verbrannt. Auf dem Boden ihrer Synagoge lässt er die Frauenkirche bauen.

Auch die Bilder der Schedel'schen Weltchronik dokumentieren den Anbruch einer neuen Zeit und die Angst vor einer Apokalypse.

Sternenförmig stoßen zwölf Straßen auf Nürnberg und machen die Stadt zum Schnittpunkt der Mobilität, zum »Mittelpunkt Europas«, wie Regiomontanus schreibt.

Durch die fünf Haupttore drängen sich nach einer Zählung allein an einem Tag 1266 Planwagen. Sie bringen Waren aus Antwerpen, Brüssel, Lyon, Venedig, Prag und Riga. Und gehen von hier aus »in alle Land« mit wertvollem »Nürnberger Tand«. Das Gütezeichen »Nürnberg« steht für Qualität. Exportiert wird auch das Nürnberger Stadtrecht. Es wird zum Vorbild für andere Städte. »Intra muros« – innerhalb des dreifachen Befestigungsrings aus Mauern und Türmen herrscht eine geschlossene Gesellschaft von 43 Familien, Patrizier genannt. Kaufleute führen das Stadtregiment an.

Eine besondere Stellung haben auch die Handwerker. In Nürnberg findet sich eine erste Darstellung handwerklicher Tätigkeit. Im Zwölf-Bruder-Haus, der ältesten Sozialeinrichtung der Stadt, wohnen nach der Zahl der Apostel jeweils zwölf betagte Nürnberger Handwerker. Nach dem Willen des Stifters wird jeder Insasse in der Ausübung seines Berufs abgebildet: Die »Brüder« werden als Personen in ihren Werkstätten und mit ihrem Werkzeug abgebildet. Weber, Bäcker, Gewürzkrämer, Tuchrauer oder Pfannenschmiede schauen auf dem Hauptmarkt dem »Gesellenstechen« zu. Eine Art Ritterspiel, doch in Wirklichkeit gelten statt ritterlicher Ideale hinter den Fassaden der Patrizierhäuser längst andere Werte: Zahlen, Verträge und Gewichtsmaße. An die Stelle des Ritters tritt der Kaufmann. Seine Welt ist Markt und Geld als Makrokosmos und die Stadt als Mikrokosmos.

Blütezeit auch in den Werkstätten der großen Handwerksmeister. Im Chor der St. Lorenz-Kirche der Engelsgruß von Veit Stoß, auch »Englischer Gruß« genannt. Von einem Rosenkranz eingerahmt: Maria und der Erzengel Gabriel – ein Meisterwerk aus Lindenholz geschnitzt. Ein Zeichen höchster Marienverehrung wenige Jahre vor der Reformation.

Für den Chor arbeitet die Steinmetz-Werkstatt Adam Krafft am Sakramentshäuschen.

Am Sockel verewigt er sich selbst: In Demut das Knie beugend, trägt er mit seinen Gesellen den Schrein.

Für die St. Sebald-Kirche schnitzt Veit Stoß die Kreuzigung Christi.

Unterhalb des Kreuzes im Kirchenschiff wird von der Erzgießerei Peter Vischer & Söhne im Auftrag der Reichsstadt das Grab des Stadtpatrons St. Sebaldus gestaltet.

Auch dieser Handwerksmeister bildet sich in seinem Arbeitsgewand ab. Zeichen für den Stolz der Handwerker.

Es ist die Zeit der Meister und ihrer Werke. Sie arbeiten am Bild ihrer Stadt mit. Aus ihrem Erker oder Chörlein erblicken sie ihr Wesen, ein »Lug in die Stadt« und ein »Luginsland«!

Meister seines Fachs ist Albrecht Dürer. Er studiert die Natur und die Naturwissenschaften. Bei seinen Reisen durch Italien lernt er die Renaissance-Malerei der italienischen Meister kennen und bringt die Kunst der Perspektive nach Nürnberg. Von seinem Fenster aus durchmisst er seine Welt mit Hilfe des Perspektivapparats. In seinem Ästhetik-Lehrbuch »Underweiysung der Messung« beschreibt und illustriert er die Grundlagen der perspektischen Sichtweise.

Die Spitze der Kaiserburg im Visier, erkundet er städtische Dimensionen. Im Jahr 1528 entwickelt er die Lehre von der Proportion des Menschen.

Angesichts der Türkengefahr entwirft er für das Kaiserhaus auch Kanonen und eine Befestigungslehre.

»Das malt ich nach meiner Gestalt. Ich war sex und zwanzig Jor alt«.

Der »Uomo universale«, der sich selbst ins Auge blickt und die Renaissance verkörpert. Ein Selbstbildnis mit 26 Jahren in venezianischer Tracht.

Sein Werk: 125 Gemälde, 300 Holzschnitte, 100 Kupferstiche sowie mehr als 1000 Zeichnungen. Darunter viele Darstellung aus der Nürnberger Umgebung.

Meisterwerke der Porträtkunst: Der Lehrmeister Michael Wolgemut aus der Hand seines Schülers.

Karl der Große mit der Kaiserkrone.

Ein späteres Selbstbildnis. Der Künstler Dürer bekennt sich zum neuen Glauben – zu Luther und zur Reformation.

Von der großen Welt in die kleine Welt der Krämer, des Winkelsinns, der Innerlichkeit. Ein Rückzug? Es ist die Zeit der Meistersinger. Originalbilder und Originalsprache spiegeln Gesellschaft und deren Mentalität wider. Der Volksdichter Hans Sachs, »Schuhmacher und Poet dazu«, liefert nicht nur Schuhwerk – ihm verdanken wir mehr als 6000 poetische Werke. Das »Derblecken« der Zeitumstände – der Schwank wird literaturfähig und macht auch vor der Reformation nicht Halt.

»Wacht auf, es nahet gen dem Tag.
Ich hör singen im grünen Hag
Ein wunnigliche Nachtigall,
Ihr Stimm' durchklinget Berg und Tal
Die Nacht neigt sich gen Occident;
Der Tag geht auf von Orient ...
Wer die lieblich Nachtigall sei,
Die uns den hellen Tag ausschrei,
Ist Doktor Martinus Luther
Zu Wittenberg Augustiner ...«

Die »Wittenbergische Nachtigall« – ein kämpferisches Gedicht von Hans Sachs. In seinem »Reformationsdialog« plädiert er für Luther und gegen den Papst. Nachhaltige Folgen hat diese Begebenheit für ihn nicht, denn die freie Reichsstadt führt schon bald die Reformation durch.

Ortswechsel: Augsburg.

In dieser Kirche sind die Grabstätten der zwei Schwabenheiligen Ulrich und Afra. Um das Jahr 1500 wird die Kirche als spätgotischer Bau hochgezogen, »Reichsgotteshaus« wird es genannt.

Eine katholische und eine evangelische Kirche aneinandergebaut – ein architektonisches Sinnbild für die Reformation.

Das Stadttor bestimmt die neue Stadtgrenze des alten römischen Augusta Vindelicum. Aus Romanik wird Gotik, aus Gotik wird Renaissance, die Stadt integriert alle Baustile zu einem Ensemble.

Im Jahre 1276 wurde der Freien Reichsstadt in ihrem Rechtsbuch das Stadtrecht bestätigt. Sie entwickelte sich ganz anders als Nürnberg. Im Volksmund heißt es treffend:

»Nürnberger Tand geht durch alle Land, aber nichts geht über Augsburger Geld, das gilt in der Welt.«

»Kaiserstadt« nennt sich Augsburg. Hier finden Reichstage statt und den Kaiser nennt man »Bürgermeister von Augsburg« – aber Augsburg ist mehr: Es ist die heimliche Hauptstadt des Reiches und macht Weltgeschichte.

Augsburger Alltag ist spürbar im Handwerkerviertel mit über 2000 Webermeisterbetrieben und ihren Gehilfen – bei einer Bevölkerung von 46 000 Einwohnern.

»Augsburger Barchent« wird hier produziert – ein Mischgewebe aus Leinenkette und Baumwollschuss.

Das ist der Stoff, aus dem sich die hiesige Textilindustrie entwickelt und – der Augsburger Stadtgeist. Hier in der Vorstadt trifft sich die Zunft im Weberhaus, plant Aufstände und nimmt Einfluss auf das Regiment der Stadt. Diese Zunft wird schon bald mit einem völlig neuen Modell des Wirtschaftens konfrontiert: Weg vom alten bürgerlichen Handel zu weltwirtschaftlichen Geldgewinn-Märkten.

Die in Textilien handelnden Patrizier der Stadt legen ihr Geld jetzt in Erzhandelsgeschäften an. Weil Bergwerkbesitz, ein Monopol der Herrscherhäuser, kostenintensiv war, brauchen diese Geld. Augsburger Textilhändler geben den Kredit. Die Augsburger Patrizier legen ihr – mit Textilien erwirtschaftetes Geld – in Erzhandelsgeschäften an.

Das ist das Neue: Geld wird nicht durch Arbeit beschafft, sondern durch Bewegung einer Ware. Und deren Wert wird gehandelt: Augsburg wird – neben Antwerpen und Lissabon – zu einem europäischen Finanzzentrum und zu einem maßgebenden Börsenplatz.

Jakob Fugger wird zum Kaufmann neuen Typs.

Er zieht nicht mehr mit seiner Ware von Stadt zu Stadt. Im Kontor laufen die Fäden seines Geschäftsimperiums zusammen. Der Einstieg in die Kapitalgeschäfte beginnt in Augsburg. Das ist die Geschichte der Fugger.

Jakob Fugger überschaut ein Netz von Niederlassungen, Lagern, Faktoreien und Routen kreuz und quer durch Europa: Von Nürnberg, Antwerpen, Rom, Lissabon, bis nach Venedig, Krakau, Budapest und Indien. Von hier aus hält Jakob Fugger Verbindung zu den Metropolen.

Repräsentativer Firmensitz ist das Fuggeranwesen am Rindermarkt. Die Familie gehört nicht zu den alteingesessenen Patrizierfamilien. Die Anfänge dieses Imperiums liegen außerhalb von Augsburg. Jakobs Großvater war aus dem Dorf Graben im Lechfeld zugewandert. Jakobs Vater betrieb eine »Kauffshandlung« mit »specerey, seiden und wullen gewandt«.

Jakob übernimmt die Fuggerfiliale in Innsbruck. Dort untergraben Geschäftsleute das Bergregalrecht des Erzherzogs: Für hohe Darlehen an den insolventen Landesfürsten dürfen sie Tiroler Silber schürfen. Jakob

Fugger erkennt die Chance und steigt ebenfalls ein: Für 800 Gulden Kredit bekommt er eine Achteltonne Silber zugesprochen.

Seit diesem 5. Dezember 1485 folgt Darlehen auf Darlehen, bis Jakob Fugger bald das Monopol auf den Tiroler »Bergsegen« besitzt. »Reich wie ein Fugger« heißt es bald allerorten. Und sie werden noch reicher. Bald werden die Fugger zur Handelsbank der Habsburger-Dynastie.

Fugger macht für die Habsburger mit Geld alles möglich und sich selbst damit unersetzlich. Für's Erste erhalten die Fugger aus lauter Dank ein Wappen – zwei Lilien, blau und gold. Kurze Zeit später zeigt sich das Haus Habsburg wieder erkenntlich: Die Grafschaft Kirchberg geht an die »Fugger von der Lilie«.

Jakob, den man den »rechten Schaffierer« nennt, ist inzwischen der Kopf des Handelsunternehmens. Der Enkel eines Handwerkers wird Reichsgraf. Das kostet ihn freilich 50 000 Gulden. Jakob Fugger lässt sich von den großen Meistern der Zeit porträtieren, unter anderem von Dürer.

Jakob Fuggers Großvater erhielt durch die Heirat mit einer Augsburgerin einfaches Bürgerrecht. Durch die Heirat mit einer Patriziertochter wird ihm jetzt höchste Bürgerwürde zuteil. Ihr Anwesen am Weinmarkt baut er mit umliegenden Anwesen in einen Palast um.

Seine Frau verehrt er, »als ob sie eine Fürstin wäre«. Er lässt einen »Damenhof« mit Arkaden bauen – Residenz eines königlichen Kaufmanns.

Es dauert nicht lange, da schreibt das Haus Fugger Weltgeschichte. Es ist ein politisches Geldgeschäft, das die Räder der Geschichte in Bewegung setzt:

Der junge Hohenzoller Albrecht von Brandenburg soll gleichzeitig Erzbischof in Magdeburg, Administrator von Halberstadt sowie Kurfürst von Mainz werden. Die Wahl kostet viel Geld und muss vom Papst bestätigt werden. Dieser äußert wegen der Ämterhäufung Bedenken, die jedoch freilich durch eine Spende für den Neubau der St. Peters-Kirche ausgeräumt werden könnten.

Albrecht der Brandenburger muss doppelt an den Papst zahlen: einmal die Gebühren für die Wahl und dann die Summe für diese Vereinbarung. Das Haus Fugger als Geldwäscherei: Die Firma legt 50 000 Gulden aus. Der Papst erlässt eine Ablassbulle. Fuggers Filiale in Rom zahlt von den einlaufenden Ablassgeldern die Hälfte dem Vatikan aus, die andere führt sie dem Hohenzollern zur Tilgung seiner Schulden zu.

Ein geschichtsträchtiges Unterfangen: Dieser Ablasshandel war ein Anstoß zur Reformation in Deutschland.

Für die Fugger war es im Übrigen kein Geschäft, die Ablassprediger mit dem Schlüssel zur »Gnadentruhe« zu begleiten. Es war lediglich eine Bank-Transaktion.

Ohne Augsburg und ohne Fugger also keine Reformation? Die blühenden oberdeutschen Handelsgesellschaften werden in der deutschen Publizistik zum Reichsfeind erklärt. »Großgeldwirtschaft« wird als »fuggern« bezeichnet. Zunächst heißt es noch: »Alle Fuckery soll ab gethan werden«.

Luther hatte in seinem 95-Thesen-Anschlag die Ablassfrage thematisiert. In seiner Flugschrift »Von Kaufshandlung und Wucher« schimpft Luther die oberdeutschen Handelshäuser als »eytel rechte Monopolia« und als »verdammte Fuckerei«. Von reformatorischer Seite wird Fugger als »Geldkönig« und als Feind der protestantischen Sache bezichtigt. 1518 wird Luther zum Reichstag nach Augsburg zitiert. Dort wird er ausgerechnet in den Fuggerschen Privatgemächern von einem päpstlichen Legaten verhört. Unbeirrt bekräftigt Luther in einem Appell seine Haltung. Und noch eine andere wichtige Entscheidung fällt auf diesem Reichstag:

Als Nachfolger von Kaiser Maximilian wird sein 18-jähriger Enkel Karl, Herzog von Burgund und König von Spanien, aufgebaut. Die Wahlkostenabrechnung aus Augsburg weist eine Million Gulden auf, um alle sieben Kurfürsten auf Karl einzustimmen. Die Hausbank Fugger beschafft das dafür nötige Geld. Wiederholt pocht Jakob Fugger vergeblich auf die Schuldentilung aus der Kaiserwahl. Doch der neue Kaiser Karl V. will – wie schon sein Vater – immer weitere Kredite. Jetzt wird es eng für den »Geldkönig« aus Augsburg. Angesichts der wachsenden Anfeindungen von außen fühlt sich der Bankier der Habsburger bald genötigt, Kaiser Karl V. an die Wahlkostenabrechnungen, die er belegen kann, zu erinnern. Außerdem weist er eindringlich auf die Geschäftsgrundlagen hin. Es sei »auch wissentlich und ligt am tag, dass Eur. Kay. Majestät die Römisch Cron ausser mein nicht hette erlangen mögen«.

Erste Misstöne zwischen dem Kaiser und dem »Kaisermacher«, der sein Tor mit dem Wappen des Habsburger Weltreiches schmücken lässt und doch erst ein Jahr zuvor noch mit einem aufwändigen Feuerwerk vor seinem Palast am Weinmarkt den frischgekrönten »Herrn der Welt« feiern ließ.

Um Zeit zu gewinnen und als Gegenleistung für die immer weiter ansteigenden Schulden, verspricht der Kaiser Jakob Fugger Märkte in der neuen Welt. Doch statt hochfliegender Pläne sind dem Chef einer Weltfirma bleibende Werte in seiner Heimat wichtiger. In Augsburg setzt er Zeichen.

Die Philosophie der Fugger-Dynastie »Nutze die Zeit« dokumentiert sich am Giebel der Pfarreikirche St. Markus eines neuen Stadtviertels: Der der »Fuckerei« bezichtigte Unternehmer baut in der Jakober-Vorstadt am so genannten »Kappenzipfl« eine Siedlung, die »Fuggerei« genannt.

Ein kleines Stadtviertel mit 53 Doppelhäusern für mittellose Augsburger, die sich verpflichten müssen, täglich für das Seelenheil des Bauherrn zu beten. Verarmte Handwerker finden hier ein neues Zuhause.

Ein erstes Modell für »Sozialen Wohnungsbau«: 106 Wohnungen mit eigener Haustüre, kleinen Gärten, einem Schuppen und einem symbolischen Mietpreis von einem Gulden.

Gleichzeitig lässt Jakob Fugger in der St. Anna-Kirche, einem Karmeliterkloster, eine Familien-Kapelle im Renaissance-Stil ausstatten. Nach seinem Testament ist sie als Grablege für ihn und seine Nachfolger bestimmt. Das Grabmal der Familie sollte mitten in der Kirche sein. Die Patres sind zur ewiglichen Totenmesse verpflichtet. Doch im Zuge der Reformation wird die St. Anna-Kirche evangelisch. Ausgerechnet der von Luther Bekämpfte und gegen Luther kämpfende Katholik findet in einer evangelischen Kirche seine letzte Ruhe.

Die Grabstätte der Fugger wird zum ersten Renaissance-Denkmal nördlich der Alpen. Die Epitaphe dafür hat Albrecht Dürer entworfen.

Gegen Ende des Jahres 1525 kündigt sich Unheil an – ein schwarzer Regenbogen über Augsburg: Am Morgen des 30. Dezember stirbt Jakob Fugger der Reiche, wie er genannt wurde. In einem Sarg aus Fichtenholz wird er neben seinen Brüdern in seiner Grabkapelle bestattet.

Da er keine eigenen Kinder hatte, tritt sein Neffe Anton Fugger in die Nachfolge ein. Der 32-Jährige hat in den Fugger'schen Faktoreien in ganz Europa gelernt. Ein Kosmopolit, der durch seinen Werdegang weit über Augsburg hinausgewachsen ist.

Am 15. Juni 1530 empfängt die Stadt Augsburg Kaiser Karl V. Die Glocken läuten, als der Imperator zu Pferd über die obere Lechbrücke in die Stadt einzieht, eskortiert von 132 Reitern des Hauses Fugger.

Wieder geht es bei diesem Reichstag um den Konfessionsstreit.

In der St. Anna-Kirche sammeln sich die Protestanten. Der längst schon politisch gewordene Glaubensstreit schlägt in eine staatsrechtlich bedrohliche Lage um, die Lehre Luthers spaltet das deutsche Reich. Das Haus Fugger muss jetzt auch noch den Religionskrieg in Deutschland finanzieren. Und das, obwohl die Möglichkeiten längst erschöpft sind. Die von den protestantischen Reichsständen geforderte »Confessio Augustana«, das Augsburger Glaubensbekenntnis, wird abgewiesen. Ihre

Vertreter verlassen den Reichstag. Die Reformer gründen den Schmalkaldischen Bund.

Die Fugger sind jetzt die eigentlichen Feinde, heißt es auf protestantischer Seite. Die Firma solle jeden Kredit an den Kaiser sperren – das fordern die Protestanten. Das würde den Ruin für das Kaiserhaus und für das Haus Fugger bedeuten. Das System der »politischen Finanz«, das Kaiser und Päpste ins Kalkül zieht, funktioniert nicht mehr.

Das zeigt sich auch auf dem hierher einberufenen »geharnischten Reichstag« im Jahre 1548. Eine Wiederherstellung der alten Kirche ist nicht mehr durchsetzbar, nicht mal mehr nach der Kapitulation des Schmalkaldischen Bundes.

Für den Kaiser zählt jetzt jede Kurfürsten-Stimme, und wer ins katholische Lager wechselt, wird auch mal mit der Kurfürsten-Würde belohnt.

Kaiser Karl V. residiert indessen unbekümmert im Fuggerpalast am Weinmarkt und lässt sich von Tizian porträtieren. Seine Schulden – eine schwere Hypothek. Aber das Haus Habsburg fordert immer neue Darlehen, die Anton Fugger kaum mehr gewähren kann. Fugger sitzt in der Falle. Die Habsburger Gesamtschuld beträgt sieben Millionen. Fugger muss seinen Teil verloren geben. Zu sehr hat er sich dem Haus Habsburg verschrieben. Als die spanische Hoffinanz angesichts ihrer Abhängigkeit von ausländischen Handelsgesellschaften im Jahr 1557 den Staatsbankrott deklariert, muss auch Anton Fugger des »Panka Rotta gewertig sein«. Die Symbiose Weltmacht Habsburg und Weltfirma Fugger ist am Ende.

Zwei Jahre nach dem Tod Karls V. stirbt Anton Fugger am 14. September 1560.

Für seine Familie hat er vorgesorgt, das Vermögen durch den Erwerb von Herrschaftsbesitz abgesichert. Aus Bauern wurden Fürsten – das ist die Geschichte der Fugger.

Augsburg, eine Stadt, die eng mit der Reformation verbunden ist, wird sogar zur Hauptstadt der Reformation.

Der Engel, der gegen den Teufel kämpft und ihn tötet – St. Michael im Kampf gegen die Reformation. Am 25. September 1555 fällt auf dem Augsburger Reichstag nach zähem Ringen eine Entscheidung, die Weltgeschichte macht: Der »Augsburger Religionsfrieden«. Für die Anhänger des Augsburger Bekenntnisses ist es der wichtigste Schritt zur Glaubens- und Religionsfreiheit. Auch im deutschen Reich wird das Nebeneinander zweier Kirchen mit gleichem Recht festgelegt und dem Landesherrn das Recht zugesprochen, die Reformation in seinem Territorium einzuführen. Beide Konfessionen – die katholische wie die »Augsburgisch-Evangelische« leben in einem Nebeneinander, das nicht ohne Spannung bleibt.

Zur Erinnerung an den Religionsfrieden feiern die Augsburger Protestanten ihr »Friedensfest« mit Dankesgebeten – ein Feiertag für Augsburg. Von hier aus geht eine Botschaft in die ganze Welt hinaus.

Was den Fuggern nicht gelingt, die Kolonialisierung der Neuen Welt, glückt einem anderen Augsburger Familienunternehmen. Es ist das zweitgrößte Europas. Zunächst hatten sich die Welser, ein altes Patriziergeschlecht, Handelsstützpunkte an den Küsten Europas gesichert. Es war die bedeutendste Welthandelsfirma und Reederei. Mit eigenen Schiffen weiten sie den Warenhandel über den Atlantik bis nach Südamerika aus, unternehmen auf der Suche nach dem »Goldland« Expeditionen in die Gebiete des Amazonas, erhalten das Kolonialrecht über die Küste Venezuelas und gründen auf Haiti eine erste deutsche überseeische Faktorei. Unter Anton Welser dem Älteren beherrschen die Welser weltweit den Gewürzmarkt.

Antons Schwiegersohn ist der Augsburger Humanist und Diplomat Konrad Peutinger, Doktor der Rechte. Am 5. Januar 1505 bereits hatte Peutinger an Kaiser Maximilian I. geschrieben:

»Wollet Euch versichern, dass die Schiff zu Portengal schier gen India fahren werd und uns Augsburgern ains groß Lob ist als für die ersten Teutschen, die India suchen ...«

Augsburger sind dabei, als die kürzeste Route nach Indien eröffnet wird. Sie gründen Handelsniederlassungen entlang der westindischen Küste und zählen zu den erfolgreichsten Händlern im Ostindiengeschäft.

In der Gelehrtenwelt ragt der Augsburger Großkaufmann und Humanist Markus Welser heraus. 1602 erscheint seine »Bayerische Geschichte«.

Die Wirtschaftsmacht des Hauses Welser hält zwar länger als die der Fugger – endet aber im Jahre 1614 ähnlich: mit einem Bankrott.

Die »Goldene Zeit« Augsburgs ist zu Ende – doch in der Fertigkeit der Handwerker lebt sie weiter, in der Augsburger Gold- und Silberschmiedekunst.

Die Stadt, von der Impulse in die Welt gehen, ehrt ihre städtische Kultur mit einem Rathaus. Der Renaissance-Baumeister Elias Holl baut das Rathaus zwischen 1615 und 1625. Glanzpunkt ist der Goldene Saal, Sinnbild bürgerlicher Macht und Freiheit. »Kathedrale des Bürgertums«, so wird das Rathaus bezeichnet. Es liegt an der imperialen Achse der Stadt zwischen Dom und St. Ulrich und Afra – nur eine kleine Meile auf einer weltumspannenden Achse.

Im Ratssaal werden Stadtpolitik, Reichspolitik, Glaubenspolitik gemacht. Aber auch Feste werden dort gefeiert – im Festsaal des Bürgertums.

Augsburg ist die Stadt, in der man sein Handwerk lernt und sich einen Namen machen kann. Auch wo man göttliche Bilder schafft: Augusta lässt sich vom Baumeister Elias Holl die Architektur der Renaissance erklären.

Auf der Ruhmestafel sind die großen Söhne der Stadt verewigt, unter deren Obhut das Rathaus entstand.

Die römische Friedensgöttin Augusta, die in der Hand den Pinienzapfen hält, schmückt die Stadt mit dem Symbol der Fruchtbarkeit und der Unsterblichkeit.

Eine Göttin aus Rom, die in Augsburg den Frieden zwischen der römischen Kirche und dem neuen Glauben stiftet.

Die Bastion der Gegenreformation – das Jesuitenkolleg in München, später Sitz der »Bairischen Akademie der Wissenschaften« und auch der Universität

6
Der Weg in die europäische Politik

Blick zurück auf eine Stadt und das, was sie bewegt: Ingolstadt wird Residenzstadt eines neu entstandenen Herzogtums der Wittelsbacher. Das Münster »Zur Schönen Unserer Lieben Frau« wird Hofkirche der neuen Hauptstadt.

Als Ingolstadt von seiner niederbayerischen Verwandtschaft in Landshut bald schon wieder annektiert wird, schenkt Herzog Ludwig der Reiche der Stadt die erste bayerische Universität. In das »Pfründtnerhaus«, eine Stiftung für Arme, zieht die »Hohe Schule« ein. Daneben das Münster, das jetzt zum Theatrum Academicum, zum Festsaal der neuen Universität wird.

Zum 100. Jubiläum der »Hohen Schule« im Jahre 1572 gibt Herzog Albrecht V. den Auftrag, einen Prunkaltar zu Ehren der Himmelskönigin und seines Herrscherhauses zu bauen:

Maria und das Jesuskind thronen über der Welt. Ihnen zu Füßen und in deren Dienst stehend, in andächtiger Pose Anna von Österreich, die Gemahlin des Herzogs mit ihren beiden Töchtern. Gegenüber der Herzog, mit seinen Söhnen im Harnisch – Erbprinz Wilhelm, Ferdinand sowie an des Vaters Seite Ernst, der spätere Erzbischof und Kurfürst von Köln. Zum Priester wurde dieser Wittelsbacher Spross aber nie geweiht.

Die Rückseite des Hochaltars zeigt das Innenleben der Universität:

40 Doctores und Magister, 600 Studenten sind in der Hohen Schule

eingeschrieben. Eine Hochburg von weltoffenem Humanismus, ein Hort klassischer Erneuerung.

Erste Adressen zog es hierher wie Johannes Aventinus, den Geschichtsschreiber. Die Professoren sind um die Schutzpatronin der Gelehrten, die Heilige Katharina von Alexandria, versammelt.

Auch der Botaniker Leonhard Fuchs mit Barett und der Kartograf und Landvermesser Philipp Apian mit Halskrause. Unter den Professoren auch sein Vater, der Astronom und Mathematiker, Peter Apian, vor einem Globus.

Weitere Gelehrte sind Johannes Reuchlin, der Griechisch und Hebräisch lehrte, und der Professor für Rhetorik Konrad Celtis. Als das Bild fertig war, hatten bereits viele der Gelehrten die Hohe Schule aus konfessionellen Gründen verlassen müssen.

Bei der Berufung Johann Permetters aus dem sächsischen Adorf zum Doktor der Theologie, gab es ein großes Fest. Die Welt war im Glauben noch vereint.

Eine kleine Gelehrtenrepublik, die viele Studenten anzieht. Wie sie wurden, was sie sind: zum Beispiel Leonhard von Eck, Sohn aus altbayerischem Beamtenadel.

Er studiert hier Jurisprudenz und befreundet sich mit Johannes Turmair, einem Wirtssohn aus Abensberg, der sich 1495 in Ingolstadt immatrikuliert. Als sein Lehrer Konrad Celtis nach Wien berufen wird, folgt ihm Johannes Turmair. Nach Wien studiert er in Krakau und erwirbt an der Pariser Sorbonne den Magistertitel. Nach Humanistenart nennt er sich nach seinem Geburtsort Abensberg – Johannes Aventinus.

Er kehrt an die Universität Ingolstadt zurück, will dort Professor werden und überreicht deshalb Herzog Albrecht IV. seine Empfehlung. Nach dessen Tod wird er zum Erzieher der Prinzen berufen. Ihr Ältester wird später als Wilhelm IV. Aventinus zum ersten bayerischen Hofhistoriografen machen.

Im Jahre 1510 trat Johannes Eck in das Doctores-Kollegium ein, ein Bauernsohn aus Eck bei Memmingen und Doktor der Theologie. Er wird zum Vorkämpfer des katholischen Glaubens in Bayern und fordert das Streitgespräch mit Luther heraus, ob in Leipzig oder in Worms. Johannes Eck betreibt den Erlass der päpstlichen Bulle »Exsurge Domine« – die Androhung des Kirchenbanns gegen Luther, und das bayerische Religionsmandat von 1522. Es verbietet Luthers Lehren in Bayern. Johannes Eck wird als größter katholischer Theologe des 16. Jahrhunderts in Deutschland bezeichnet. Durch seinen Glaubenseifer vertreibt er viele seiner Universitätskollegen. Selbst der Hofhistoriograf Aventinus wird der Nähe zum Protestantismus bezichtigt und elf Tage lang inhaftiert. Johannes Eck hat nicht nur die neue Lehre aus der Landesuniversität Ingolstadt vertrieben, sondern auch aus Bayern. Das Land bleibt katholisch.

Ingolstadt wird in diesen Jahren auch militärisch zu einem strategischen Zentrum ausgebaut – Symbol für ein wehrhaftes Bayern.

Die Universitätsstadt verändert ihr Gesicht. Wehranlagen und Bastionen prägen das äußere Stadtbild. Der Schmalkaldische Bund, der das protestantische Lager vereinte, bringt den Krieg tief nach Bayern hinein – vor die Befestigungsanlagen von Ingolstadt. Nach einem heftigen Bombardement müssen die Belagerer wieder abziehen. Ingolstadt scheint uneinnehmbar zu sein.

Bald sorgen Jesuiten für die moralische Aufrüstung der Stadt und bauen sie zu einer Bastion des Glaubens aus. 18 Jesuiten kommen in die Stadt und errichten ein Jesuitenkolleg.

Von hier aus soll verlorenes Terrain zurückerobert, der Glaube im Land gestärkt werden.

Als Wilhelm IV. den Humanisten Johannes Aventinus zum Hofhistoriogaphen bestellte, gab er ihm den Auftrag, die ganze bayerische Geschichte aufzuschreiben – eine Forschungsarbeit besonderer Art, eine Recherche vor Ort.

Als er sie beginnt, notiert er in seinen Kalender: »Ich nach München«. Und einen Monat später: »Ich habe mich auf den Weg zu den Klöstern gemacht. Zuerst Indersdorf, dann Scheyern.«

Allein im ersten Reisejahr besucht er über 30 Orte. Er macht Aufzeichnungen über seine Reiseroute und beschreibt, was ihn besonders interessiert. Insgesamt besucht Aventinus 90 Orte, manche von ihnen sogar mehrmals.

»Tag und Nacht keine Ruh gehabt, viel Hitz und Kält, Schweiß und Staub, Regen und Schnee im Winter und Sommer ertragen, das ganze Baierland durchschritten, alle Stifter und Klöster durchfahren, ... alle Winkel durchschloffen.

Buchkammern und -kästen fleißig durchsucht, allerlei Handschriften, alte Freiheits- und Übergabsbriefe, Chroniken, Sprüche, Reime, Lieder, Abenteuer, Gesänge, Betbücher, Messbücher, Salbücher, Kalender, Totenzettel, Register, der Heiligen Leben durchgelesen und abgeschrieben, Heiltümer, Monstranzen, Säulen, Bildnisse, Kreuze, alte Steine, alte Münzen, Gräber, Gemälde, Gewölbe, Kirchen, Inschriften besucht und besichtigt ...«

Etwa 15 Jahre lang reist Aventinus kreuz und quer durch Bayern, sieht Quellen ein und sammelt Belege, um so bayerische Geschichte zu dokumentieren.

Das erste Bild Bayerns, die erste Landkarte des Herzogtums mit 85 Orten und 15 Seen, zeigt das historische Bayern, über das Aventinus schreibt.

In den 1200 Seiten umfassenden »Annales ducum Boiariae« wird bayerische Geschichte zu Menschheitsgeschichte. Aventinus greift zurück auf die Antike, alles, was er findet – Inschriften auf römischen Säulen und Grabplatten – hält er für alle Ewigkeit fest. Wittelsbacher Familiengeschichte konstruiert er bis in biblische Zeiten hinein, bis zu Herodes. Den Druck dieses Werkes erlebt Aventinus nicht mehr. Auch seine 1800 Seiten starke, auf Deutsch verfasste »Baierische Chronik«, eine Beschreibung des Landes und seiner Lebensverhältnisse, hält er nie gedruckt in seinen Händen.

»Das baierische Volk ist geistlich, schlecht und gerecht, geht, läuft gern wallfahrten, hat auch viel kirchliche Aufzüge; legt sich mehr auf den Ackerbau und die Viehzucht als auf den Krieg, dem es nit sehr nachläuft; bleibt gern daheim und zieht nicht viel zu Feld; trinkt sehr, macht viele Kinder; ist etwas unfreundlicher und eigensinniger als Menschen, die nicht viel herumkommen, gern daheim alt werden und wenig Handel treiben.«

Die Zensurbehörde zögert die Drucklegung dieser Auftragsarbeit des Landesfürsten hinaus. Als sie dann schließlich gedruckt werden darf, wird das Gesamtwerk 1564 auf den päpstlichen Index verbotener Bücher gesetzt und der bayerische Hofhistoriograf als »auctor haereticus primae classis«, als erstklassiger Häretiker charakterisiert.

Aventinus bleibt auch Jahrzehnte nach seinem Tod Opfer der großen katholischen Gegenreformation. Obwohl er dem alten Glauben treu bleibt, macht ihn sein Interesse für die Reformation verdächtig. »Und wie man so sagt«, trägt er dennoch nachkommenden Generationen auf: »Nirgends lebt und liegt man besser.« Und meint damit Bayern.

Herzog Wilhelm IV. hatte 1549 die ersten Jesuitenpatres an die Universität Ingolstadt berufen. Sein Sohn Albrecht V. holt zehn Jahre später einige von ihnen nach München. An ihrer Spitze: Petrus Canisius aus Nymwegen, Rektor der Ingolstädter Universität. Canisius wird durch seinen volksnah geschriebenen Katechismus ein angesehener Verkünder des katholischen Glaubens.

Auf dem riesigen, an die Neuhauser Straße angrenzenden Areal wurden 34 Bürgerhäuser für die Errichtung eines Jesuitenkollegs abgerissen. Neben dem Kolleg soll auch eine Kirche gebaut werden, die Michaelskirche.

Im Modell ist es zu sehen auf der zwei auf 1,90 Meter großen Nachbildung der Stadt München. Der Straubinger Drechslermeister Jakob Sandtner fertigt das Abbild der Stadt und ihrer Gebäude detailgetreu aus kleinsten Lindenholzplättchen, auch das Gebäude der Landstände – das »Ständehaus«.

Die Landstände hatten in der Regentschaftszeit ein gewichtiges Wort mitzureden, bevor Erbprinz Wilhelm die Regierung antreten konnte. Während dessen Regierungszeit erhoben die Landstände ihr Wort. Sie erzwangen 1514 ihre Einberufung und wurden infolgedessen zu einem Beratungs- und Kontrollorgan der Regierung. Eine schwer wiegende politische Entwicklung in der bayerischen Geschichte: Ein bayerischer Herzog muss nun im eigenen Land einer Herrschaftsteilung zustimmen.

Die Baumaßnahmen von Herzog Albrecht V. werden bald die Landstände auf den Plan rufen.

Als erster deutscher Fürst lässt er ein eigenes Museum für seine Antikensammlung und für die Bibliothek, die er von Johann Jakob Fugger erwirbt, bauen – das Antiquarium in der Residenz. Albrecht V. schafft in der Residenz neue Pracht für Bayern – repraesentatio eines Landesherrn. Ein Machtanspruch, den er mit einem Blick zurück auf die Antike demonstriert.

In dem fast 70 Meter langen Festsaal lässt Albrecht V. alte antike und neue, antik gestaltete Büsten aufstellen. Bildnisse römischer Kaiser und Philosophen, die eigens aus Rom über die Alpen gebracht wurden. Mit diesem Ausbau hält die Renaissance Einzug in die noch mittelalterliche Residenz. Mit dem Bau einer Musikempore wird aus dem Antiquarium auch ein Fest- und Musiksaal.

Albrecht V. holt den Musiker und Komponisten Orlando di Lasso nach München. Er wurde im Jahre 1530 in Mons im Hennegau geboren. In Italien hatte er Musik studiert. Orlando di Lassos Werk umfasst bald 2000 Kompositionen. Der Münchner Hof wird zu einem europäischen Musikzentrum der Spätrenaissance.

Im Alten Hof sitzen die herzöglichen Räte: Der Hofrat für die Justiz, der Geistliche Rat für Kirche und Schulen und der Hofkriegsrat. Angesichts der Auseinandersetzungen mit den Landständen erweitert Albrecht V. diese Zentralbehörde durch die Hofkammer für Finanzen und den Geheimen Rat, der für Auswärtige Angelegenheiten zuständig ist.

Der Herzog lässt die Zentren des Landes Bayern nachbauen:

Neben München ein Stadtmodell von Straubing, Sandtners Geburtsstadt an der Donau.

Als Rentamt en miniature wird auch Burghausen an der Salzach nachgebildet.

Der Herzog schaut auch in Landshut auf die Plätze, in die Straßen, Bürgerhäuser und Kirchen seines Landes.

Er will nicht nur eine genaue Vorstellung von den Städten, sondern auch einen genauen Überblick über sein ganzes Land haben. Er gibt eine Landkarte von Bayern in Auftrag:

Philipp Apian veröffentlicht in Ingolstadt im Jahre 1568 seine 24 Landtafeln des Herzogtums mit topografischen Erläuterungen. Mit Zeichnern und Messgehilfen war er dafür sechs Jahre übers Land gereist. Apians Landesbeschreibung ist ein Meilenstein in der Geschichte der europäischen Kartografie.

Ein Detail auf der Karte – der Tegernsee, der Ort Gmund und ein Kreuz bei Einhaus. Apian hat dort einen Unfall miterlebt, sein eigener Bruder fiel vom Pferd und starb. Das daraufhin errichtete Kreuz hält Apian als Wegmarke bei den Vermessungsarbeiten in seiner Landtafel fest.

Was Albrecht V. begann, beendet sein Nachfolger Wilhelm V. in seiner Regierungszeit. Wilhelm V. führt eine üppige Hofhaltung und schon als Erbprinz ließ er die Trausnitz zu einem Renaissance-Schloss umbauen. Wilhelm lässt sich neben Pantalone und den anderen Spaßvögeln als Mitspieler eines Possenspiels malen. Baumeister ist Friedrich Sustris. Als Sohn eines niederländischen Wandergesellen wurde er in Italien geboren, lernt bei einem Michelangelo-Schüler und kommt über die Arbeiten am Augsburger Fuggerpalais zum Erbprinzen nach Landshut. Für die Ausgestaltung der Narrentreppe sind die Motive der Comedia dell' arte Vorbild.

In München wird unter Herzog Wilhelm V. das Jesuitenkolleg und die Michaelskirche vollendet.

Das Gotteshaus als Symbol katholischer Führungsmacht und als Bühne der propaganda fidei, der jesuitischen Glaubensoffensive. Auch als Bühne des Münchner Jesuiten-Theaters und seiner opulenten Inszenierungen.

Da der Herzog am 29. September, dem Namenstag des Erzengel Michael geboren wurde, wird Michael Patron dieser Kirche. Mit einer Lanze hatte er das Böse in der Welt abgetötet und soll jetzt den wahren Glauben verteidigen.

Herzog Wilhelm V., der die Kirche zum Kampf antreibt, bringt dieser Demonstrationsbau an den Rand eines Staatsbankrotts. Als er im Jahre 1626 stirbt, wird er als erster bayerischer Herzog in der Gruft von St. Michael begraben.

Neuburg an der Donau, ein Ort an der Randlage der Wittelsbacher Lande:

Dieser bekommt unerwartet Bedeutung und wird eines der Zentren der Politik. Neuburg wird auch Bühne der Wittelsbacher Familiengeschichte. Der Grund dazu ist ganz einfach. Nach dem Landshuter Erbfolgekrieg musste dafür, dass Landshut an München kam, in der Machtpolitik ein anderer Zweig der Wittelsbacher Familie entschädigt werden. Deshalb wurde das Gebiet um Neuburg an die Wittelsbachischen Vettern in der Kurpfalz abgetreten. Seit 1537 steht hoch über der Donau die fürstliche Residenz des aus der kurpfälzischen Linie der Wittelsbacher stammenden Landesfürsten Ottheinrich.

1542 führt er die Reformation in Neuburg ein. Mitten im katholischen Wittelsbacher Land wird Neuburg eine Bastion der Reformation.

Entsprechend die Ausschmückung der neuen Residenz: Fresken im Innenhof zeigen biblische Motive. Ein neuer Glaube in einem neuen architektonischen Glanz. Eine späte Folge des Landshuter Erbfolgekrieges – der Zwist um den Glauben teilt die Familie Wittelsbach.

Ein Landesfürst praktiziert die gültige Devise: »cuius regio, eius religio«. Der Herrscher eines Gebiets bestimmt die dort gültige Religion.

»Mit der Zeit« war der Leitspruch des Ottheinrich, und die Zeit war protestantisch bestimmt. 1556 wird er Kurfürst in Heidelberg und beginnt mit der Errichtung des an das Heidelberger Schloss angelehnten Ottheinrichsbau.

Als Nachfolger kommt aus Zweibrücken der Pfalzgraf Wolfgang nach Neuburg. Dessen Sohn Philipp Ludwig erbaut die Neuburger Hofkirche als evangelischen Gegenpart zur katholischen Michaelskirche in München – ein »Trutzmichael«.

Bald schon steigt die Verwandtschaft in München zur katholischen Führungsmacht auf. 1613 scheint es dem neuen Pfalzgrafen Wolfgang Wilhelm opportun, die Konfession zu wechseln. Jesuiten übernehmen die Hofkirche. Ein protestantischer Kirchenbau wird in eine gegenreformatorische Marienkirche umdekoriert.

Wolfgang Wilhelm macht die Neuburger katholisch.

Das Land ist wieder katholisch und im Innern der Hofkirche setzt der Katholizismus seine Zeichen: Vom Eingang bis zum Hochaltar erscheint jetzt die Heilige Maria als Himmelskönigin.

Persönlich entwirft der Pfalzgraf zusammen mit dem Jesuitenpater Anton aus der Augsburger Handelsfamilie Welser 92 Stuckreliefbilder. Sie erzählen die Geschichte von Heiligen, Engeln, Märtyrern, Bischöfen, Evangelisten und Ordensstifter.

Unter ihnen ist der große Missionar des Ordens Franz Xaver und der Ordensgründer Ignatius von Loyola.

In der Hofkirche verehren die Neuburger jetzt Maria als Patronin der

Kirche und als Patronin ihres Landes. Die Marienverehrung wird von den Jesuiten gefördert und das marianische Programm zum Zeichen der Gegenreformation. Der Trutzmichael hatte ausgedient, jetzt erscheint Maria.

Die Neuburger waren zurückgekehrt in den Schoß der katholischen Kirche und verstärken das katholische Lager. Die in Neuburg regierenden Pfalzgrafen aus dem Hause Zweibrücken sind es, die dem Hause Wittelsbach und Bayern sein Überleben sichern. Neben dieser Rekatholisierung fallen noch zwei Entscheidungen von historischer Dimension für das Herzogtum Bayern.

Das Erzbistum Köln fällt 1583 in »geistlicher Sekundogenitur« an das Haus Wittelsbach. Das heißt: Ein nachgeborener Prinz der bayerischen Herzöge erbt jeweils den Kölner Bischofsstuhl und damit die Kurfürstenwürde.

Als 1609 das Haus Jülich-Kleve-Berg ausstirbt, fällt dieses Herzogtum zur Hälfte an die Neuburger Pfalzgrafen. Die Düsseldorfer St. Andreaskirche wird nach dem Vorbild der Neuburger Hofkirche erbaut. Dieser Sprung über die Landesgrenzen hinaus bis an den Niederrhein befreit Bayern aus der drohenden Isolation. Seit den Tagen Ludwigs des Bayern ist und bleibt es der größte territoriale Zuwachs für das Haus Wittelsbach. Dieser Erfolg verstärkt Bayerns Gewicht in der Reichspolitik. Bayern wird zur katholischen Führungsmacht im Reich.

Der Druck von außen auf Bayern wächst. Ebenso von innen. Denn das Land steht vor dem «Generalanstand«, dem Konkurs. Die Landstände machen Wilhelm V. Vorhaltungen: Er sei für den drohenden Staatsbankrott des Landes verantwortlich.

Sie fordern eine Sanierung der Finanzen und des politischen Regiments, was faktisch zur Abdankung Wilhelm V. führt. Offiziell teilt er zwar jetzt ab 1597 die Regierung mit seinem Sohn Maximilian, in Wirklichkeit wird der Vater gütlich, aber nachdrücklich aufs Altenteil gesetzt.

In der Residenz in München beginnt eine epochale Regierungszeit.

Maximilian ist 24 Jahre alt, als er die Regierungsgeschäfte übernimmt. Er wurde erzogen im Geist des Jesuitenordens und ist geprägt vom Missionsauftrag der Gegenreformation. Er hatte sich im Jahre 1587 an der Universität zu Ingolstadt immatrikuliert und studierte dort über drei Jahre Rechtswissenschaft, Geschichte und Sprachen.

Über ein halbes Jahrhundert prägt Maximilian bayerische Geschichte. Seine Unterschrift ist Wille und Gesetz. Maximilian ist ein fleißiger Fürst.

Schon auf dem Weg zur Frühmesse nimmt er Bittschriften entgegen und sieht nach dem Rechten.

Er durchschreitet die gerade fertig ausgestalteten Steinzimmer im neu gebauten Westrakt. Vom Zimmer der Kirche zum Zimmer der Religion, dann durch das Zimmer der Ewigkeit zum Zimmer der vier Jahreszeiten, über das Zimmer der Welt und schließlich ins Zimmer der vier Elemente. Von den Vorzimmern der Macht mit symbolischen Namen bis ins Innere der Macht.

Ein enger Mitarbeiter seufzt: »Wir werden über die Maßen mit dem Laborieren überhäuft, sonderlich bei einem fleißigen Herrn, der Tag und Nacht keine Ruhe sich gönnt, sich und andere consumiert.«

Maximilian sieht es ähnlich: »Eiferige, arbeitsame Potentaten und Fürsten werden recht prennenden Kerzen verglichen, welche sagen khündten: Aliis lucendo consumor – Ich brauch mich auf, um anderen zu leuchten.«

In der Ausübung der Regierungsgeschäfte zeigt er sich bald als eiserner Reorganisator. Er will schnell das zerrüttete Finanzwesen in den Griff bekommen, trotz des großzügigen Ausbaus der Residenz. Er kümmert sich um alles. Bereits um vier Uhr früh sitzt er über den Akten, liest jede Vorlage, korrigiert sie und macht seine Anmerkungen.

»Es ist zum Erbarmen, dass so wenig Hirn in so dicken Köpfen!«

Er betet gern das »Ave Maria« und sorgt sich um die Anzahl der Hofkammerzimmer, die täglich beheizt werden müssen. Maximilian setzt beim Haushaltsgeld an und zieht innerhalb von zehn Jahren eine Finanzreform durch, die ihresgleichen im Reich sucht. Rationalisierung der Verwaltung, strenge Kontrolle des Rechnungswesens und ständige Überprüfung der Effizienz bürokratischer Arbeit – das sind die Maximen für Maximilians Handeln.

Am härtesten trifft es die Landstände – den Adel, die Geistlichen und die Vertreter von Städten und Märkten. Schon lange hatten sie Mitspracherecht gefordert. Er zieht sie zur Finanzierung des Staates heran, ohne ihnen dafür Rechte einzuräumen. Diese zusätzlichen Lasten dürfen die Stände jedoch nicht an ihre abhängige Bauernschaft abwälzen. Zeitweise setzt Maximilian Untersuchungskommissionen ein, die Leid tragende Bauern ermuntern sollen, »solliche Beschwerden an gebührend Orten ... ordentlich klagweise fürzubringen.«

Auch Fehlverhalten seiner Beamten hat Maximilian im Visier: Er will verhindern, dass »dadurch die Justitia lädiert und der unvermögend arme Mann unterdrückt werde.«

Die Namen der Zimmer sind Programm – der »Saal des Rechts«, der »Saal der Entscheidung« und der »Saal des Rates«.

Maximilian reglementiert und monopolisiert das Weißbierbrauen und den Salzhandel, er erhöht die Steuern und häuft damit den Staatsschatz an.

Vor allem beschäftigt den Landesvater die öffentliche Moral seiner Landeskinder. Eine Flut von »Mandaten« soll für Zucht und Ordnung sorgen. Der Staat als Erziehungsanstalt und seine Sittenpolizei als der Vollzieher.

Da gibt es Verordnungen gegen »gartende Knechte« – entlassene Soldaten, die sich im Lande herumtreiben, marodieren und die Bevölkerung erpressen.

Verordnungen gegen den Ehebruch, gegen das Glücks- und das Kartenspiel, gegen Fluchen, Gotteslästerung, gegen unmäßiges Trinken und gegen das Betteln.

Nichtansässige und Diebe können zu Galeerenstrafen veurteilt, rückfällige Ehebrecher enthauptet werden. Ein strenges Sittenregiment gegen die Laster, das in den Alltag der Bevölkerung eingreift: Die Fastengebote, die Sonntagspflicht, die Teilnahme an der Sakramentsprozession am Donnerstag werden überwacht. Die »Kleiderordnung« ist streng. Tanzvergnügen ist nur sonn- und feiertags erlaubt, das »Fensterln« wird verboten, die Form des Hochzeitens wird festgelegt, selbst Beichtzettel werden kontrolliert.

Die Mandate führen zu Ausgrenzungen. Schnüffelei und Denunziantentum sind an der Tagesordnung. Wer des Aberglaubens und der Zauberei verdächtig, wird als »Hexe« verfolgt.

Eine dunkle Zeit, in der ungezählte Frauen denunziert, gefoltert und auf dem Scheiterhaufen verbrannt werden. Selbst eine Hungersnot schreibt man teuflischen Kräften zu und sucht dafür den Sündenbock.

So etwa in Schongau: Nach einer Reihe von Missernten fordern die Gemeindevertreter im Jahr 1589 vom Landrichter die Verbrennung von »Zauberinnen«. Sie sollen die Schuldigen sein. Vom Münchner Hofgericht wird der Prozess erbarmungslos gelenkt: 63 Frauen werden verurteilt und sterben in den Flammen.

Ein scharfer Kurs, den die Theologische Fakultät der Universität Ingolstadt einschlägt.

1590 schreibt Rebekka Lempin in Nördlingen aus dem Kerker vor ihrer Hinrichtung an ihren Mann:

»Mein auserwählter Schatz, soll ich so unschuldig von Dir scheiden müssen, das sei Gott immer und ewig geklagt! Man hat mich gemartert, ich bin aber so unschuldig als Gott im Himmel. O weh, o weh meine armen Waisen! Vater, schick mir etwas, dass ich sterb; ich muss sonst an der Marter verzagen ... O Schatz Deiner unschuldigen Rebecca! Man nimmt mich Dir mit Gewalt! Wie kann's doch Gott leiden? ... Warum will mich doch Gott nicht hören? ...«

Immerhin: Maximilian hat in dieser Sache seine Vorbehalte. Auch die eingeholten Gutachten der Universitäten Padua, Bologna und Dillingen widersprechen sich. In seinem Herzogtum werden weit weniger »Hexen« hingerichtet als in den kirchlichen Fürstentümern.

Herzog Maximilians Hauptanliegen ist, Rechtsbewusstsein zu schaffen – eine Rechtseinheit innerhalb Ober- und Niederbayerns. 1616 ist es soweit: Der »Codex Maximilianeus«, das bayerische Landrecht, wird neu definiert. Eine dritte Rechtsverfassung des Landes Bayern – nach der Lex Baiuvariorum sowie dem Landrecht Kaiser Ludwigs.

Maximilian will seinen Vorfahren, Ludwig den Bayern, würdigen. Als wahrhaften Kaiser – von der Schmach des päpstlichen Bannfluches befreit – so soll ihn die Nachwelt sehen. Die Grabplatte lässt Maximilian mit schwarzem Marmor umkleiden. Er beauftragt Künstler wie Hans Krumper und Hubert Gerhard, das Grabmal im Frauendom auszugestalten.

Das Geschlecht der Wittelsbacher sieht sich königs- und kaisergleich. Erbe und Auftrag für sich und die Nachfahren. Ein Bewusstsein, in dem Maximilian lebt und das im Bau der Residenz seinen Ausdruck findet.

Eine architektonische Inszenierung der »Staats-Kunst«, der »repraesentatio maiestatis«. Hans Krumper erhält den Auftrag. Er ist Nachfolger von Friedrich Sustris, seinem Schwiegervater. Nach seinen Plänen entsteht die neue Residenz mit dem repräsentativen »Kaiserhof«, einem von sechs Höfen.

In einem Reisebericht heißt es: »Das einzigartigste Schaustück Münchens bildet der herzogliche Palast. Infolge seiner Größe, seiner Majestät, seines Reichtums von außen und von innen zählt er zu den berühmtesten und prächtigsten Europas …«

Der Kaisersaal will in seiner Pracht nicht nur die Majestäten aus Wien empfangen, sondern auch auf den eigenen imperialen Anspruch verweisen.

Um dahin zu gelangen, muss man erst die Kaisertreppe hochsteigen, vorbei an Ludwig dem Bayer, dem letzten Kaiser der Familie Wittelsbach.

»Dieser Palast besitzt überaus schöne Treppenhäuser und Säle, ist überreich an Zimmern und königlichen Unterkünften, ausgestattet mit großer Pracht und ohne irgendeine Scheu vor Kosten gebaut.«

So auch die Reiche Kapelle für die Familie der Wittelsbacher über der Hofkapelle für den Hofstaat. In der Reichen Kapelle, sie heißt auch Geheime Kammerkapelle, wacht der Heilige Michael, Verfechter des rechten Glaubens.

Die Residenz ist nach zeitgenössischen Berichten ein »wahres Wunder«. Die Residenzstadt wird zum Schnittpunkt Mitteleuropas, fast gezwungenermaßen zum Mittelpunkt der katholischen Ordnung. Das Koordinatensystem der Macht wird in Europa neu vermessen.

»Hof halten« und »Staat-Machen« demonstriert die öffentliche Seite der Residenz. An den Portalen bewachen vier Löwen den Hof.

An der Westfassade in der Mitte der Fensterstürze wird ein Platz für die Muttergottes geschaffen, für die die Patrona Bavariae, wie ein nach außen gedrehter privater Altar des Hauses.

Die Welt gerät aus den Fugen. Jetzt kann nur noch die Schutzpatronin helfen.

Es beginnt scheinbar ganz nebensächlich in Donauwörth. Seit dem Augsburger Religionsfrieden hatten beide Konfessionen gleichberechtigt in der kleinen Reichsstadt gelebt. Doch der unterschwellig schwelende Konflikt kommt zum Ausbruch, als die Protestanten versuchen, die Katholiken zu verdrängen. Herzog Maximilian besetzt auf kaiserlichen Befehl die Stadt. Die protestantische Stadtpfarrei wird 1608 wieder katholisch.

Die Protestanten im Reich sind empört, ihre Reichsstände schließen sich zu einer »Union« zusammen. Ausgerechnet unter der Führung eines Wittelsbachers, dem Kurfürsten von der Pfalz.

Im Gegenzug organisieren sich die katholischen Fürsten in einer

»Liga« unter Führung des Wittelsbacher Herzogs Maximilian von Bayern. An der Spitze beider Lager also Familienmitglieder des Hauses Wittelsbach.

Ein Jahrzehnt war Ruhe im Land – scheinbar wenigstens. Jetzt ereilt den bayerischen Herzog die Nachricht von Aufständen in Böhmen. Dort revoltieren die protestantisch gesinnten Stände. Sie wählen den Wittelsbacher Kurfürsten Friedrich V. von der Pfalz statt eines Habsburger Thronerben zu ihrem König. Die Fronten verhärten sich: Der böhmische Adel sagt dem Habsburger Kaiserhaus den Kampf an. Ihre Delegierten marschieren im Mai 1618 zur Prager Burg, dem Hradschin. In ihrer Wut werfen sie zwei kaiserliche Beamte zum Fenster hinaus: Der »Prager Fenstersturz« – ein Ereignis, das die abendländische Welt in ihre größte Katastrophe stürzt: Es ist der Beginn des 30-jährigen Krieges:

Die Liga wird mobilisiert. Im Vertrag von München verpflichtet sich Herzog Maximilian zur bayerischen Waffenhilfe für Kaiser Ferdinand II.: Der Wittelsbacher übernimmt den Oberbefehl über das Heer der Liga, marschiert Richtung Prag und besiegt am 8. November 1620 am Weißen Berg den Wittelsbacher Kurfürsten Friedrich V. von der Pfalz und König von Böhmen.

Diesem gelingt es, nach Holland zu fliehen. Seine Union ist militärisch geschlagen, vom Kaiser wird er geächtet.

Jetzt erreicht der Krieg auch das Reich. Mit der Einnahme von Heidelberg fällt die rechtsrheinische Unterpfalz und die Oberpfalz an das altbayerische Wittelsbacher Herzogtum.

Auf dem Regensburger Deputationstag 1623 wird Maximilian mit der Pfälzer Kurwürde belohnt. Der Herzog von Bayern ist jetzt Kurfürst im Reich.

Doch der geächtete Pfälzer will sich nicht geschlagen geben. Im Exil sucht er Unterstützung von außen: in Paris, London, Kopenhagen und in Stockholm. Im Bündnis mit den niedersächsischen Reichsständen schlägt als Erster der dänische König los.

Kaiser Ferdinand II. reagiert sofort und setzt den böhmischen Edelmann Albrecht von Wallenstein als Oberbefehlshaber ein.

Zusammen mit Johann von Tilly, einem gebürtigen Wallonen mit Jesuitenschulung und Anführer des bayerischen Heeres, gelingt es, den Angriff abzuwehren.

Doch Kurfürst Maximilian misstraut dem selbstherrlichen Wallenstein. Er unterstellt ihm die Entfesselung eines »Universalkriegs«. Auf dem Regensburger Kurfürstentag 1630 setzt sich Maximilian dafür ein, den Konflikt regional begrenzt zu halten und erreicht Wallensteins Sturz.

Doch als 1629 das Restitutionsedikt den Augsburger Religionsfrieden in Frage stellt, verschärft sich die Situation. Flugschriften zeigen, wie sich katholische Priester und Jesuiten in Augsburg auf den protestantischen Besitz stürzen. Das mobilisiert die Protestanten.

Der Faustschlag erfolgt aus dem Norden: Als Verbündeter der protestantischen Union betritt jetzt Schwedenkönig Gustav Adolf das Feld. Ihm kann keiner Einhalt gebieten.

Jetzt beansprucht die Union das Schwert Gottes. Zusammen mit dem Kurfürsten von Sachsen gewinnt die Union die Schlacht von Breitenfeld im Jahr 1631. Der Weg nach Süden ist damit offen.

Ein Zeitzeuge führt Tagebuch:

»Das Herzogtum Baiern ist zu beschreiben hier: ein blühendes Land mit reichen Ernten. Dann erscheint der kriegerische König der Schweden. Jagdhunden gleich folgen seinen Fersen Schwert und Feuer, Kanonendonner und Kriegsgeschrei, Marter und Tod. Dies alles erzähle ich, Maurus Friesenegger, Mönch auf dem Heiligenberg zu Andechs …

Gustav Adolf marschierte wirklich auf Baiern zu mit größter Furcht und Schröcken des Landes. 1632 kamen nach … Heiligenberg … eigenhändige Briefe des Churfürsten, den Hl. Schatz ohne Verweilung in Sicherheit zu bringen …«

Diener des Klosters »brachten den Schatz bis nacher Burghausen ... Die folgenden Tage und Wochen wurden in lauter Jammern, Furcht und Elend zugebracht ... Bald hieß es, der Feind habe schon Donauwörth, Augsburg, Friedberg besetzet, ja er habe schon die Amper passiert ...«

April 1632: Das schwedische Heer schwenkt nach Südosten ab und baut sich bei Rain am Lech auf. Kurfürst Maximilian und Tilly werfen ihre Truppen an die Lechlinie, wollen den Durchbruch nach Bayern abwehren. Tilly wird bei einem Vorstoß schwer verwundet. Kurfürst Maximilian muss nach Ingolstadt zurückweichen. Die schwedischen Truppen nehmen die Blutspur auf. Während die Schweden schon vor den Festungsmauern stehen, stirbt Tilly in Ingolstadt. Der Kurfürst setzt sich Richtung Regensburg ab und von dort nach Salzburg, um neue Truppen zu sammeln. Den Schweden gelingt es nicht, die Bastion Ingolstadt einzunehmen.

Gustav Adolfs Lieblingspferd wird bei dem Manöver tödlich getroffen. Die Ingolstädter erbeuten das Pferd als Siegestrophäe.

Bayern liegt offen da. Am 8. Mai 1632 besetzen die schwedischen Truppen Landshut, dann Freising. Gustav Adolf rückt gegen die Residenzstadt München vor.

»Den 15. Mai 1632 hat sich München gegen 300 000 Taler und andere Bedingnisse dem König Gustaph ergeben«, notiert der Andechser Mönch.

Am 17. Mai reitet König Gustav Adolf zusammen mit dem triumphierenden Friedrich von der Pfalz in München ein. Die Residenz mit ihren Kunstwerken hätte Gustav Adolf am liebsten »auf Rädern« nach Stockholm gerollt.

Ein Tag später. Der Krieg erreicht jetzt auch Kloster Andechs:

»Den 18. Mai 1632 kamen früh morgens 16 Reiter vor das Tor des Klosters Heiligenberg, und da sie nicht gleich eingelassen wurden, hieben sie das Tor mit Hacken und Gewalt ein, und nur mit Mühe retteten sich die Mönche ..., die noch da waren ... Die Mönche flohen durch den Garten in das Kiental ..., wo schon eine Menge Leute und Kinder weineten und heulten ...«

Augsburg fällt kampflos an die Schweden – die dortigen Protestanten hatten sie um Hilfe gerufen. Die Reichsstadt wird zu einer kriegslogistisch wichtigen Basis für weitere Operationen.

Die Not in Bayern wird jeden Tag größer, der Kurfürst will den Schauplatz des Krieges um jeden Preis aus Bayern verlagern. Er akzeptiert, dass Wallenstein, jetzt Herzog von Friedland, wieder als Oberbefehlshaber der kaiserlichen und bayerischen Truppen eingesetzt wird. Monatelang liegen sich beide Kriegsseiten bei Nürnberg gegenüber – Wallensteins Lager. Dann zieht er nach Sachsen ab. Die Schweden setzen ihm nach.

Am 16. November kommt es bei Lützen unweit von Breitenfeld zur Schlacht, in der König Gustav Adolf fällt. Doch die schwedischen Truppen dringen wieder in Bayern ein.

»Den 19. April 1633 fing die Stadt Landsberg zu kapitulieren an, weil von München kein Succurs kam. Während der Kapitulation ... überstiegen die Feinde ... die Mauern, plünderten Tage lang die Stadt, töteten über 160 Menschen und rissen den Baier-Turm nieder ...«, schreibt Maurus Friesenegger in seinem Tagebuch. Und weiter: »... was zur Haltbarkeit der Stadt gehörte, mussten die Bürger schleifen. Die Schweden nahmen eine Menge Männer und Frauen, Jünglinge und Mädchen mit sich, nebst einigen Ratsherren, dem Herrn Dekan und drei Jesuiten, die nicht ohne, als noch bezahlter, fast unerschwinglicher Summa Geldes entlassen wurden ... Nach verübten ... Schandtaten und Notzuchten gingen sie mit ungeheuerer Beute ... von der Stadt ... Wie die Schweden tyrannisierten und beraubten Freibeuter und Räuber die ganze umliegende Gegend des Ammersees bis zum Abscheu. Wo sie in den Dörfern keine Menschen fanden, war alles ihrem Raub und Verderben ausgesetzt. Und wo sie solche fanden, die empfanden ihre Barbarei ...«.

Tillys Nachfolger, Feldmarschall Johann von Aldringen, versucht mit seinen Truppen die Stellung in Bayern zu halten. Wallenstein dagegen zieht sich nach Böhmen zurück und gibt damit weite Teile Bayerns preis. Kurfürst Maximilian betreibt beim Kaiser in Wien den Sturz Wallensteins. Er wird des Hochverrats bezichtigt und am 25. Februar 1634 in Eger ermordet.

Die Operationen der Liga haben Erfolg. Regensburg und Nördlingen fallen in ihre Hand. Kurfürst Maximilian nutzt die Gunst der Stunde, um mit dem Frieden von Prag den Krieg zu beenden. Im Mai 1635 werden die katholische Liga und die protestantische Union aufgelöst – auf der Prager Burg – dort, wo der Krieg begann. Unter der Schirmherrschaft Marias soll der Friede im Reich gesichert werden. Ende Mai kehrt der Kurfürst nach München in die Residenz zurück.

Endlich ist Frieden. Bayern kann aufatmen.

Der Kurfürst lässt gemäß einem Gelübde auf dem Schrannenplatz eine Mariensäule errichten. Am 7. November 1638 wird die Muttergottesstatue vom Hochalter der Frauenkirche in einer Prozession überführt und vom Freisinger Fürstbischof geweiht. Die Himmelskönigin, als Patrona Bavariae, als Landespatronin und als Schutzherrin gegen die vier Plagen der Zeit: Pest, Unglauben, Krieg und Hunger.

Keiner ahnt zu diesem Zeitpunkt, dass der ganz große Krieg erst noch losbrechen wird. In Madrid, Stockholm, Wien und Paris fallen Entscheidungen, die einen gesamteuropäischen Konflikt heraufbeschwören. Das erklärte Ziel einer neuen Allianz: Habsburgs Stellung im Reich und in Spanien zu schwächen und Bayerns Machtsstellung entscheidend einzuschränken.

Frankreich steht jetzt auf der Seite Schwedens. Zunächst spielt sich das Kriegsgeschehen im Westen ab – doch dann bricht es in Bayern ein: wieder an denselben Schauplätzen – Donauwörth, Rain am Lech, Landsberg, Nördlingen, Augsburg und München: wieder ungeschützt und offen für den Feind.

Landshut, die Burg Trausnitz: Hier schlägt der schwedische General Gustav von Wrangel sein Quartier auf. Die Soldateska wütet auf dem Land. Der »schwedische Trunk«, eine Foltermethode, mit der die Landbewohner zu Tode gequält werden, verbreitet Schrecken.

Doch noch schlimmer als die schwedischen sind die Gräueltaten der kaiserlichen Truppen. Maurus Friesenegger, der in diesen schweren Zeiten das Amt des Klosterabtes übernimmt, klagt:

»Nun hatten wir vier Armeen um uns, die baierische und kaiserliche … die schwedische und französische …

Seither die Kaiserlichen in Baiern eingerücket und hauptsächlich den Destrikt zwischen der Isar und dem Lech besetzet haben, so wünschte jedermann die noch besseren Schweden. Wer sich nicht schon vorhin weit hinweg geflüchtet hat, der musste sich jetzt in Wäldern und finsteren Abwegen verbergen. Weder in den Häusern noch auf den Wegen entging jemand ihrer Barberei und ihrem Mutwillen. Sie raubten, plünderten und marterten ohne zu denken, dass sie Menschen sind und mit Menschen umgehen. Ohne Unterschiede des Alters und des Geschlechtes banden sie die Menschen, entblößten sie ganz und schändeten die einen zu Tode und die anderen jagten sie bei sehr kalter Herbstzeit ganz nackend von sich. Solche Bestien machet der anhaltende Krieg aus den Menschen!«

Bayern ist jetzt fast ganz besetzt. Und – wie in Andechs – überall das gleiche schreckliche Bild:

»Man sah schwarze und gelbe Gesichter, ausgemergelte Körper, halb bedeckte oder mit Lumpen behängte … eben so wie Hunger und Not aussieht … Indessen erkrankten und starben auch viele … vor Hunger und Kälte … – Und das machte uns alle den Tod, das Ende aller Übel, sollten wir fürchten oder hoffen?«

Kurfürst und Hofstaat haben sich nach Salzburg gerettet, mehr als 12 000 Menschen aus Bayern finden dort Zuflucht:

»Zu Anfang Oktober 1648 brachen die Feinde bei Moosburg und Freising auf und rückten brennend bis Dachau vor. Nun war von Dachau bis zu den Alpen vor ihrem Schwert und Feuer nichts mehr sicher.«

Und dann die Nachricht aus Münster und Osnabrück. Ende Oktober 1648 handeln dort Gesandte aller kriegführenden Staaten einen Friedensvertrag aus.

Die Gleichberechtigung von Katholiken und Protestanten ist jetzt völkerrechtlich beschlossene Sache.

Kurfürst Maximilian wird die pfälzische Kurwürde bestätigt. Am 24. Oktober 1648 wird der Frieden, den der Kurfürst seit Jahren suchte, geschlossen.

Abt Friesenegger:

»... der Churfürst schickte die geflüchteten Schätze von Salzburg mit Schiffen nach Burghausen und weiter mit Wagen. Am Feste der Opferung Mariä befahl der Churfürst, der den 17. November wieder nach München zurück gekommen, ein Friedensfest zu feiern, welches auch geschehen und welcher Befehl auch auf das Land erging.

Dies habe ich Maurus Friesenegger, verfasst im Jahre des Herrn 1648. Gott erhalte uns den Frieden.«

Etwa ein Drittel der Bevölkerung Bayerns war den Kriegsgräueln zum Opfer gefallen.

Der Kurfürst kann in seinen Regierungsjahren die von den Landständen angemahnten Schulden abtragen und trotz der Kriegslasten den Staatsschatz anhäufen. 1,6 Millionen Gulden beträgt er bei Kriegsende.

Vor allem die Biersteuer finanzierte den langen Krieg und machte somit Maximilian von den Landständen unabhängig. Sie waren nicht mehr gefragt. Deren stärkste Vertretung, der Adel, war durch den inneren Bruch von Katholiken und Protestanten ohnehin wie gelähmt. Das macht es Maximilian möglich, sogar die Landschaftskasse zu beschlagnahmen. Dreißig harte Jahre – Maximilian hatte das Überleben des vom Krieg gebeutelten Landes Bayern und des Reiches gesichert.

Im Alter von 79 Jahren macht er sich im Herbst 1651 auf, um Ingolstadt zu besuchen – die Stadt seiner Studentenzeit. Dort stirbt er am 27. September.

Spottbild auf das »rebellische Baiern-Parlament«, das während des Volksaufstands in Bayern 1705/1706 in Braunau tagte

7
Die Achse der Welt

Das Land ist am Ende. Landstriche sind verwüstet, Ortschaften niedergebrannt. Bayern ist das ruinierteste Land im Reich.

Allein in München ging während des 30-jährigen Krieges die Einwohnerzahl von 22 000 auf 16 000 zurück. Der Krieg schlägt eine tiefe Kerbe in eine ganze Generation.

Von Bayern aus wurde der 30-jährige Krieg als Schutzmaßnahme von Kirche und Staat ausgelöst. Schnell schlug er von einem Religionskrieg in einen europäischen Machtkampf um, der nicht nur Katholiken in Bedrängnis brachte, sondern auch den Verteidiger der katholischen Welt – den bayerischen Staat. Er sollte bis ins Mark getroffen werden. Diese Zeit muss wohl als eine göttliche Prüfung, als Martyrium, erlebt worden sein.

Nach dieser innerlichen Läuterung dann das Wunder: Ein »unbändiges« Überlebensgefühl kommt auf und prägt von da an Bayern – die bayerische Barockkultur.

Ein Land verändert sein Gesicht. Das weit verzweigte Wirtschaftsgefüge der Kirche sowie ihrer Klöster und des Staates fing Not schneller auf, als das Volk es konnte. Wie eine »Heiltumsweisung« holten die Baumeister von Kirche und Staat verbliebene Macht von Gottes Gnaden vom Himmel herunter und zeigten das Paradies auf Erden. Und die, die angesichts der Verwüstungen über eine Generation lang der Not gehorchen mussten, erlebten den Gang in das Gotteshaus wie das Betreten der

Himmelspforte: Aus dem Dunkel kommend, sahen sie am 7. Tag der Woche Licht.

Dieses neue Lebensgefühl ist datierbar: Es ist das Jahr 1663, als mit dem Bau der Theatinerkirche in München begonnen wurde. Ein »theatrum coeli« mitten im »theatrum mundi«. Wie zur Zeit der Renaissance kommen die Lehrmeister wieder aus Italien.

»Adorate Dominum in Atrio Sancto« – »Betet Gott in seinem Vorhof an« – die beiden Türme deuten die Himmelpforte an. Über dieser Pforte – die Wappen der glücklichen Allianz Bayern und Savoyen.

Die Kurfürstin holt aus Italien den Architekten Agostino Barelli aus Bologna. Die Mutterkirche der Theatiner-Mönche in Rom, S. Andrea della Valle, ist Vorbild für den Rohbau der über 70 Meter langen Kirche. Die 70 Meter hohe Kuppel, die an das Himmelsgewölbe der Peterskirche in Rom erinnern soll, wird nach Entwürfen von Enrico Zuccalli gebaut.

Am Anfang steht ein Gelübde. Kurfürst Maximilians Nachfolger – Ferdinand Maria – wird 1652 mit Henriette Adelaide von Savoyen verheiratet. Diese fleht zum Heiligen Kajetan, dem Gründer des Theatinerordens, ihren sehnlichen Wunsch, ihr möge ein Kurprinz geboren werden, zu erhören. Dafür will sie ihm eine prachtvolle Kirche und ein Kloster bauen.

Ihre Fürbitte wird erhört: Am 11. Juli 1662 wird der Erbprinz geboren und erhält den Namen Max Emanuel. Ein knappes Jahr später wird das Gelübde eingelöst: 1663 legt der Kurfürst den Grundstein zum Bau der ersten Barockkirche in Bayern; der Heilige Kajetan soll deren Patron werden.

Kurfürst Ferdinand Maria macht aus Freude über die Geburt des Sohnes ein Geschenk – ein Sommerschloss für Henriette Adelaide. Vorbild für dieses barocke Bauprogramm sind oberitalienische Landsitze ihrer Heimat um Turin. Ein »burgo delle nymphe«, ein Nymphenburg soll es werden.

Im Auftrag des Kurfürstenpaares arbeiten hier auch die Architekten der Theatinerkirche: Agostino Barelli und Enrico Zuccalli. Kirche und Schloss werden zeitgleich begonnen und zeitgleich,1675, fertig. Die Bauherren Ferdinand Maria und Henriette Adelaide setzen Maßstäbe. Sie ließen nördlich der Alpen die ersten Großbauten des Hochbarocks errichten.

Henriette Adelaide gilt als eine der schönsten Frauen ihrer Zeit. Sie ist lebenslustig und versteht es den Münchner Hof zu einem der attraktivsten in Europa zu machen. Von ihren Festen – aufwändig inszeniert mit Feuerwerk, Pastorale, Turnieren, Maskenfesten, Schlittenfahrten, opera seria und Ballett – spricht man an den Höfen der europäischen Metropolen.

Die italienische Oper macht sie in München heimisch: Die Handwerker der Theatinerkirche hören vom neu eröffneten Opernhaus am Salvatorplatz her italienische Arien schmettern – Italien in München.

Im Oberland und an den Höfen spricht es sich schnell herum: Ein Schiff mit vergoldetem Schnitzwerk, der Staatsgaleere des Dogen von Venedig nachgebaut, 1663, mitten auf dem Starnberger See. Feste auf dem »Bucintoro« sind für Henriette Adelaide »das größte Vergnügen der Welt«.

Die Kurfürstin gestaltet die politische Hofkultur, die Hofpolitik besorgt der zum Hofkanzler aufgestiegene Caspar von Schmid. Die oft erhöhten und unberechtigten Abgaben der Bauern an Staatsbedienstete missbilligt er. Statt beliebiger Scharwerksdienste – das sind unbezahlte Arbeitseinsätze – ordnet Caspar von Schmid regelmäßige Geldabgaben an. Es sind die ersten direkten Steuern, die an die bayerische Staatskasse entrichtet werden müssen.

Der gemeine Mann, die Bauern, Handwerker und die einfachen Bürger – die Mehrheit der Bevölkerung also – sind in der Vertretung der Landschaft aus grundbesitzendem Adel, Geistlichkeit und Vertretern von Städten und Märkten nicht präsent.

Angesichts der Staatsverschuldung werden die Landstände 1669 einberufen, um die Sanierung der Staatsfinanzen zu beschließen. Diese Finanzreform macht jetzt den Souverän zum Adressaten des Volkes.

Ein Jahr vor der Fertigstellung der Theatinerkirche und des Haupttrakts des Schlosses Nymphenburg brennt die halbe Residenz ab. Vor Gram ob dieses Verlustes stirbt die Kurfürstin. Bald darauf, 1679, auch Kurfürst Ferdinand Maria – erst 43 Jahre alt – im Alten Schloss Schleißheim. Nach einem 30-jährigen Krieg garantierte er, der »Pacificus«, einen 30-jährigen Frieden – ein Friedensfreund.

Bayern zwischen Frieden und Krieg: Die Lage beim Regierungsantritt des Kurfürsten Max Emanuel ist bedrohlich.

Hat der junge bayerische Kurfürst das Rüstzeug für diese schwierigen Zeiten? An Tatendrang, an Ehrgeiz und an politischen Ambitionen mangelt es ihm nicht.

Es geht nicht mehr nur um das Überleben Bayerns, jetzt steht das Überleben des »Heiligen Römischen Reiches Deutscher Nation« auf dem Spiel. Die Hauptstadt Wien im Würgegriff des türkischen Heeres: 250 000 Mann belagern die Kaiserstadt, der Großwesir Kara Mustafa plant den Generalangriff der osmanischen Großmacht auf Europa. Dem christlichen Abendland droht jetzt die Gefahr, überrannt zu werden. Eine Heldentat des 21-jährigen bayerischen Kurfürsten: Bayern hilft dem Reich, Max Emanuel dem Kaiser Leopold. Zusammen mit Karl von Lothringen, dem Polenkönig Johann III. Sobieski und Kurfürst Johann Georg III. von Sachsen marschiert er vor dem belagerten Wien auf.

An der Spitze seines 11 000 Mann starken bayerischen Heeres steht der Kurfürst und führt den Angriff der Koalitionstruppen. Mit seinen Soldaten gelingt ihm der Durchbruch. Wien ist gerettet, das türkische Heer in die Flucht geschlagen. Das war 1683. Und der Kurfürst setzt nach.

Bei der Belagerung von Ofen kämpft der gefeierte Held in den Laufgräben an vorderster Front. In der Schlacht bei Mohacz 1687 fällt das Prachtzelt des türkischen Großwesirs in bayerische Hand – zu Hause wird die Trophäe zum Ausstellungsstück, auch Waffen und ein Prunkhelm der Leibgarde.

Er bringt auch noch andere Kriegsbeute mit: Bei seiner Rückkehr nach München führt er Tausende türkischer Kriegsgefangener mit sich und – die Tochter des Kaisers Leopold, Maria Antonia.

Im Sommerfeldzug 1688 setzt der Kurfürst zum Sturm auf Belgrad an. Die Tollkühnheit des Mannes im blauen Uniformrock ist legendär, ehrfürchtig nennen ihn die Türken den »blauen Kurfürsten«. Er selbst lässt sich als »der Blitz des Krieges« feiern. 30 000 bayerische Soldaten müssen in den Türkenkriegen ihr Leben opfern.

Die Kurfürstin Maria Antonia hat als Kaisertochter Erbanspruch auf spanische Lande. König Karl II. von Spanien überträgt Max Emanuel 1691 die Statthalterschaft in den Niederlanden. Der bayerische Kurfürst zieht als Gouverneur der spanischen Niederlande in der Hauptstadt Brüssel ein, begleitet von einem Hofstaat aus 119 Personen. Von dort will der Kurfürst dem Hause Wittelsbach Weltgeltung verschaffen. Doch knapp zwei Monate nach der Geburt ihres Sohnes Joseph Ferdinand stirbt die Kurfürstin Maria Antonia am Heiligen Abend des Jahres 1692.

Und dann endlich ein Lichtblick: Der letzte spanische Habsburger, König Karl II., ist ohne Erben und vermacht in seinem Testament das spanische Weltreich dem Sohn des bayerischen Kurfürsten. Zu diesem Zeitpunkt – im Jahre 1698 – ist der Kurprinz Joseph Ferdinand erst sechs Jahre alt. Durch ihn soll Bayern ein Weltreich erben – von Kalifornien bis zu den Philippinen. Doch elf Wochen nach dem Aufsetzen dieses Testaments stirbt der kleine Kurprinz unter mysteriösen Umständen und Karl II. setzt Philipp von Anjou ein. Am 1. November 1700 stirbt der spanische König und das Universalerbe fällt somit an Frankreich. Das kann die habsburgische Linie auf dem Kaiserthron in Wien nicht dulden. So beginnt der Spanische Erbfolgekrieg. Er wird von 1701 bis 1714 dauern.

Ein kleiner Ort bei Donauwörth – Blindheim – verändert die Welt. Winston S. Churchill beschreibt in der Biografie über seinen Vorfahren John Churchill, dem ersten Herzog von Marlborough und Befehlshaber der Großen Allianz, den Verlauf des Spanischen Erbfolgekriegs. Eine Streitmacht aus 20 konföderierten Staaten Europas befindet sich im Kampf gegen Frankreich und den bayerischen Kurfürsten. Da er sich Unterstützung durch Frankreich erhoffte, scherte er aus dem Reichsverbund aus und schloss ein Bündnis mit Frankreich. Damit war das europäische Gleichgewicht gestört.

»Der Krieg breitete sich aus bis in jeden damals erreichbaren Winkel des Erdballs, und er bestimmte für immer die Grenzen fast jeden europäischen Staates«.

Und Churchill weiter:

»Seit drei Jahren war Krieg geführt worden, ohne dass eine entscheidende Schlacht geschlagen worden war.«

Bis Blindheim am 13. August 1704:

»Blindheim ist als Schlacht unvergänglich. Der Grund hierfür liegt nicht nur in der außerordentlichen Härte des einen Tag andauernden Kampfes aller Truppen und im überwältigenden Charakter des Sieges, sondern auch in der Tatsache, dass Blindheim die politische Achse der Welt veränderte.«

Und Churchill stellt fest: »Von Bayern hing alles ab.«

An diesem Tag wird der Krieg vorentschieden – in Blindheim und in Höchstädt. Der Herzog von Marlborough und Prinz Eugen besiegen die französischen Truppen unter Marschall Tallard und die bayerischen Truppen unter Kurfürst Max Emanuel.

Für die Große Allianz ein Triumph. Der bayerische Kurfürst flieht nach Brüssel, wo er das Amt des Generalstatthalters der Spanischen Niederlande innehat.

Das Kriegstheater verlagert sich nach Bayern, das von den Reichstruppen besetzt wird. Im Mai 1705 marschieren sie auch in München ein.

Die jetzt »kaiserliche Hauptstadt in Bayern« wird Sitz der Besatzungsmacht.

Max Emanuel lässt nicht nur sein Land, sondern auch seine Frau Therese Kunigunde, Tochter des polnischen Königs, und die fünf Kinder aus dieser zweiten Ehe im Stich. Der Kurfürstin, die in Venedig weilt, wird die Rückreise nach Bayern verwehrt. Die kurfürstlichen Kinder verbleiben mutterseelenallein in der Münchner Residenz.

»Bayern soll die ganze Kriegsmaschine soutenieren. Bayern soll ganz dem Krieg gewidmet sein«, so lautet der Befehl von Prinz Eugen. Er hofft, Bayern »insoweit genießen zu können, dass es künftighin dem Kurfürsten unnütz sein solle.«

12 000 bayerische Männer werden für kaiserliche Kriegsdienste zwangsrekrutiert. Dörfer werden niedergebrannt, Vieh wird beschlagnahmt, allerorten Plünderungen und Vergewaltigungen: »Öffentliche Bayerische Beicht-Bekanntnuss vor den Füssen der Kayserlichen Soldatesca.« Bayern aus der Sicht der Besatzer, Spottbilder aus Kriegstagen. In der bayerischen Bevölkerung wächst der Unmut – und der Widerstand.

15. Oktober 1705: Zum ersten Mal schlägt passiver Widerstand in aktiven um. Es beginnt in Oberbayern. An die 300 Handwerker und Bauern überfallen das Schloss Hohenburg über Lenggries, befreien dort fest gehaltene Rekruten und plündern die Waffenkammer. Am Sitz der Besatzungsmacht in München ist man beunruhigt: »Im Gebirg ist ein Aufstand ausgebrochen«, heißt es. Die Militärregierung schickt eine Strafexpedition ins Oberland. Als sie dort ankommt, wird sie von Aufständischen angegriffen und muss sich erfolglos nach München zurückziehen. Am selben Tag wird auch das Pflegamt Roding angegriffen.

Die Strafexpedition des Obristen Johann Baptist Freiherr de Wendt muss wieder losmarschieren – diesmal nach Eggenfelden. Der Offizier berichtet der Administration, dass sich die gesuchten Rekruten »lieber im Land massakrieren lassen und sterben wollten, als dass sie sich außer Landes brauchen ließen ... Lieber bayrisch sterben als kaiserlich verderben«, sei ihre Losung.

Eine explosive Mischung, die nur noch eines zündenden Funkens bedarf. Der springt in Burghausen über: Am 17. November 1705 besetzen Hunderte von Aufständischen die Hauptstadt des Rentamts. Die dortige Garnison muss die Stadt räumen. Die Aufständischen erringen einen ersten Sieg. Sie wollen die Bastionen der kaiserlichen Besatzungsmacht von innen ausheben. Wenn Burghausen fällt, fällt auch das Rentamt, und wenn das Rentamt Burghausen fällt, fällt auch ganz Bayern.

Dieses strategische Ziel verfolgt Georg Sebastian Plinganser. Er wurde nach seinem Jurastudium in Ingolstadt Beamter. Nach der Eroberung von Burghausen schlägt Plinganser sein Hauptquartier bei Simbach am Inn auf. Vor Braunau sammeln sich Aufständische unter ihrem Anführer Johann Georg Meindl, ein Philosophiestudent an der Universität Salzburg.

Aufständische ziehen jetzt Richtung Wasserburg. Ihr Kalkül: Der Ort als Brückenschlag zum Oberland. Doch de Wendt fällt ihnen am 23. November 1705 in den Rücken. 200 Aufständische werden massakriert.

Am 27. November 1705 gelingt den Aufständischen die Eroberung von Braunau. In Burghausen bildet sich eine »Gemein der Bürger und Bauern«. Sie beauftragt eine Person ihres Vertrauens, Regierungsrat Franz Bernhard von Prielmayr, mit der Führung der »ganzen Gemein der Kurlande Baiern und besonders des Rentamts Burghausen«.

Am 12. Dezember gelingt es Aufständischen unter der Führung des Metzgermeisters und Viehhändlers Matthias Kraus, Kelheim zu besetzen. Der Versuch, donauaufwärts Raum zu gewinnen, ist gelungen.

In seiner Heimat Oberpfalz ist Matthias Äegidius Fuchs der Drahtzieher. Er begibt er sich nach Braunau. Der 45-jährige Haudegen, er war schon in Höchstädt dabei, kennt als früherer Kriegskommissar die militärische Lage der kaiserlichen Besatzungstruppen in Bayern – ihre Stärken, ihre Schwächen.

In Braunau trifft er Plinganser. Beide planen einen organisierten Volksaufstand: einen Sternmarsch vom Norden, Osten und Süden nach

München, um die Landeshauptstadt und damit Bayern zu befreien. Nach genauem Zeitplan soll der Aufstand im ganzen Land entfesselt werden. Die Aktionen zwischen Unterland, Oberland und Oberpfalz werden koordiniert. In Braunau laufen die Fäden zusammen.

Von Braunau aus wird der Postmeister von Anzing, Franz Kaspar Hierner, angesprochen. Er wird auf München angesetzt und soll die Kommunikation zwischen der Hauptstadt und dem befreiten Braunau halten.

Und Hierner kehrt, wie so oft in München, beim Postmeister Christoph Brix im Tal ein. Dort trifft er den Weinwirt Georg Kittler und den Brauwirt Georg Hallmayr. Hierner zeigt ihnen einen Aufruf Plingansers. Kittlers Schwager, Johannes Jäger – Weinwirt in der Löwengrube 23 – wird hinzugezogen. Jäger war früher Leutnant der Münchner Bürgerwehr und, ebenso wie Kittler, Mitglied des Stadtrats. Die vier Münchner sagen Hierner zu, den Plan eines Volksaufstands zu unterstützen. Johannes Jäger – ein gebürtiger Tölzer – will sich auch mit den Tölzern absprechen. Braunau – München, München – Tölz, Tölz – Braunau, so der Plan, um das Oberland zu »bearbeiten«.

Inzwischen ist Matthias Aegidius Fuchs von Braunau kommend in Tölz eingetroffen. Im Weinhaus Höck, in Jägers Geburtshaus, trifft er altbekannte Gesichter aus seiner Zeit bei der kurbayerischen Armee. Im ersten Stock versammeln sich die Verschwörer. Der Volksaufstand im Oberland wird vorbereitet. Ebenso wie Hierner für München kann am 15. Dezember auch Fuchs für Tölz nach Braunau mitteilen, München und das Oberland »sind dabei«.

Die Treffen sind konspirativ: Über der Holzdecke im Weinhaus Höck verbirgt sich ein Waffenversteck.

Einen Tag später treffen sich die Münchner Jäger, Kittler und Hallmayr mit Bürgern aus Tölz in Königsdorf. Sie vereinbaren den Zeitpunkt der Befreiungsaktion der Landeshauptstadt. Als Tag X wird Weihnachten festgelegt, als Stunde Null: 1 Uhr nachts.

Das Signal aus München und Tölz erreicht Plinganser in Braunau. 3000 Aufständische rücken aus ihrem Hauptquartier bei Burghausen aus, bereit für einen Marsch nach München.

Zurück in München geht Johannes Jäger in die Hofkanzlei. In Königsdorf war er um einen Aufruf gebeten worden, mit dem das ganze Oberland zum Aufstand mobilisiert werden soll. Mit Hilfe mitverschworener Kanzlisten am Hof wird in einer Schreibstube ein Manifest verfasst und mit einem kurfürstlichen Siegel versehen. Dieses »Manifest der Kurbayerischen Landesdefension Oberland« wird eilends nach Tölz gebracht.

In Tölz ist für Freitag, den 18. Dezember 1705, zu einer »wichtigen Konferenz in Angelegenheiten des Landes« gerufen worden. Pfleger, Klosterrichter und Bürgermeister sind anwesend. Ihnen unterstehen die Landfahnen – die Gebirgsschützenkompanien.

Einer der Wortführer der »Tölzer Konferenz« ist der Pfleger von Aibling, Franz Caspar von Schmid. Er begründet den Aufstand mit dem christlichen Naturrecht auf Widerstand. Fuchs verliest das Manifest aus München. Als sie dem entnehmen, die Besatzungsmacht wolle die kurfürstlichen Prinzen entführen, ist man sich einig: »Das Tölzer Patent« ruft die Männer des Oberlands auf »sich also gleich nach Schäftlarn am 22. Dezember zu begeben«.

München, 20. Dezember 1705: Im »Franziskaner« bereiten die Verschwörer den Tag X und die Stunde Null vor: Wer, wo, wann, welche Plätze und Gebäude besetzt.

Sie planen, vor die Herzog-Max-Burg zu ziehen und den Administrator als Geisel zu nehmen.

Tags darauf, am 21. Dezember, wird der Aufstand in Braunau durch die Einberufung eines »Landesdefensionskongresses« auch politisch abgestützt. Dieses »Parlament«, wie es auch genannt wird, schafft etwas völlig Neues: Es besteht aus vier Ständen – Adel, Geistlichen, Bürgern und Bauern. »Es muss eine Gleichheit sein« heißt es. Der Kongress tagt im

Saal des Gasthofes Bräuninger. Das »Baiern-Parlament« mit 150 Mitgliedern und eine provisorische Regierung, das »Direktorium«, konstituieren sich. Hier will man jetzt selbst das Schicksal Bayerns in die Hand nehmen:

»Der Kurfürst hat sein Land verspielt, jetzt wollen wir – die Rebellen – es wieder gewinnen.«

Ein Beobachter der politischen Szene vor Ort:

»Die Erhebung geschah nicht zur Landesdefension, sondern es war dabei auf die völlige Kassierung des bisherigen Landesfürstlichen Regiments und auf die Einführung einer freien Republik abgesehen.«

Braunau wird zum politischen Aktionszentrum des »Universalaufstands«. Misserfolg und Erfolge: Kelheim ist gefallen, dafür erobern die Aufständischen die Orte Neu- und Altötting sowie Kraiburg.

An diesem 21. Dezember setzen sich im Oberland die ersten Aufständischen in Bewegung, Richtung Schäftlarn – zum Sammelplatz.

Am 22. Dezember treffen sie in Schäftlarn ein.

Das Klostergelände wird zum »kurbayerischen Feldlager«. Die zivile und militärische Führung berät sich in der Prälatur des Klosters. Die verabredete Nachricht, ob die Unterländer tatsächlich nach München kommen, bleibt bislang aus. Dann kommt sie – von Posthalter Hierner aus Anzing:

»Die Unterländer stehen noch zu Kraiburg und wollen vor Wasserburg gehen, all wo sie uns erwarten. Sie können unmöglich eintreffen, da in Anzing das Corps des General Kriechbaum eingerückt ist. Kelheim ist gefallen.«

Aus der Prälatur entfernt sich der Pfleger aus Starnberg Johann Josef Oettlinger. Er will die kaiserliche Administration in München warnen.

Trotzdem wird marschiert. Aufbruch in Schäftlarn – 24. Dezember 1705 um 12 Uhr mittags. Die Vorhut des Marsches erreicht Solln.

Gegen 22:00 Uhr erreichen die Oberländer Thalkirchen. Von dort aus ziehen 1400 Schützen Richtung Stadt. Eine Formation zieht zum Angertor. Dort postiert, soll sie den Zugang zum Sendlinger Tor, für die zunächst noch in Sendling Stehenden, absichern. Andere marschieren zum Roten Turm – der Rote Turm im Fadenkreuz des Generalaufstands.

Hier entscheidet sich in den nächsten Minuten das Schicksal der Stadt und des Landes.

Die Schützen erreichen den Roten Turm. Es ist still in dieser Heiligen Nacht. Jetzt der Glockenschlag vom Alten Peter. Es ist 1 Uhr nachts.

Doch statt eines verabredeten Raketensignals fallen Schüsse vom Roten Turm. Die Aufständischen schießen zurück. Sie erobern den Roten Turm und kämpfen sich zum Isartor vor. Auch von dort wird geschossen. Die Schützen werden zurückgedrängt – bis zum Roten Turm. Dort hören sie Kanonenschläge vom Gasteig. »Die Unterländer sind da!«, rufen sie.

Aber es sind nicht die Unterländer. Die Armee Kriechbaum ist da – mit 4000 Mann. Sie schneidet den Oberländern den Rückweg ab, zwingt sie, entlang der Stadtmauer Richtung Angertor zu fliehen. Dann sprengt die kaiserliche Kavallerie durch das Sendlinger Tor. Eine erbarmungslose Verfolgungsjagd – bis nach Sendling. Dort waren tausend Flüchtende zu den hier verbarrikadierten 1200 Mann gestoßen. Die kaiserliche Armee umzingelt sie. 2200 Eingeschlossene. Die Armee nimmt Aufstellung. Eine Trommel schlägt »Chamade« – das Zeichen der Ergebung. Dann das Kommando: »Feuer!« Die Aufständischen werden immer enger zusammengetrieben. Und noch zwei Mal kommt der Befehl: »Feuer!«

Es ist keine Schlacht mehr, es ist ein Schlachten – die »Mordweihnacht« in Sendling. Das Jagen und das Morden gehen weiter. An die 2000 Mann müssen hier in Sendling ihr Leben opfern.

Die Nachricht vom Massaker erreicht das Oberland. Der Jüngste unter den Opfern ist 12, der Älteste 80 Jahre alt. Das Durchschnittsalter beträgt um die 25 Jahre – ein Aufstand der jungen Generation. Das Weihnachtsfest – ein »Schwarzer Freitag«.

»Will man sagen, man habe die Soldaten nicht mehr innehalten können und man hätte sich solchen Unfall nicht eingebildet, so hätte man dies vorher mehr überlegen und sein Wort den mit Rachgierigkeit entzündeten Kriegsgurgeln nicht so führeilend geben sollen. Ein General ist, weil er den Degen an der Seite trägt, eben nicht der Meister über Leben und Blut der Menschen.«

So der Augenzeuge, Pfleger Franz Caspar von Schmid aus Aibling, zur Not im Land. Er ist ein Sohn des früheren Hofkanzlers Caspar von Schmid. Angesichts der Totenlisten klagt er die Kaiserlichen an:

»In wenigen Stunden wird ein volkreiches Revier seiner Einwohner beraubt, mit toten Leibern angefüllt und wie eine verlassene Insel in einem Fluss aus lauter Blut umgeben. So viel Weiber rufen nach ihren Ehemännern und so viel arme Waisen schreien nach ihren Vätern, die doch keine Stimme mehr haben, Antwort zu geben ...«

Pferdegespanne karren Verwundete durch das Neuhauser Tor. Bei der Michaelskirche, vor dem Jesuiten-Gymnasium, werden Schwerverwundete von den Wagen heruntergezogen, über den Boden geschleift und liegen gelassen. Laut Anweisung: »Pro terrore« – zur Abschreckung, drei Tage lang.

Unter der Deckadresse »Kaufmann Ancillon, Brüssel« laufen in der Hauptstadt der Spanischen Niederlande Informationen aus dem Brennpunkt Bayern ein – in Form eines Geheimcodes, der aus 100 Zahlen besteht. Dort werden sie dechiffriert und Max Emanuel vorgelegt.

Seine einzige Sorge:

»Ob man vielleicht ein freies Land wie die Schweiz daraus machen wolle?«

München, 28. Dezember: Im Falkenturm, dem Stadtgefängnis, Verhöre. Erste Ergebnisse gehen an die Administration:

»Die eingeschickten Schriften sind all so gestellt, dass daraus leicht abzunehmen ist, dass sie von keinem gemeinen, sondern im Schreiben, in Staats-, Kriegs-, Regierungs- und ökonomischen Sachen ebenso erfahrenen als boshaften Leuten aufgesetzt sind.«

Entsetzt berichtet Graf Löwenstein nach Wien: »Dieses Komplott war so gefährlich« für die Administration, da ihr der Boden unter den Füßen weggezogen werden sollte.

Der Kaiser antwortet prompt: »Wir verspüren dabei aus allen Umständen, dass in diesem Aufstand mehr andere Leute als das bloße Bauernvolk verwickelt sind ...«

Doch der Aufstand geht weiter.

Schauplatz Oberpfalz: Ein Kaplan kommandiere das unruhige Volk, heißt es. Es ist Florian Sigmund Maximilian Miller, Pfarrer von Beruf und Adeliger von Geburt.

Mit der Einnahme von Cham eskaliert der Aufstand in der Oberpfalz. So war es abgesprochen: erst München, dann die Oberpfalz.

Die Reichstruppen sollten hier gebunden werden. Die Oberpfalz ist das militärische Revier des Oberst d'Arnan. Er warnt die Administration:

»Hieraus könnte ein unauslöschliches Feuer und die größte Gefahr für Böhmen und Österreich, sowie eine Konjunktion mit den ungarischen Rebellen entstehen.«

Nach achttägiger Ruhepause gibt General Kriechbaum am 2. Januar 1706 seinen Truppen neuen Marschbefehl. In Eilmärschen erreichen sie am 6. Januar Eggenfelden.

Im Bairischen Parlament in Braunau beschließt die «Gesamtföderierte Gemein des Landes Ober- und Unterbayern« ein Generalaufgebot.

Von Braunau aus will man den verlorenen Brückenkopf Vilshofen zurückgewinnen.

Die Aufständischen sind unterwegs in Richtung Vilshofen. In Aidenbach wollen sie Quartier machen. Was sie nicht wissen: Die kaiserliche Armee Kriechbaum marschiert auf und nimmt bei Aidenbach die Aufständischen in die Zange.

Ein Augenzeuge:

»Dieses Massakrieren hat in einem continuo ungefähr von halb zwölf mittags bis gegen vier Uhr abends gedauert. Also war diese Niederlage der am Christtag bei München vorausgegangenen weit überlegen. Von dem Markt Aidenbach aus sind Felder und Wiesen fast eine Stunde weit häufig mit Toten überstreut.«

14 Tage nach Sendling – 4000 tote Aufständische bei Aidenbach.

Am 17. Januar fällt Braunau, das strategische Zentrum. Und am 18. Januar Burghausen, das politische Zentrum des Volksaufstandes.

Es ist das Ende des »Bayernparlaments« und der »Gesamtföderierten Gemein des Landes Ober- und Unterbayern«.

Der Administrator Graf Löwenstein informiert den Kaiser:

»Nachdem von diesem Gesindel bei Sendling und Aidenbach, auch bei Wiedergewinnung von Kelheim, Vilshofen und anderen Orten und in verschiedenen Scharmützeln gegen 10 000 Mann massakriert worden, haben sie kein corpo mehr zu Felde ... Von dem Kurprinzen kommt herbei ein alleruntertänigster Neujahrswunsch ...«

30. April 1706, München. Unter der Mariensäule verkündet ein Herold die Reichsacht über Max Emanuel. Das Kurfürstentum wird aufgehoben. Die ersten Aufständischen werden hingerichtet. Aus Brüssel schreibt ein Mann an seine Frau in Venedig:

»Ich kenne nicht einmal die Häupter des Aufstands und weiß nicht, wer das Ganze in Szene setzte. Von Seite der Aufständischen ist auch nichts an mich gekommen. Ich weiß von nichts und betrachte den Handel als aussichtslos ... Warum sind sie hinausgegangen, diese Narren?«

Drei Tage später werden unter starken Sicherheitsvorkehrungen die Kurfürstenkinder aus der Residenz geführt. Man sagt ihnen, es ginge zur »Recreation« nach Dachau. Sie werden nach Klagenfurt verbracht, in »kaiserlichen« Schutz.

Im selben Monat Mai verliert Max Emanuel in der Schlacht von Ramillies die Spanischen Niederlande und Brüssel. Der »Kurfürst ohne Land«, Familie und Geld findet Exil am Hof Ludwigs XIV.

Am 7. September 1706 dann die Schlacht bei Turin. Frankreich verliert drei Armeen. Feldmarschall des Reiches wird Prinz Eugen. Wien betreibt jetzt den Anschluss Bayerns. Der Spanische Erbfolgekrieg geht im März 1714 mit Abschluss eines Friedensvertrags in Rastatt zu Ende. Max Emanuel will Bayern gegen ein Königreich Niederlande eintauschen. Frankreich und Preußen sind gegen eine Auslieferung Bayerns. Am 10. April 1715 kehrt der Kurfürst nach München zurück. Wiedervereinigung mit seiner Familie und Bayern – nach elf Jahren.

Das ist die Geschichte der bayerischen Staatslegende.

Es war weit mehr als ein Bauernaufstand, auf den die kaiserliche Politik in Wien die Vorgänge herunterspielte. Es war ein Volksaufstand, an dem alle gesellschaftlichen Schichten beteiligt waren.

Votivtafeln dokumentieren die »Sendlinger Mordweihnacht«. Die »bei der Revolution vor München« Gefallenen werden aufgezeichnet.

Bayern zählte damals etwa eine Million Einwohner. Um die 100 000 hatten mit dem Aufstand zu tun, etwa 40 000 waren zum Sternmarsch nach München aufgerufen und weit über 10 000 Menschen starben als Opfer dieses Aufstands, der nicht nur Bayern erschütterte.

Seine Rückkehr hat der Kurfürst dem bayerischen Volk zu verdanken. Die kaiserlich-habsburgische Anschlusspolitik war zu riskant und damit zur Gefahr für das europäische Gleichgewicht geworden. Den Aufständischen gebührt nicht nur das Verdienst, dass sie im Zeitalter der Großen Revolutionen ein erstes Zeichen setzten, sondern auch, dass Bayern als eigenständiger Staat auf der politischen Landkarte erhalten blieb.

Seine Träume von einer Weltmacht wollte Max Emanuel in Bauwerke formen. Ganz früh schon, bald nach seinem Regierungsantritt, hatte er seinen Hofbaumeister Enrico Zuccalli nach Paris geschickt. Er ließ ihn mehrmals nach Brüssel kommen. Es ging um das Projekt Nymphenburg. Max Emanuel schwebte eine Anlage europäischen Zuschnitts vor. Je zwei, beiderseits den Mittelbau flankierende Wohntrakte wurden hochgezogen und im Mittelbau aus den Fassaden, zwei übereinander liegende Reihen großer Rundbogenfenster, aufgebrochen.

Max Emanuel tat es seinem Vater gleich: Anlässlich der Vermählung mit der Kaisertochter ließ er ein Schloss für Maria Antonia, seine erste Frau, bauen. Eine »Ile de Cithère«, eine Insel der Glückseligkeit, als Hochzeitsgeschenk – Schloss Lustheim. Statt der Umbauung von Luftschlössern reift dann die Idee, zwischen dem Alten Schloss und Lustheim ein Neues Schloss zu bauen.

Ein bayerisches Versailles soll es werden.

Doch es wird gepfuscht: Die 1702 zu hastig hochgezogene Fassade zu den Gärten hin hat kein ausreichendes Fundament, sie stürzt ein. Man behilft sich und baut niedriger.

Durch den Spanischen Erbfolgekrieg bleibt der Hauptbau 15 Jahre als Baustelle liegen.

Nach dem Krieg und nach seiner Rückkehr nach Bayern werden Max Emanuels Bauvorhaben zu Ende geführt. Über das Treppenhaus erreicht man die Säle, die an seine Heldentaten erinnern. Damals, als Max Emanuel als »blauer Kurfürst« mit seinen Bayern das Abendland rettete.

Neben Schleißheim baut jetzt Hofbaumeister Joseph Effner auch in Nymphenburg weiter. Die Gemächer Max Emanuels im Hauptbau und im weitläufigen Schlosspark die Pagodenburg und die Badenburg.

Ein Kupferstecher namens Michael Wening wirbt in einem Brief an den Kurfürsten Max Emanuel um ein Projekt. Er will in einer »Historico Topographica Descriptio« Bayern darstellen vor aller Welt:

»Es hat seit achtzehn Jahr das Lob der siegreichen Waffen des bayerischen Namens zwei ganze Welt-Teil – nämlich Europa und Asia – dergestalten angefüllet, dass die Völker derselben mit großer Begierd eine begründete Wissenschaft zu haben verlangt, ob dieses Land eine neu entdeckte Provinz, und die darin herrschenden Fürsten aus dem uralten, so genannten Riesengeschlecht herstammen? ... Dies hat dann Anlass gegeben, allenthalben von Städten, Märkten, Klöstern und Schlössern, Kirchen und Palästen Urkunde, Abriss und Beschreibung einzuholen, folgends auch den Grabstichel in die Hand zu nehmen, um der Welt fürzustellen, was in diesem Land Ruhmwürdiges könnte zu sehen und zu hören sein ...«

Max Emanuel erteilt Wening den Auftrag mit der Auflage, vierteljährlich zu berichten, was er »gearbeitet und vollendet« habe.

Im November 1696 macht sich der 51-jährige Michael Wening auf einen beschwerlichen Weg. Mit dem Patent weist der »gnädigste und zuverlässige« Befehl des Kurfürsten an, »genannten Wening nicht nur in der Delineation« – der Aufzeichnugung der Objekte – »keinen Einhalt und keine Hinderung zu tun, sondern vielmehrers allen fördersamen Willen zu erzeigen« wie auch ihn »die kurze Zeit, die er zu tun hat, nit nur die nötige Kost gratis zu verabreichen, sondern ihn auch von einem Ort zum andern ohne Entgelt zu führen oder reiten zu lassen ...« Die Hofkammer verschickt sogar einen eigens gedruckten Fragenkatalog in die betreffenden Orte voraus.

Doch schon in Dachau muss Wening feststellen, dass der Fragenkatalog nicht beantwortet war. Die Hofkammer ist weit, der Kurfürst noch weiter weg. Michael Wenings Arbeitspensum ist immens. In den ersten drei Monaten – mitten im Winter – nimmt er 131 Orte auf. Die Arbeit im Rentamt München bewältigt er in fünf Monaten. Eigentlich wollte er pro Jahr einen Band herausgeben, doch erst nach fünf langen Arbeitsjahren – im Herbst 1701 – erscheint der erste von vier Bänden: das Rentamt München. Michael Wening dokumentiert umfassend und exakt den Zeitabschnitt, in dem Bayern sein Gesicht veränderte – die Zeit des Barock. Das große Bauen hatte begonnen:

Kloster Schäftlarn, die Turmhauben – da noch nicht fertig – werden nach Wenings Phantasie skizziert.

Kloster Niederaltaich, 741 von dem Bayernherzog Odilo gegründet.

Kloster Rottenbuch, mit zwei Ansichten: einmal der tatsächliche Bau und ein Idealplan. Die Augustiner-Chorherren haben auf Wening Druck ausgeübt: Er solle das Kloster so darstellen wie sie es sich in ihrer Phantasie vorstellten.

Kloster Fürstenfeld, das Giovanni Antonio Viscardi im Barockstil erweitert.

Kirche und Klöster sind wirtschaftlich autark. Ihnen gehört die Hälfte allen Grund und Bodens sowie über die Hälfte aller Bauernhöfe. Nirgendwo im Reich gibt es so viele Klöster wie in Altbayern. Und nirgendwo anders stecken die Prälaten in ihre Baulust, ja Bauwut, mehr Geld. Barock wird zum Sinnbild bayerischer Lebenskultur. Und prägt Lebensläufe: Die bayerischen Künstler – Stukkateure, Maler, Maurer, Bildschnitzer – stammen aus alten Handwerker- und Bauerngeschlechtern.

Die Brüder Asam gestalten allein in Altbayern etwa 30 Kirchen.

Barock zu Rokoko verfeinert: die Klosterkirche von Weltenburg. Von der Kuppel aus betrachtet Cosmas Asam sein Werk, das er zusammen mit seinem Bruder Egid Quirin Asam schuf.

Durch ihren überwältigenden Erfolg konnten sich die Brüder Asam ihre eigene Privatkirche leisten, die »Asamkirche« in München.

Im Inntal bei Brannenburg steht der elterliche Hof der Gebrüder Dientzenhofer.

Die fünf Brüder ziehen von hier in die Welt hinaus und bauen Kirchen, Klöster und Schlösser.

Schloss Weißenstein bei Pommersfelden wird zum barocken Meisterwerk des Johann Dientzenhofer.

»Die Wies«, das Kirchenjuwel Oberbayerns. Dominikus Zimmermann erbaut die Wallfahrtskirche, eine Pforte zum Himmel: »Adorate Dominum in Atrio Sancto« (»Betet Gott in seinem Vorhof an«). Das Deckenfresko wird von seinem Bruder Johann Baptist Zimmermann gestaltet.

Handwerker schaffen den Himmel auf Erden.

Aus Burglengenfeld in der Oberpfalz stammt Johann Michael Fischer.

Er baut, wie sein Grabstein an der Münchner Frauenkirche aussagt, 32 Kirchen und 23 Klöster, u. a. das Reichsstift Ottobeuren, St. Michael in Berg am Laim bei München und Dießen am Ammersee.

Wo Wening auch hinkommt, tritt er auf Kirchenumbauten und Klosterneubauten – Bayern als Großbaustelle. Sommer wie Winter ist er unterwegs.

1701 bereist Wening die Rentämter Burghausen und Landshut.

Die Besetzung Bayerns in der Zeit des Spanischen Erbfolgekriegs und des Volksaufstands verzögert die Fertigstellung. Diese Notjahre bringen ihn an den Rand des Ruins, eine Zeit, wo er glaubt »schier krepieren zu müssen«.

Statt vier Jahre dauert das Werk 30 Jahre. Die Bände über die Rentämter Burghausen, Landshut und Straubing erscheinen erst nach seinem Tod. Die »Historico Topographica Descriptio« erscheint 1726, es ist das Todesjahr des Auftraggebers Kurfürst Max Emanuel.

Wenn schon der Vater nicht selbst König von Bayern werden konnte und sein erster Sohn nicht König des spanischen Weltreichs, so sollte doch sein zweiter Sohn Kaiser des »Heiligen Römischen Reiches Deutscher Nation« werden.

Karl Albrecht, der Sohn aus zweiter Ehe, wird mit 29 Jahren sein Nachfolger. Mit Blick auf künftige Erbansprüche auf das Habsburg-Imperium hatte noch Max Emanuel bei Bankhäusern riskante Kredite aufgenommen, um seinen Sohn mit der Habsburger Kaisertochter Maria Amalie zu verheiraten.

Die Hochzeit bringt ein neues Bauwerk in den Nymphenburger Park: In guter Familientradition lässt auch Karl Albrecht seiner Gemahlin zwar kein Schloss, aber immerhin ein Lust- und Jagdschlösschen bauen. Entworfen hat es François Cuvilliés, die Innenausstattung gestaltete Johann Baptist Zimmermann. Der Spiegelsaal in seinem Farbenspiel wird zum schönsten Rokoko-Raum in Deutschland. Rokoko – nach einer großen Kraftaufwallung eine letzte Entfaltung …

Ob sich die Kreditaufnahme lohnt, wird sich jetzt zeigen. Die Chancen auf ein großes Erbe stehen in der Tat gar nicht so schlecht. Der Habsburger Kaiser Karl VI. hat keinen männlichen Nachkommen.

Die Ehe mit der Kaisertochter Maria Amalie soll dem bayerischen Kurfürsten die Kaiserwürde bringen.

Karl Albrecht setzt zum Höhenflug an und sucht seine Chance. Nach dem Tod des Habsburger Kaisers Karl VI. soll dessen älteste Tochter, Maria Theresia, sein Erbe antreten – ein Novum. Der Vater hatte dies in der »Pragmatischen Sanktion« festgelegt. Aber der bayerische Kurfürst verweist als Schwiegersohn und Schwager auf alte Erbfolgerechte. Der Österreichische Erbfolgekrieg beginnt.

Abgesichert durch eine Allianz mit Spanien, Frankreich, Preußen, Kursachsen und den verwandten Kurfürsten in Köln und in der Pfalz wird nach Oberösterreich Böhmen zum Kriegsschauplatz. Als Prag fällt, wird Karl Albrecht von den Ständen gehuldigt und zum böhmischen König gekrönt. Der Weg zur Kaiserkrönung ist damit frei. Mit einer Prunkkutsche zieht der Wittelsbacher nach Frankfurt. Die Krönung zum Kaiser am 12. Februar 1742 ist für Karl VII. Albrecht ein schwerer Tag:

»Meine Krönung ist gestern vor sich gegangen, mit einer Pracht und einem Jubel ohne gleichen, aber ich sah mich zur gleichen Zeit von Stein- und Gichtschmerzen angefallen, krank, ohne Land, ohne Geld, kann ich mich wahrlich mit Jop dem Mann der Schmerzen, vergleichen«.

Vorahnungen, von dem, was da kommt? Wenige Tage nach der Kaiserwahl marschieren österreichische Truppen in Bayern ein. München wird besetzt.

Drei lange bittere Jahre – Angst und Schrecken für die Bevölkerung, wie 40 Jahre zuvor, damals, als Bayern 1705 besetzt wurde. Erst ein Bündnis mit Preußen macht eine Rückkehr Karl Albrechts nach München im Oktober 1744 möglich.

Das Schicksal Bayerns steht zum zweiten Mal in seinem Leben auf dem Spiel. Da stirbt am 20. Januar 1745 – gerade 47 Jahre alt – Karl Albrecht im Schloss Nymphenburg, der zweite und letzte Wittelsbacher auf dem Kaiserthron.

Er wird in die Theatinerkirche überführt – zur Grablege in der Fürstengruft. Die Ambitionen der Wittelsbacher auf die Kaiserkrone sind endgültig begraben. Der letzte Anlauf zur Großmacht wurde zum Sturzflug.

Wie es den neuen Wittelbacher Kurfürst Max III. Josef getroffen hat, zeigt der marode Zustand seiner Hauskronen. Für Kronjuwelen war in diesen Zeiten kein Geld da. Der junge Kurfürst muss im Sonderfrieden von Füssen auf jeden Habsburger Erbanspruch verzichten und bei der Kaiserwahl für Habsburg stimmen.

Nach Bayerns Ausflügen in die Weltpolitik und in die kontinentale Politik braucht das Land jetzt Zeit, um sich zu regenerieren und innerlich zu festigen: Durch den Juristen und Staatskanzler Wiguleus Freiherr von Kreittmayr lässt Max III. Josef Jahrzehnte vor Preußen eine Justizreform durchführen: ein neues Landrecht, ein neues Kriminalrecht und eine neue Gerichtsordnung.

Eine »Churfürstliche Porcelain-Fabrique« zieht im Nymphenburger Schlossrondell ein. Das weiße Gold sollte Geld in die leere Staatskasse bringen. Für diese Manufaktur formt der aus dem Tessin stammende Modelleur Franz Anton Bustelli seine Beobachtungen der Rokoko-Zeit.

François Cuvilliés wird mit dem Bau eines neuen Opernhauses beauftragt, das direkt an die Residenz angrenzt. 1751 bis 1753 wird das schönste Rokoko-Theater der Welt gebaut. Die Innenausstattung stammt von Johann Baptist Straub.

Für den Münchner Hof schreibt Wolfgang Amadeus Mozart sein Jugendwerk »Die Gärtnerin aus Liebe«. Es wird 1775 in seiner Gegenwart im Cuvilliès Theater uraufgeführt. Gerne hätte er hier gearbeitet, doch Max III. Josef bedauert: »Mein Kind, wenn nur eine vaccatur wäre …«

1777 stirbt Max III. Josef im Alter von 53 Jahren in der Residenz. Dem von Vater und Großvater ruinierten Land Bayern sicherte er eine Erholungszeit von fast 30 Jahren.

Er findet in der Wittelsbacher Familiengruft in der Theatinerkirche seine letzte Ruhe. Er hatte keinen Erbprinzen und war damit der letzte Kurfürst aus der altbayerischen Linie der Wittelsbacher. Nach dem Spanischen und dem Österreichischen droht jetzt ein Bayerischer Erbfolgekrieg.

Die erste Fotografie in Deutschland – die Münchner Frauenkirche

8
Im Zeitalter Napoleons

Ein Familientreffen an einem Sommertag: das »Konversationsstück«.

Die Erinnerung daran war dem Kurfürsten wichtig, er ließ es 1760 von Peter Jakob Horemans malen und platzierte es im Audienzzimmer des Schlosses Nymphenburg: das private Nachmittagsvergnügen im kurfürstlichen Familienkreis. Eine Gartengesellschaft mit 32 Darstellern, die sich anlässlich des Aufenthalts der kursächsischen Familie des Kurprinzen Friedrich Christian für ein Gruppenbild versammelt.

Mitten unter ihnen Kurfürst Max III. Joseph von Bayern beim Kartenspielen und Kurfürst Clemens August von Köln, er spielt die Viola da gamba.

Ein Mann mit vielen Gesichtern. Clemens August ist Erzbischof und Kurfürst von Köln. Seit bald 200 Jahren besetzen die Wittelsbacher diese geistliche Kurfürstenstelle am Rhein. Clemens August war der vierte Sohn des Kurfürsten Max Emanuel und hatte gemäß der Haus- und Hofordnung der Wittelsbacher das geistliche Amt übernommen, das auch politisch bedeutend ist. Mit Clemens August geben die Wittelsbacher der Region am nördlichen Rhein und Westfalen Gestalt und Tradition.

Was er will, hat Clemens August plastisch vor Augen – eine Pracht, wie sie die Fürstbischöfe von Schönborn in Auftrag gegeben haben, die Residenz in Würzburg.

Vor allem fasziniert ihn das Treppenhaus, geschaffen vom Barockbaumeister Balthasar Neumann. Darüber ein Deckengemälde mit der Darstellung der Erdteile von Giovanni Battista Tiepolo.

Balthasar Neumann arbeitet 42 Jahre lang für die Fürstbischöfe von Würzburg, um ihre Residenz fertig zu stellen.

Im Schloss Augustusburg, der Lieblingsresidenz des Kurfürsten Clemens August, ist gerade das Treppenhaus das Problem und Neumann soll es lösen.

Der Würzburger Fürstbischof beurlaubt seinen Baumeister für diese Aufgabe.

Neumann, der gelernte Büchsenmacher aus Eger, wurde bald Fähnrich in der fürstlichen Leibkompanie, Stadtplaner und Baumeister.

Tiepolo hat den Artilleriemajor Neumann an den unteren Rand seines Gemäldes Europa gesetzt.

Neumann berät, entwirft und baut für Clemens August im Schloss Augustusburg in Brühl und in Poppelsdorf bei Bonn.

Bei einem seiner Besuche trifft Neumann den Kurfürsten im Januar 1745 etwas »retiré« an, er hatte eben vom Tod seines Bruders Karl Albrecht erfahren, den er in Frankfurt zum Kaiser gekrönt hatte.

Als Kurfürst Clemens August 1761 stirbt, können die Wittelsbacher keinen Nachfolger stellen. Nach 200 Jahren verlieren sie die geistliche Kurfürstenstelle in Köln am Rhein.

Und nicht nur das: Die altbairische Linie der Wittelsbacher, das Erbe Ludwigs des Bayern, steht jetzt »auf zwei Augen«.

Doch Ludwig der Bayer hatte vorgebaut – 1329 im Erbvertrag von Pavia vor fast 500 Jahren; damals, als Kaiser Ludwig die Rheinpfalz und die Oberpfalz an den Pfalzgrafen Rudolf und seine Erben abgetreten hatte, aber auch besiegelte, dass wenn eine Linie ausstirbt, die andere erbt.

Genau das Herzogtum, das als Ausgleich nach dem Landshuter Erbfolgekrieg 1505 um Neuburg an der Donau herum, Pfalz-Neuburg mit seiner Residenzstadt, für den Pfalzgrafen Ottheinrich geschaffen wurde, ermöglichte das Überleben der Linie.

Diese Neue Pfalz ist im Erbe jetzt vereint mit der Alten Kurpfalz, mit dem Herzogtum Pfalz-Sulzbach, mit den Herzogtümern Jülich und Berg sowie mit der Markgrafschaft Bergen op Zoom in den Niederlanden.

Die Hoffnung, das Haus Wittelsbach in Bayern zu erhalten, ruht auf dem pfälzischen Kurfürsten Karl Theodor, dessen Urahn Ottheinrich Pfalzgraf von der Jungen Pfalz war. Durch Erbfälle hat Karl Theodor insgesamt sechs Länder auf sich vereinigen können.

Die kurpfälzische Stadt Mannheim ist Karl Theodors Hauptresidenz, das Lustschloss Schwetzingen seine Sommerresidenz. Der bayerische Kurfürst Max III. Joseph und Karl Theodor vereinbaren hier die letzten Dinge: das Erbe der Wittelsbacher, wenn eine der Linien ausstirbt; denn Max III. Joseph hat keinen männlichen Erben.

Im Falle des Todes des einen bekräftigen sie im »Erbverbrüderungsvertrag« die Zusammengehörigkeit des Hauses Wittelsbach und seiner Gebiete. Sie verweisen darin ausdrücklich auf den 1329 geschlossenen Hausvertrag in Pavia.

Am 30. Dezember 1777 tritt der Erbfall ein.

Drei Tage später ist der Kurpfälzer Karl Theodor bereits im Schloss Nymphenburg und nimmt Besitz vom Kurfürstentum Bayern.

Karl Theodor ist jetzt Herr der sieben Länder. Dieses siebte wird er schon bald genauer kennen lernen.

Nach fast 500 Jahren sind die beiden Wittelsbacher Kurfürstentümer wieder vereint. München wird zur Hauptresidenz, das Überleben des Hauses Wittelsbach ist gesichert – eine neue geopolitische Größe in Europa.

Doch die Übersiedlung vom Rhein zur Isar empfindet Karl Theodor als Verbannung.

Gleich zu seinem Regierungsantritt wird er in ein Kriegstheater hineingezogen. Kaiserin Maria Theresia hatte im Siebenjährigen Krieg Schlesien an Preußens König Friedrich II. verloren. Das Kaiserhaus Habsburg erhebt jetzt Erbansprüche auf die altbayerischen Kurlande und besetzt im Januar 1778 die Oberpfalz und Niederbayern.

In Geheimverhandlungen bietet Karl Theodor Wien das ganze Bayern an. Im Tausch dafür will er die habsburgischen Niederlande. Und den Königstitel – als Regent eines großen Rheinstaates mit Sitz in Brüssel.

Zehn Jahre lang betreibt er diesen Plan. Als er ruchbar wird, erhebt sich Widerstand. Auch beim Vetter, dem Wittelsbacher Herzog Karl August von Zweibrücken, der angesichts dieses Ausverkaufs um die Zukunft seines Hauses bangt. Er appelliert an den Reichstag in Regensburg und bittet den preußischen König um Amtshilfe.

Der preußische König Friedrich II. mahnt »die Aufrechterhaltung der deutschen Reichsverfassung« an. Um Wien in die Schranken zu weisen, marschieren preußische Truppen in Böhmen ein.

Je nach Jahreszeit und je nachdem, wo sich das Kriegsgeschehen gerade hinverlagert hat, geben die Gegner diesem »Bayrischen Erbfolgekrieg« verschiedene Namen: In Preußen heißt er »Kartoffelkrieg« und bei der österreichischen Armee des Kaisers Joseph II. »Zwetschgenrummel«.

Dieser Kampf um Bayern führt zwar nicht zu einer militärischen, doch schließlich zu einer politischen Entscheidung. Im Frieden von Teschen 1779 muss Bayern das Innviertel an Österreich abtreten. Wien zieht seine Truppen zurück. Friedrich II. hat die Annexion Bayerns durch Österreich verhindert und Bayern gerettet.

In vielen bayerischen Bauernstuben hängt jetzt im Herrgottswinkel unterm dem Kreuz neben der Mutter Gottes aus Dankbarkeit das Bild des Preußenkönigs Friedrich II.

Doch trotz dieser Leviten von außen kann Bayerns Kurfürst in seinem Innern den Traum eines Königtums am Rhein nicht verdrängen, bis 1789 ein Donnerschlag die Geschichte der Welt einschneidend verändert – die Revolution in Frankreich.

Eigentlich ist Karl Theodor ein kultivierter, ideenreicher Kurfürst. Auch Voltaire pries die Kultur am »Mannheimer Hof«.

Doch hier schimpft der bayerische Volksmund Karl Theodor und seinen Hofstaat als »Mannheimer« oder »Überrheiner«. Pfälzische Künstler vom Rhein folgen ihm an die Isar: wie der Kunstmaler Ferdinand Kobell und dessen Sohn Wilhelm.

Auch die Quaglios kommen: Giuseppe mit seinen Söhnen Domenico und Lorenzo. Sie machen sich ein Bild von der Stadt.

Im kurfürstlichen Jagdrevier entlang der Isar bis zu den Militärgärten am Hof, wo bayerische Armeesoldaten Kleingärten besitzen, soll ein großer Garten entstehen. Ein »Volksgarten« soll es werden. Im Jahr der Französischen Revolution schenkt der Kurfürst dem Volk einen Garten, der »zum allgemeinen Gebrauch als öffentlicher Spaziergang dienen soll.« Eine revolutionäre Idee.

Das Militär sollte für den Verlust der Kleingartenanlagen entschädigt werden. Die Offiziere bekommen ein Kasino im englischen Kolonialstil – das Rumfordhaus.

Den Anstoß gab ein Amerikaner in München, Benjamin Thompson, geboren in Massachusetts, seit 1784 bayerischer Offizier. Im Rang eines Generalleutnants reorganisiert er die bayerische Armee, wird Staatsrat sowie Kriegsminister und schließlich als Graf Rumford in den Adelsstand erhoben. Er unterbreitet dem Kurfürsten den Plan »... das Interesse der Zivilbevölkerung zu vereinen und die Militärmacht auch in Zeiten des Friedens dem allgemeinen Wohl des Volkes dienstbar zu machen« und dafür einen großen Garten anzulegen.

1789 – ein halbes Jahr vor der Französischen Revolution – werden die Arbeiten aufgenommen.

Der Garten soll als öffentliche Anlage zugänglich sein, »... dass sie den Menschen zur Bewegung und Geschäftserholung, zum Genuss der freien gesunden Lebensluft und zum traulichen geselligen Umgang und Annäherung aller Stände diene«.

Auch eine »Thierarzneischule«, die Veterinäranstalt, wird am Garteneingang errichtet.

Für die Landschaftsgestaltung und die Gesamtplanung holt man aus Schwetzingen den Gartenarchitekt Friedrich Ludwig von Sckell. Er hatte in Frankreich und England Gartenbau studiert und plante die Anlage nicht im geometrischen Stil des französischen Gartenbaus, sondern im Stil eines Englischen Gartens nach dem Vorbild der freien Natur.

Ebenso nach der Mode der Zeit wird ein Chinesischer Turm errichtet, dann das Ökonomiegebäude und zur Restauration eine Schwaige, vielleicht mit der Rumford-Suppe auf der Speisekarte, die Eintopf-Erfindung aus Kartoffeln, Erbsen und Gerste des Grafen Rumford. Innerhalb des Gesamtgeländes legt man auch landwirtschaftliche Mustereinrichtungen an: Eine Ackerbauschule, eine Baumschule und eine Schäferei. Bald erstreckt sich der Englische Garten über die Hirschau hinaus bis zum Aumeister, wo das Aujägermeisterhaus errichtet wurde. Der Garten ist dann fünf Kilometer lang und bis zu einem Kilometer breit.

Bereits am 1. April 1792 wird der Englische Garten der Öffentlichkeit übergeben.

Ein genaues Bild vom Leben jener Münchner Stadtmenschen schildert Lorenz Westenrieder auf 430 Seiten: »Beschreibung der Haupt- und Residenzstadt München im gegenwärtigen Zustande.« Es ist das München von 1782, eine Stadt mit 40 379 Einwohnern, die er charakterisiert.

»Von dem üblichen Karakter der Eingeborenen« heißt ein Kapitel.

»Der Bürger trägt blaue, graue und weiße baumwollene Strümpfe und lederne Beinkleider ... Die Bürgersfrauen tragen gewöhnlich etliche

Unterröcke, deren äußerste vom Landzeug, oft auch vom feinsten Tuch oder Seid. Dazu kommt noch ein Fürtuch. Dann ein Oberkleid oder Mieder.«

Westenrieder notiert die gängigen Münzen, Maße und Gewichte sowie die »Viktualien-Preise«. Detailliert beschreibt er die Gebäude des Alten Hofes.

Als Sohn eines Münchner Kornhändlers wuchs Lorenz Westenrieder zwischen dem Alten Peter und dem Isartor auf. In der Frauenkirche wurde er zum Priester geweiht und bald zum Sekretär der »Bairischen Akademie der Wissenschaften« berufen, die 1759 in der Burgstraße gegründet worden war und deren Geschichte er verfasst. Er beliebt zu kokettieren, wenn er sich als der »griesgrämigste Akademiesekretär von ganz Europa« sieht.

Er ist keineswegs ein Akademiker, der in der Amtsstube, sondern einer der draußen forscht. Er entdeckt für sich das Leben der kleinen Leute, ihren Alltag, ihre Bräuche, beobachtet Sennerinnen bei ihrer Arbeit, rühmt ihren »wahrhaft naiven Witz« und meint damit ihre Schlagfertigkeit. Er durchstreift das Oberland mit seinen Seen, steigt auf Berge, verfasst Reiseberichte.

Westenrieder beschreibt als erster bayerische Geschichte nicht von oben herab, sondern von unten, aus der Sicht des Volkes.

Er gilt als Entdecker der bayerischen Landschaft, seiner Bewohner und deren Mentalität:

»Ich habe ein paar Tage unter Menschen gelebt, denen ich unbesorgt ins Angesicht sehen und bey deren Reden und Antworten ich nie aus Vorsicht mich fragen durfte: Wie meynen Sies? Sie meynen es gut und redlich, wie mit ihrem Feld und ihrem Baum.«

Er schreibt an die 100 Bücher und ist Mitherausgeber der »Monumenta Boica«.

In den Bergen und über den Wolken – die Vorstellung von grenzenloser Freiheit. Eine neue Dimension eröffnet sich: Der erste Flug einer

Montgolfière bei Paris. Wenige Monate später fertigt der Mönch Ulrich Schiegg vom Kloster Ottobeuren eine »Luftkugel« aus Streifen »gut geleimten« Papiers mit einem Volumen von 32 Kubikmetern. Tausende von Menschen jubeln dem Heißluftballon nach, der am 16. Mai 1784 vom Klosterhof in Ottobeuren in den Allgäuer Frühlingshimmel empor steigt.

Nicht die politischen Ideen der Revolution, sondern die neuen machtpolitischen Ziele ihres Vollstreckers Napoleon bestimmen das Schicksal Europas. Das Revolutionsheer dringt an den Rhein. Das ganze Gebiet, das sich Karl Theodor als »Rheinstaat« träumte, wird in Mitleidenschaft gezogen. In diesem ersten Koalitionskrieg kämpfen Preußen und Österreich gegen Frankreich. Die französischen Truppen stoßen über den Rhein nach Süddeutschland vor. Bayern liegt offen da.

In dieser desolaten Situation trifft Karl Theodor am 12. Februar 1799 der Schlag – beim Kartenspiel. Der Wiener Gesandte eilt herbei, um in letzter Minute dem sterbenden Kurfürsten die Unterschrift für einen Tauschvertrag abzuringen: Bayern gegen die habsburgischen Niederlande. Er kommt zu spät.

Lorenz Westenrieder berichtet vom Tag des Todes am 16. Februar 1799:

»Sogleich öffneten sich die Flügeltüren und die Kuriere und mit ihnen eine Menge anderer Leute stürzten im wilden Lauf heraus. Niemand sprach etwas, aber man sah, was es war … Man läutete bei den Theatinern, und die ganze Stadt fing endlich an, frei zu atmen: denn jedermann beklagte sich dieser Tage, dass man vor innerer Unruhe und vor Furcht und Kummer nicht essen, nicht schlafen und nicht denken könne.«

Der Mann, der so viel erbte, der Herr der sieben Länder, blieb ohne Erben. Sollte sein Bayern alles verlieren?

In diesen Zeiten ist Bayern den Revolutionsarmeen Napoleons und dem Druck Wiens, das Land jetzt zu kassieren, ausgesetzt. Ein Land ohne Schutz und ohne Zukunft?

Es gab noch Prinzen in der Familie Wittelsbach – im Zweig Zweibrücken-Birkenfeld.

Das hätte sich Max Joseph in seinen kühnsten Kindheitsträumen nicht vorstellen können, was auf ihn zukommt. Nachdem sein älterer Bruder Karl August gestorben war, wurde Max IV. Joseph Herzog im linksrheinischen Zweibrücken.

Als Napoleon dessen Herzogtum überrannte, war er über den Rhein nach Ansbach geflohen und ohne Besitz.

Am 20. Februar trifft Max IV. Joseph in München ein. Wieder ein Wittelsbacher aus der Pfälzer Linie – auch er hat einen schweren Stand.

Die Französische Revolution hat auch in Bayern Anhänger. Viele sehen in Napoleon den Befreier. Die Jakobiner im Land melden sich zu Wort, schreiben gegen den Kurfürsten an, der als Offizier im Regiment Royal Alsace in Strassburg dem Alten Regime Frankreichs gedient hatte. Nun dient er dem reaktionären Österreich.

Über den Rhein und Schwaben dringen die Truppen Napoleons nach Bayern vor. Bei Neuburg an der Donau fällt ein altgedienter Grenadier. Napoleon setzt ihm ein Grabmal. Frankreich erwirbt den Grund. Der Soldat ruht auf französischem Boden mitten in Bayern.

Die Rheinarmee unter General Moreau erreicht am 29. Juni 1800 München und weicht dann wieder nach Schwaben zurück. Während in Lunéville bei Nancy bereits die Macht und die Grenzen in Europa neu definiert werden, steht die militärische Entscheidung noch aus.

Die Rheinarmee macht erneut einen Vorstoß über München hinaus und schlägt am 3. Dezember 1800 in den verschneiten Wäldern von Hohenlinden die österreichischen und bayerischen Truppen. Die militärischen Siege, die Napoleon errungen hat, kann er jetzt politisch im Frieden von Lunéville am 19. Februar 1801 umsetzen.

Das ist sein Plan: Die linksrheinischen Gebiete werden Frankreich zugeschlagen. Dafür sollen die Staaten, die dort Gebiete abtreten müssen, durch die Aufteilung rechtsrheinischer geistlicher Fürstentümer entschädigt werden. Um dieses Verteilungsgeschäft auszuhandeln, wird in Regensburg eine Deputation eingesetzt.

Napoleon signalisiert sein Interesse an einem gestärkten Bayern als Pufferstaat gegen Österreich. In ihrem Hauptschluss von 1803 werden Bayern die Hochstifte Freising, Augsburg, Bamberg und Würzburg sowie Teile der Hochstifte Eichstätt und Passau zugesprochen, ebenso 13 Reichsabteien und 15 Reichsstädte im Fränkischen und im Schwäbischen.

Als Max IV. Joseph nach München kam, begleitete ihn sein Privatsekretär Maximilian von Montgelas mit dem Titel eines »Wirklichen Geheimen Staatsministers«.

Montgelas entwickelt ein ausgeprägtes Gespür für die Handlungsspielräume der Politik: »Die Geschichte Bayerns ist das Repertoire der verlorenen Augenblicke und der versäumten Gelegenheiten.«

Doch in der derzeitigen Lage ist ein Spielraum zu politischem Handeln kaum zu erkennen. Nicht für den Außenminister, bald Innenminister und dann auch noch Finanzminister Montgelas. Diese dreifache Beauftragung trägt er in drei verschiedenen Portefeuille-Mappen mit sich.

Bereits im ersten Regierungsjahr schafft Montgelas ein Berufsmuster für Beamte, mit einem Ausbildungsprofil, mit Uniformgraden bis zum Zahlenwerk der Besoldung und Pension. Mit einem Berufsbeamtentum will er den leistungsfähigen Staat schaffen. Dieser funktioniert jedoch nur, wenn er die Feudalherrschaft beseitigt: Das Monopol des Adels auf die hohen Ämter im Staat und die Steuerprivilegien werden aufgehoben.

Einem Staat, in dem nur wenige vermögende Bürger die Hauptlast an Steuern tragen und die Mehrheit der Bevölkerung – die Bauern – die Lasten ihrer Grundherren zu tragen hat, denen über zwei Drittel des ganzen Landes gehören, nämlich Kirche und Adel, die keine Steuern zahlen, einem solchen Staat fehlt die finanzielle Existenzgrundlage.

In Bayern werden jetzt umfangreiche statistische Erhebungen durchgeführt, um Grundlagen für die Berechnung von Steuern und Staatseinkünften zu erlangen. Die neuen territorialen Gebiete mussten erst einmal erfasst werden: wie Einwohnerzahl, Zahl der Kinder, Viehstand, Besitztümer sowie Grund und Boden. Diese genaue Erfassung und Beschreibung des Landes sollten die Grundlagen für politische Entscheidungen bilden. Bei dieser Montgelas-Statistik sollten auch die Menschentypen in den verschiedenen Regionen beschrieben werden, die Besonderheit der Pflanzenwelt, die Mineralien, der Stand der Pockenschutzimpfungen, auch welche Künstler und Handwerker es gibt, die Zahl der Ein- und Auswanderungen, auch die Namen von Deserteuren und was die Leute in den neu-bayerischen Gebieten so denken. Alles sollte gemeldet werden und alles sollte in einem Statistischen Büro ausgewertet werden: Ein Zustandsbericht Bayerns nach amtlichen Quellen.

Montgelas drängt Wochen vor dem Regensburger Hauptschluss über mannigfache diplomatische Kanäle bis nach Paris zu Napoleon darauf, den bereits fertigen Text in einem wesentlichen Punkt zu ändern und zu verschärfen.

Er schaut auf die Klöster und lässt den Paragrafen 35 einfügen, der die Aufhebung der Klöster über die Neuzuteilung geistlicher Gebiete hinaus auch innerhalb der alten Länder erlaubt. Bayern will damit die Enteignung aller Klöster zur »Erleichterung der Finanzen«, wie es dann im Reichsdeputationshauptschluss vom 25. Februar 1803 definitiv heißt.

Warnungen werden laut: Vor den Folgen, wenn wirtschaftliche, soziale, wissenschaftliche Einrichtungen und Schulen ihre Arbeit einstellen müssen. Das Entsetzen im Land ist groß.

Montgelas ist klar: Die Aufhebung der meisten Grundherrschaften ist nur mit einem Kahlschlag zu schaffen. Und der wird 1803 durch die

Säkularisation in Bayern möglich – die Aufhebung der Klöster und der Einzug des Klosterguts.

»Staats-Schulden-Liquidations-Kommissionen« werden eingerichtet und führen ihren Auftrag aus.

Ein staatlicher Eingriff, der mit einem Federstrich nicht nur die Gesellschaftsstruktur verändert, sondern eine 1000-jährige Tradition klösterlichen Lebens und Klosterkultur beendet. Der Sturm auf Bayerns Klöster und Kirchen beginnt: Niederaltaich, Weltenburg, St. Emmeram, Tegernsee, Polling, Wessobrunn, Schäftlarn, Benediktbeuern. Es trifft über 300 Klöster in Bayern. Der Paragraf 35 wird nur in Bayern vollstreckt. Bavaria sancta am Ende.

Für jedes Kloster wird ein Lokalkommissar benannt, der das Klostervermögen beschlagnahmen und erfassen soll. Auch im Kloster Fürstenfeld:

»Die ausgewählten Gemälde und Kupferstiche, die vorzüglichsten physikalischen Instrumente, alle Manuskripte, die vorzüglichsten Inkunabeln und die kostbarsten Bücher sollen auf mit Planen überspannten Wagen zu Land nach und nach geliefert werden.«

Der Grundbesitz der Klöster wird versteigert, die Kommissare werden angewiesen, die erzielten Verkaufs- und Versteigerungserlöse der kurfürstlichen Zentralkasse in München abzugeben. In den ersten Jahren wechseln häufig die Besitzer. Kulturbesitz gerät in die Hände von Spekulanten.

In Polling wird der fast neue Bibliotheksbau geräumt. 80 000 Bände werden abtransportiert.

Meisterwerke der Staatslehre und der Naturwissenschaften verschwinden aus den Klöstern, die das Wissen der Welt tausend Jahre lang gesammelt haben.

Jetzt wird Platz für Lagerräume einer Brauerei. Andere Klöster werden Fabriken, Manufakturen, Strafanstalten, Stallungen oder ganz abgerissen.

Bereits Ende März beginnt der Abtransport der Kisten mit Büchern, Geld, Silber, Gold und anderen Wertgegenständen. Sie werden auf Fuhrwerken nach München transportiert.

Der Abt von Kloster Fürstenfeld:

»Alle vorgefundenen, die Verteidigung der wahren Religion enthaltenden, sohin auch polemische Bücher wurden ausgemerzet, über einen Hauffen zusammgeworffen, ein Zettl darauf geleget, mit diesen Worten: Schädliche und verbothene Bücher. Unser H. Comissär hatte hierüber den Auftrag diese, und andere, als unnütz erklärte Werke, an Herrn Kaut Pappierfabrikanten, Pappendeckel darauf zu formieren, nach den Centen zu verkaufen.«

Die Säkularisation verändert einschneidend den Alltag. Sie führt zu einer Verschlechterung der Lebensverhältnisse. 65 Prozent der Bauern sind jetzt statt Klosteruntertanen Untertanen des Staates. Angesichts der Folgelasten bleibt dem bayerischen Staat der erhoffte finanzielle Gewinn aus. Die Klosteraufhebung – ein soziales und fiskalisches Fiasko.

50 Jahre, nachdem Dominikus Zimmermann sein letztes Werk, die Wieskirche, vollenden konnte, soll auch diese Wallfahrtskirche versteigert und abgerissen werden. Die Bauern und Handwerker aus dem Pfaffenwinkel, die »Bruderschaft zum Gegeißelten Heiland auf der Wies« verstecken ihre Kirchenschätze, fälschen Inventarlisten, weisen die Aufhebungskommission darauf hin, dass die Wies keine Klosterkirche sei und retten sie mit dem Argument, ein Abriss käme teurer als ihr Erhalt.

In Ottobeuren protokolliert Pater Ulrich Schiegg die Übergabe der tausendjährigen Abtei an die staatlichen Kommissare.

Jetzt, zwei Wochen nach der Klosterübergabe, wird Schiegg nach München berufen – in die Akademie der Wissenschaften im Gebäude des ehemaligen Jesuitenkollegs.

Im Turm der Nordwest-Ecke richtet er sich ein Observatorium ein und bestimmt die Polhöhe sowie die geografische Breite und Länge Münchens.

Schiegg benutzt neue Mess-Instrumente aus dem Mathematisch-mechanischem Institut, das er angeregt hatte.

In diesem Institut, in dem Joseph von Utzschneider, Josef von Fraunhofer und Georg von Reichenbach arbeiten, wird unter anderem der zwölfzöllige Repetitionstheodolit entwickelt – ein Zentrum der feinmechanischen und optischen Industrie für geodätische und astronomische Zwecke. Schiegg soll auch dem Topografischen Büro, einem französisch-bayerischen Ingenieur-Bureau, zuarbeiten, das von dem französischen Oberst Bonne und dem bayerischen Oberst Adrian von Riedl geleitet wird. Nicht Abgrenzung von einer Herrschaft zur anderen mit Hilfe von Grenzsteinen, sondern ein Gesamtbild des Landes ist das Ziel.

Montgelas und der Sieger von Hohenlinden, Moreau, der auch Geografie studiert hatte und jetzt Berater bei der Reorganisation der bayerischen Armee ist, übertragen dem Büro die Aufgabe, ganz Bayern zu vermessen.

Über den militärischen Nutzen hinaus erkannten sie, welche politische Dimension »eine vollständige astronomische und topografische richtige Karte eines Landes in so vielen Rücksichten sowohl für das Land selbst als dessen Regierung hat«.

Für diese »Landesaufnahme« war Bayern in einem landesweiten trigonometrischen Netz zu erfassen: Hierfür musste zunächst eine Grundlinie festgelegt und gemessen werden.

Diese Grundlinie eines Hauptdreiecks bildet die Basis eines trigonometrischen Netzes.

Sie erstreckt sich von Oberföhring nordöstlich über das Erdinger Moos bis zum Kirchturm von Aufkirchen.

Der nördliche Turm der Münchner Frauenkirche wird Peilpunkt dieser »Altbayerischen Grundlinie« – die Null-Koordinate.

Eine Pyramide symbolisiert die Endpunkte dieser »bayerischen Basis«.

Von diesem Anfangspunkt des Dreiecks Aufkirchen, Oberföhring, Frauenkirche wird das neue Bayern vermessen.

Für die steuerrechtliche Neuordnung wird eine bayerische Katasterkarte, eine Grundbuchkarte angelegt. Jeder Grundbesitzer ist aufgerufen, »die Gränzen seiner Besitzungen durch Pflöcke, worauf die Hausnummer geschrieben war, dergestalt zu bezeichnen, dass der Geodät ... diese Gränzen ohne Aufenthalt finden und diese in den Plan eintragen könne.«

Per Messtisch-Verfahren werden etwa 21 Millionen Grundstücke in Bayern vermessen. Eine lückenlose Erfassung der durch die Klosteraufhebung veränderten Besitzverhältnisse an Grund, Boden und Gebäuden zur steuerlichen Bemessung.

Montgelas beruft Ulrich Schiegg in die dem Finanzminister nachgeordnete »Steuervermessungskommission«, der der Geheime Finanzreferendär Joseph von Utzschneider vorsteht. Mit den ermittelten Messdaten, die »vollkommen« zu sein haben, soll jetzt »eine genaue detaillierte Karte über alle einzelnen Grundstücke vor Augen liegen.«

Sie muss »zu allen Zwecken der Staatswirtschaft tauglich seyn, will man die Grundsteuer auf alle einzelne Grundstücke umlegen ...«

Statt mit dem aufwändigen Kupferdruck werden über 20000 Flurkarten mit dem neuen Steindruckverfahren angefertigt, es war von Alois Senefelder entwickelt worden. Die Messblätter werden auf Steinplatten übertragen und als Druckstöcke verwendet. Das neue Bayern auf Solnhofener Stein wird in der so genannten Steinbibliothek deponiert.

Blatt für Blatt, Daten für die Finanz- und Wirtschaftsplanung, ganz Bayern auf dem Messtisch in Planquadraten – die Flurkarten-Einteilung Bayerns, ein abgeschlossenes Staatsgebiet.

Nicht nur jedes Flurstück war jetzt für die Steuerdaten vermessen, sondern das ganze Land – für eine Flurbereinigung.

Dafür hatte Montgelas jetzt die besten Karten in und an der Hand, auch die Ansichten auf Karten der alten Metropolen wie Nürnberg, Regensburg in der Bibliothek aus Stein.

Bald wird Montgelas nach französischem Vorbild Bayern politisch neu einteilen: Mittlere Verwaltungsebenen werden in 15 Kreisen zusammengefasst, die Flussläufe dieser Regionen geben den Kreisen ihre Namen; so gehört Donauwörth zum Oberdonaukreis.

Montgelas hat das, was er Schlag auf Schlag politisch in die Tat umsetzt, längst vorgedacht und vor Jahren in Ansbach niedergeschrieben.

Seinem landlos gewordenen Herzog war Montgelas nach Ansbach ins Exil gefolgt, damals als Napoleon Zweibrücken besetzte. Als Leiter des Büros für politische Angelegenheiten legte Montgelas seinem Herzog das »Ansbacher Memoire« vom 30. September 1796 vor – »presenté a Mgr (Monseigneur) le Duc«.

Darin schrieb er auf, warum das bisherige Regierungssystem in Bayern nichts taugt, nicht taugen kann und was zu ändern wäre – Aufhebung der Privilegien von Adel und Kirche, Gleichheit vor dem Gesetz und Gleichheit vor der Steuer.

Bereits 1789 hatte sich Montgelas notiert: »Il ya longtemps que j'ai formée mon système«, »Mein System habe ich mir vor langer, langer Zeit bereits ausgedacht.«

Montgelas setzt weit mehr durch, als er in seinem Memoire konzipiert hatte.

Von einer Aufhebung aller Klöster war dort noch nicht die Rede, doch in der »Reichsdeputation« setzt er sie für Bayern durch.

Nicht weil er besonders antiklerikal gewesen wäre, auch nicht, weil er den Nutzen der Klöster für die Gesellschaft bestritt, sondern weil die Kirchenorganisation dem Staat nutzen sollte …

Mit der Aufhebung der Klöster kann er die politische Existenzberechtigung des ganzen geistlichen Standes aufheben und damit die traditionelle landständische Verfassung, die Landstände, beseitigen.

Die Stände passten nicht in sein Konzept.

Er will eine Revolution von oben, den modernen Staat – regiert von zentralen Behörden. Die Aufhebung der Klöster wurde zu einem finanziellen Fiasko. Jetzt setzt Montgelas auf die Lotterie. Mit dem Glücksspiel soll jetzt Geld in die Staatskassen fließen. Göttin Fortuna bringt bald jährlich ein Achtel der Einkünfte aus direkten Steuern pro Jahr.

Wer war dieser »Vordenker« Maximilian Joseph Freiherr von Montgelas?

Geburtsjahr 1759. Der Familienname stammt aus Savoyen, der Vorname von seinem Taufpaten Kurfürst Max III. Joseph. Seine Eltern sterben früh. Er wird im Jesuitenkolleg in Nancy erzogen, studiert Jura in Strassburg und in Ingolstadt. Dort tritt er dem neugegründeten geheimen Orden der Illuminaten bei. Er wird in München Hofrat bei seinem Taufpaten. Als dieser drei Monate später stirbt, befördert ihn der neue Kurfürst Karl Theodor in die Bücherzensurbehörde. Dort ist er jüngstes Mitglied im Kreis von lauter Illuminaten. Sein Deckname bei den »Erleuchteten« ist unter Nummer 35 aufgeführt – »Museus«.

Als der Kurfürst dies aufdeckt, verbietet er die konspirative Vereinigung. Montgelas verlässt München. Er findet Aufnahme bei einem anderen Hof der Wittelsbacher, in Zweibrücken.

Bei der Aufnahme in den Geheimbund erhielt Montgelas ein Bronzemedaillon als Erkennungszeichen.

Zusammen mit Max IV. Joseph war Maximilian Joseph Freiherr von Montgelas von Ansbach nach München gekommen. Die Erhebung in den Grafenstand zeigt die Wertschätzung am Hof für den Mann, obgleich er Adel und Kirche als Stände politisch abschaffen will.

Im Sommer 1805 entschließen sich Österreich, Russland und England zu einer 3. Koalition gegen Napoleon, der sich inzwischen »Kaiser der Franzosen« nennt. Bayern zwischen den Fronten: Angesichts französisch-österreichischer Truppenaufmärsche sich gegen Frankreich, für

Österreich zu entscheiden oder neutral zu bleiben, ist Selbstmord. Max IV. Joseph tut sich schwer. Montgelas treibt zur Wende, setzt auf Frankreich:

»Frankreich riskiert nur eine Armee, wir aber alles, was wir haben. Es ist möglich, dass der Kurfürst in sechs Monaten kein Haus mehr besitzt.«

Montgelas handelt und unterzeichnet am 25. August 1805 mit Frankreich einen streng geheimen Bündnisvertrag – eine »Umkehr der Bündnisse«. Bayern wendet sich von Österreich ab, mit dem man gemeinsam in die Niederlage von Hohenlinden gezogen war. Österreichische Truppen marschieren durch Bayern gegen Napoleon und werden von ihm bei Ulm geschlagen.

Kaiser Napoleon, so sein Tagesbefehl, will Bayern von ungerechten Aggressoren befreien.

Am 24. Oktober 1805 erreicht Napoleons Armee München. Durch das Karlstor zieht er in München ein. Die Münchner jubeln ihm zu.

Drei Tage weilt Napoleon in der kurfürstlichen Residenz und bricht dann mit seiner großen Armee Richtung Wien auf. Kurfürst Max IV. Joseph ist außerhalb Münchens. Er hat sich nach Würzburg abgesetzt, um die Kriegsfortune abzuwarten. Er ist ja Napoleon im Wort. Drei Tage nach dessen Aufbruch kehrt der Kurfürst nach München zurück.

In Nymphenburg wartet er auf die Nachricht, die alles entscheidet. Dann ist sie da: Napoleons Armee hat Wien besetzt und Österreichs Koalitionstruppen am 2. Dezember 1805 in Austerlitz geschlagen.

Napoleon belohnt Bayern. Das Kurfürstentum soll ein Königreich werden.

Der Frieden von Pressburg am 26. Dezember 1805 beendet den 3. Koalitionskrieg. In diesem Vertrag anerkennt Österreich die Erhebung Bayerns zum Königreich.

Bayern ist auf der Siegerseite. Der Kaiser will anwesend sein, wenn Bayern Königreich wird. In der Neujahrsnacht trifft er in München ein, gerade rechtzeitig. Herold und Reiter ziehen auf und verkünden vor der Residenz die Ausrufung des Königreichs Bayern:

»Da durch die Vorsehung Gottes es dahin gediehen ist, dass das Ansehen und die Würde des Herrschers in Baiern seinen alten Glanz und seine vorige Höhe zur Wohlfahrt des Volkes, und zum Flor des Landes wieder erreicht, so wird der Allerdurchlauchtigste und Großmächtigste Fürst und Herr, Herr Maximilian Joseph, als König von Bayern, und allen dazugehörigen Ländern hiemit feyerlich ausgerufen, und dieses seinen Völkern allenthalben kund und zu wissen gemacht. Lange und glücklich lebe Maximilian Joseph, unser allergnädigster König! Lange und glücklich lebe Karoline, unsere allergnädigste Königin!«

Es war ein Traum seit langer Zeit: Kurfürst Max Emanuel wollte schon die Königskrone für sich und sein Land. Aber nicht Bayern, sondern Preußen wurde damals Königreich. Jetzt aber sonnt man sich im »alten Glanz«.

Die Proklamation findet ohne eigentliche Krönung statt.

König Max I. Joseph sieht sich in einer königlichen Reihe von Herrschern und Herrscherinnen Bayerns, die bereits deutsche Könige und römische Kaiser stellten. Die Reichsinsignien waren Jahrhunderte in Bayern aufbewahrt.

Doch dieser alte Glanz des »Heiligen Römischen Reiches Deutscher Nation« geht zu Ende.

Neue Kroninsignien für Bayerns Königreich gibt es noch nicht. Sie werden in Paris in Auftrag gegeben und zwei Jahre später an den königlichen Hof in München geliefert. Napoleons Degen als gnädige Gabe – der Kaiser kann den König am »port d'epée« fassen.

Doch statt einer Krönung gibt es eine Vermählung am Königshof. Napoleon hat alles von unterwegs arrangiert: Sein Stiefsohn Eugène Beauharnais wird der bayrischen Königstochter Auguste Amalie anvertraut. Die Hochzeit wird in der Residenz gefeiert. In der Grünen Galerie findet die zivile Trauung statt.

Neuer Glanz im Königshaus: Das Kaiserpaar, das Königspaar, das Hochzeitspaar, der Kronprinz und Montgelas, der auch hier die Fäden der Zeremonie zieht, versammelt für das offizielle Hochzeitsbild.

Nach diesem Termin verlässt das Kaiserpaar am 17. Januar 1806 München.

Montgelas kann jetzt an die Arbeit seines Reformwerks gehen.

Der Gebietszuwachs Bayerns lässt sich sehen: Die Reichsstädte Augsburg und Lindau, die Markgrafschaften Burgau und Ansbach, die Hochstifte Eichstätt und Passau werden endgültig bayerisch – und auch Tirol. Bayern erstreckt sich jetzt von Hof bis zum Gardasee. Ganz wie es Napoleon wollte: »Ich werde aus Bayern einen großen, zwischen Österreich und mir gelegenen Staat machen.«

Der Preis für diese Alliance: Bayern muss 30 000 Soldaten einem deutsch-französischen Militärbündnis zur Verfügung stellen, dem 16 deutsche Staaten angehören.

Dieser von Napoleon geschaffene »Rhein-Bund« erhält bald eine politische Bedeutung: Bayern, Württemberg, Baden, Hessen-Darmstadt, immer dem Rhein entlang, dann auch noch Sachsen – diese rheinische Föderation soll nach dem Vorbild des Code Napoleon aufgeklärte Rechtsgrundsätze einführen.

Montgelas entspricht dieser Vorgabe, nicht um das Zivilrecht, sondern zumindest das Strafrecht zu vereinheitlichen und vor allem die Ständeverfassung abzuschaffen.

Doch dieser »Rheinbund« hat über das innerpolitische Reformwerk hinaus eine explosive Wirkung und Sprengkraft.

Die Fürsten, die dem »Rheinbund« beitreten, erklären ihren Austritt aus dem »Heiligen Römischen Reich Deutscher Nation« und besiegeln damit das Ende einer 1000-jährigen Reichsgeschichte.

Vom einstigen Heiligen Römischen Reich Deutscher Nation bleibt der Titel eines österreichischen Kaisers.

Seit 1663 war Regensburg der Sitz des Reichstags, hier tagten im Alten

Rathaus die Gesandten des »Immerwährenden Reichtags«, auf den Bänken im Reichssaal, in dem so manches auf die »lange Bank geschoben« wurde. Am Ende des alten Reiches verlassen die Vertreter der Reichsstände den Saal.

Maximilian-Joseph, König von Gottes Gnaden, erlässt im Mai 1808 die »Konstitution«. Napoleon wollte aus dem Rheinbund einen Bundesstaat machen und forderte von Montgelas einen Verfassungsentwurf an. Dem kam Montgelas mit einer eigenen bayerischen Verfassung zuvor.

Grundrechte und Grundpflichten, innerstaatlicher Zentralismus und Föderalismus nach außen waren der Rahmen in der von Montgelas verfassten »Revolution von oben«. Diese »Konstitution« trennt Staat und Dynastie und macht den König zum eigentlichen Souverän des Staates.

Die »Konstitution« soll auch die staatliche Integration des neuen Bayern fördern, ein gemeinsames Staatsbewusstsein auch mit den Neubürgern aus Tirol.

Aus Tirol werden drei Kreise nach den Namen der drei Hauptflüsse Inn, Eisack und Etsch. Diese drei Kreise zusammen heißen jetzt »Südbayern«. Mit dem Auslöschen des Namens Tirol wird auch die alte ständische Verfassung aufgehoben, werden Tiroler zum Wehrdienst in der bayerischen Armee herangezogen.

Die Mitternachtsmette zu Weihnachten, das Wetterläuten, Prozessionen und Wallfahrten werden verboten. Der Unwille schlägt in Hass um – auf die »gottlose« Regierung Montgelas. Es kommt 1809 zum Aufstand. Die Schande der Niederlagen von Hohenlinden und Austerlitz zu tilgen, ist der Aufruf Wiens an die Tiroler, deren Befreiungskampf die Besatzungsmacht Bayern aushebeln soll.

Bayern bittet Frankreich um Truppen. Der »Oberkommandant« der Aufständischen, Andreas Hofer, vertreibt die aufmarschierten französischen Truppen aus dem Inntal.

»Im Frühjahr 1809 ... brachen sie auf mit Gewaltmassen, stürmten in die Städte, nach Innsbruck, Brixen, Bozen, Trient und haben die Garnisonen schändlicherweise aufgehoben und misshandelt.«

Den ganzen Sommer lang trotzen die Tiroler den Bayern und Franzosen.

Infanterist Josef Deifl im Corps Deroy führt über seinen Einsatz und den Aufstand der Tiroler Tagebuch:

»Schwaz wird gänzlich abgebrannt, weil sie auf uns aus allen Fenstern herausschießen – aller Orten gab es Scharmützel und Brand und andere Übeltaten.«

Infanterist Deifl ist auch bei den Kämpfen am Bergisel dabei:

»Unendlich viele Tiroler versammeln sich auf dem Bergisel, auch viele Weibspersonen mit Stutzen sahen wir.«

Doch bald fällt die Entscheidung. Der Aufstand der Tiroler bricht am 1. November 1809 in der Schlacht am schicksalhaften Bergisel zusammen. Bayerische und französische Truppen besetzen wieder das Land.

Der Tiroler Freiheitskampf ist zu Ende. Jetzt wird nach ihrem Kommandanten, dem »Sandwirt« im Südtiroler Passeiertal, gesucht.

Am 28. Januar 1810 wird Andreas Hofer verhaftet und am 20. Februar auf ausdrücklichen Befehl Napoleons in Mantua standrechtlich erschossen.

Erneuter Gebietszuwachs für Bayern: Regensburg, Bayreuth, Salzburg, Berchtesgaden, das Innviertel und Teile des Salzkammerguts werden dem neuen Königreich zugeteilt.

Kronprinz Ludwig, der im November 1809 noch selbst in Gefechtsberührung mit den Tiroler Aufständischen geriet, wird laut königlichem Dekret vom 14. Oktober 1810 Generalgouverneur des Inn- und Salzachkreises und General-Kommandant der in Tirol stationierten bayerischen Einheiten. Zwei Tage zuvor hatte der Kronprinz geheiratet – Prinzessin Therese von Sachsen-Hiltburghausen.

Die Trauung findet in der Hofkapelle der Residenz statt. Die Häuser sind geschmückt, auch das Palais des Ministers Montgelas oder das Haus des Bankiers Andreas von Dall'Armi am Rindermarkt.

Dieser bat als Kavallerie-Major der Nationalgarde 3. Klasse in einem Schreiben an den König um Erlaubnis, auf dem unbebauten Areal »vor dem Sendlinger Tore, seitwärts der Straßen, die nach Italien führt« ein Pferderennen zu Ehren des Hochzeitspaares veranstalten zu dürfen. Die Nationalgarde – eine Bürgerwehr – marschiert am 17. Oktober 1810 mit Fahnen und eigens komponierten Musikstücken zur Festwiese.

An der ausgesteckten Rennstrecke ist ein Pavillon für die königliche Familie aufgestellt. Die Festbesucher werden in »mehreren Gezelten der Traiteurs« mit Speisen und Getränken verpflegt. Der Veranstalter bittet den König um Bewilligung, die Wiese nach der Kronprinzessin Therese zu benennen.

Da das Kronprinzenpaar nicht jedes Jahr Hochzeit feiern kann, denkt man sich einen Grund aus, das »einmalige« Fest zu wiederholen. Der Landwirtschaftliche Verein hat die Idee, im Jahr darauf eine Landwirtschaftsausstellung auszurichten.

Das Oktoberfest ist geboren.

Josef Deifl muss sich bald in Nürnberg einfinden – 1812 zum Feldzug nach Russland. Er ist einer der über 30 000 bayerischen Soldaten, die am Russlandfeldzug teilnehmen.

Der Bündnisfall war eingetreten, jetzt forderte Napoleon seinen Tribut.

Wieder führt Deifl Tagebuch, er misst die Zahl der Stunden »von Nürnberg nach Bayreuth sind 18 Stunden, von Bayreuth nach Hof über Münchberg 14 Stunden«, durch Sachsen, durch Schlesien, durch das Herzogtum Warschau über die Weichsel bis Bialystok und Grodno in Russland.

»Die Volksmasse trieb umher mit großem Ungestüm; sein Pferd und Fuhrwerk war nicht zu bekommen; alles musste stehen bleiben – Muntur für die ganze französische Armee und andere, Broviant, Geld und auch viele geraubte Schätze von Russland. Nun hörte man Kanonendonner von der ferne, … aber ohne Gewehr und alles, keinen guten Fetzen Muntur an Leib, stimmlos vor Schmerzen der erfrorenen Glieder, abgezehrt bis zur Haut, die nur zur Bedeckung der Gebeiner ward. Niemand war im Stande, seinen besten Kamerathen zu erkennen, mit dem er vor kurzer Zeit in bester Harmonie lebte. Endlich kommen die Überbleibsel der Bairischen Armee. 36 000 waren sie an der Zahl gewesen hinein, jetzt streichen wir einen Ring: 3600, und das nicht völlig taugbar; die meisten ohne Gewehr, die Russen hintendrein, denn hier in Wilna spannen sie alle ihre Kräfte daran, weil sie wussten, dass hier der Hauptplatz, der Mittelpunkt von allem sei, was den Franzoßen teuer war.«

Und dann den ganzen Weg zurück. Über Grodno, Warschau über Schlesien nach Nürnberg, geschmäht und beschimpft als »Hundskinder, Spitzbuben und Franzosen«.

Von den über 30 000 bayerischen Soldaten kehren nur 3000 in die Heimat zurück. In der Hauptstadt erinnert ein Obelisk am Karolinenplatz an die Toten des Russlandfeldzugs. Ein Jahr später zieht Deifl wieder in den Krieg, diesmal gegen Frankreich, gegen Napoleon.

Bayern hat Glück: Noch vor der entscheidenden Niederlage wechselt Bayern auf die Seite Österreichs. Der Frontwechsel, den General Wrede im Vertrag zu Ried am 8. Oktober 1813 unterschrieb, führte Bayern wieder zur rechten Zeit auf die Seite des Siegers – eine Woche vor der Völkerschlacht bei Leipzig.

Gleichzeitig mit dem überraschenden Bündniswechsel tritt Bayern aus dem Rheinbund aus.

Die Ära Montgelas geht zu Ende. In einem Brief bedrängt der Kronprinz seinen Vater, Montgelas zu entlassen. Montgelas führte Bayern mit Geschick durch die Zeit, schuf ein Königreich sowie ein Land, das er vergrößerte und legte die Grundlagen für einen Verfassungsstaat.

Auf dem Wiener Kongress 1815 vertritt König Max I. Joseph, nicht Montgelas, die Interessen Bayerns. Dort muss es Tirol, Salzburg, das Innviertel an Österreich abtreten und erhält dafür Würzburg, Aschaffenburg sowie die Rheinpfalz.

Das Bayern, das Napoleon mächtiger und größer machen wollte, ging gestärkt und bestärkt aus den Verhandlungen über eine neue europäische Friedensordnung hervor.

Nicht Napoleon, sondern der russische Zar, der österreichische Kaiser und der preußische König bestätigen Bayern in seiner Größe – es war als Königreich doppelt so groß wie das frühere Kurfürstentum – sowie als souveräne, große Mittelmacht in der europäischen Politik.

Am ehemaligen Jesuitenkolleg in der Neuhauser Straße in München und Sitz der Akademie der Wissenschaften halten die Fuhrwerke an, die ihre Wagenladungen von den aufgelassenen Klöstern hierher transportieren. In dem Gebäudekomplex kennt er sich gut aus, hier ging er aufs Gymnasium: Johann Andreas Schmeller, der Custos an der Hofbibliothek, sichtet die Bestände.

Bücher, Bände, Folianten und wertvolle Handschriften stapeln sich auf dem Speicher, auf den Gängen und in den alten Kollegsräumen.

Er inventarisiert die Schätze der hier gelagerten Klosterbestände.

Er entdeckt den Wert einer Sammlung von Liedern aus dem 13. Jahrhundert – die »Carmina Burana« aus den Beständen des Klosters Benediktbeuern. Er öffnet der Gegenwart ein Dokument einer längst vergangenen europäischen Kultur. Und er hat ein Gespür für den Klang der Sprache. Sprachen interessieren ihn schon immer, Isländisch, Sanskrit, Alt – und Mittelhochdeutsch, vor allem aber die bayerische Sprache. Schmeller erforscht ihren »Wörter-Vorrat«.

Er reist von Ort zu Ort, notiert auf Zetteln die verschiedenen Mundarten und inventarisiert die bayerische Sprache. Daraus entsteht das »Bayerische Wörterbuch«.

Aus den Bänden des Freisinger Dombergs sichert Schmeller das lateinisch-althochdeutsche Wörterbuch »Abrogans«. Er nennt es so, weil Abrogans in dem Band das erste Stichwort ist.

In einem anderen Werk findet Schmeller ein Gedicht, das vom Weltenbrand handelt. Da ihm eines der Worte aus dem 9. Jahrhundert fremd ist, nennt er es »Muspilli«, eine Dichtung vom Weltenende in Bruchstücken.

Das Franziskaner-Kloster mitten in München stand in der Zeit Ludwig des Bayern im Mittelpunkt des Streits zwischen Kaiser und Papst, es war der Fluchtpunkt der Dissidenten Europas. Hinter den Klostermauern hatte Wilhelm von Occam gewirkt. Die Impulse, die von hier ausgingen, prägten die Staatslehre.

Jetzt war auch dieses Kloster abgerissen worden.

Auf seinen Grund wird ein Theater gebaut, ein Königliches Hof- und Nationaltheater. Nach sieben Jahren Bauzeit wird es 1818 fertig gestellt.

Johann Andreas Schmeller besucht am 14. Januar 1823 eine Opernvorstellung. Während der Aufführung fängt der Bühnenvorhang Feuer. Da das Wasser an diesem kalten Wintertag gefroren ist, holt man aus dem Bockkeller des Hofbräuhauses im Ostflügel des Alten Hofes eimerweise Bier zum Löschen. Schmeller ist Zeuge des verheerenden Brandes.

»Leute vom alten Schlag haben in der hoch zum Himmel emporlodernden Flamme die Gestalt eines ungeheueren Franciscaner-Mönchs erblickt.«

Es wird wieder aufgebaut.

Im Jahr 1837, in dem Schmellers »Bayerisches Wörterbuch« mit 20 000 Begriffen erscheint und an dem er im Gebäude der Akademie der Wissenschaften gearbeitet hatte, experimentieren im selben Jahr und im selben Gebäude, einige Räume weiter, der Mineraloge Franz von Kobell und der Physiker Karl August Steinheil an Geräten am offenen Fenster, immer wieder die Frauenkirche im Visier. Hier entsteht die erste Fotografie in Deutschland überhaupt – die Münchner Frauenkirche, gesehen vom Gebäude des ehemaligen Jesuitenkollegs.

Die Türme der Frauenkirche waren auch im Visier der Grundvermessung Bayerns, Eckpunkt der »Altbayerischen Basis«.

Der Zielpunkt der Nullkoordinate für die Vermessung Bayerns war geografisch die Frauenkirche.

Das Wahrzeichen der Hauptstadt, jetzt eines Königreichs, wird jetzt kirchenrechtlich Bischofssitz.

1835 fährt die erste Eisenbahn in Deutschland – von Nürnberg nach Fürth

9
Ein Königreich

Die Nachricht vom Tod des Vaters Maximilian I. Joseph in der Nacht vom 12. auf den 13.Oktober 1825 erreicht den Kronprinzen erst zwei Tage später in Bad Brückenau. Am 19. Oktober 1825 leistet der 39-Jährige den Eid auf die Verfassung. Ludwig I. ist König in einer konstitutionellen Monarchie, wobei ihm das monarchische Prinzip immer wichtiger als das konstitutionelle wird.

In seiner Person sieht er alle Rechte der Staatsgewalt vereinigt. Seine Minister behandelt er wie seine »Schreiber«. Von einem konstruktiven Zusammenwirken zwischen dem König und den zwei Kammern kann kaum die Rede sein. Die Funktion eines Ministerrats sieht er darin, ihm jene fern zu halten. Er gibt praktische Anleitungen, wie seine Eidesleistung in den Zeitungen zu behandeln sei: »dass ich mit dem Namen Ludwig genannt werde … Ich will ferner, dass wo der Name Bayern vorzukommen hat, er wie es eben von mir geschah, geschrieben werde, nämlich mit einem y statt i.«

Ludwig war früher anders. Er wandelte sich vom liberalen Kronprinzen zum konservativen König:

»Ich selbst war ein Freund der Pressfreiheit, ich habe mich aber noch vor der Julirevolution überzeugt, dass es unmöglich ist, mit derselben zu regieren.

Die Pressfreiheit wird ihm zur »Pressfrechheit«.

Seine insgeheime Haltung zeigt sich in der Anweisung, Ausdrücke wie »Staatsbürger« oder »Staatsangehöriger« zu vermeiden, »der nur zum Dünkel führt. Untertanen, Bayer bezeichnet hinlänglich, wie denn auch die beiden obigen Worte eine Erfindung der neueren Zeit sind.«

Da die noch von Kurfürst Maximilian von Ingolstadt nach Landshut verpflanzte Universität neben Würzburg und Erlangen auf eine »tiefe Stufe der Mittelmäßigkeit herabgesunken« war, also nicht so richtig wurzeln wollte, hilft König Ludwig nach. 1826 wird sie nach München verlegt, in das alte Jesuitenkolleg an der Neuhauser Straße, wo schon die »Akademie der Wissenschaften« ihre Räume hat.

Eine Stätte der Lehre und der Standortbestimmung. Der Geist von Landshut eines Johann Michael Sailer, ebenso Aufklärer wie auch Dogmatiker, wirkt hier weiter. Sailer, bei dem der Kronprinz einst Vorlesungen besuchte, rät dem König, Joseph Görres an die Universität zu berufen.

Görres schrieb im »Rheinischen Merkur« während der Befreiungskriege gegen Napoleon. Dieser bezeichnete dessen Zeitschrift als »fünfte Großmacht«.

Der Professor für »Allgemeine und Litterärgeschichte« ist Mittelpunkt des nach einer Zeitschrift benannten Eos-Kreises. Einmal pro Woche verabredet man sich zum Mittagessen in der Sendlinger Gasse. Diesem Kreis gehören auch der Philosoph Franz von Baader und der Theologe Ignaz Döllinger an. Was als »jesuitische Geheimbündelei« beargwöhnt wird, macht München bald zur intellektuellen Plattform der katholischen Publizistik in Deutschland.

Der Staatskonstruktion von Montgelas sollte eine Seele eingehaucht werden. Wie sieht das aus?

Es geschieht zum Jahrestag der Verkündung der »Verfassungsurkunde des Königreiches Bayern« vom 26. Mai 1818 und zur Erinnerung an den Eid des Königs und des Kronprinzen auf diese Verfassung tags drauf: Am 27. Mai 1832 wandern 30 000 Menschen zum Schloss Hambach bei Neustadt in der Pfalz. Doch statt Jubelrufen auf die Verfassung wird lauthals für Freiheit und Einheit demonstriert. Die Pfalz war jakobinisch geblieben und Zentrum der liberalen Bewegung.

Der König reagiert prompt. Er schickt Feldmarschall Wrede und 8000 Soldaten in die aufmüpfige Pfalz.

Das Hambacher Fest wird zum Barometer für die Volksstimmung und für die innere Verfassung des Königs.

Das zeigt sich deutlich am Beispiel Gaibach – ein kleiner Ort nördlich von Volkach Richtung Schweinfurt. Dort steht in einem Schlosspark eine 30 Meter hohe Säule – die »Konstitutionssäule«, von Leo von Klenze erbaut.

Sie soll daran erinnern, dass Bayern sich eine der ersten geschriebenen Verfassungen in Deutschland mit einer konstitutionellen Monarchie gegeben hat. Diese Verfassung vom 26. Mai 1818 will den neuen Gebieten ihren Eintritt in einen modernen bayerischen Staat attraktiv machen und innenpolitische Spannungen mindern.

Das sind die Gedanken des Kronprinzen Ludwig bei der Grundsteinlegung dieser Säule im Mai 1821. Bei der Einweihung am 10. Jahrestag der Verfassung kommt Ludwig wieder angereist.

Die Aufschrift soll die Verfassung als »Charta Magna Bavariae« würdigen und tatsächlich ist sie richtungsweisend für den deutschen Konstitutionalismus. Max I. Joseph war für viele der menschenfreundliche Gründer der deutschen Freiheit geworden.

Der Jurist Anselm von Feuerbach urteilt 1819: »Erst mit dieser Verfassung hat sich unser König Ansbach und Bayreuth, Würzburg, Bamberg usw. erobert.«

Unverrückbar wird jedoch das monarchische Prinzip geradezu klassisch definiert.

»Der König ist das Oberhaupt des Staates, vereinigt in sich alle Rechte der Staatsgewalt … Seine Person ist heilig und unverletzlich.«

Alle Staatsgewalt geht also vom König aus.

Im Wesentlichen ist sie eine fortschrittliche Verfassung. Sie garantiert bürgerliche Freiheit sowie Gleichheitsrechte und sieht eine Volksvertretung vor: ein Zweikammersystem aus Reichsräten und einer Abgeordnetenkammer.

Am 1. Februar 1819 trat in Bayern ein Parlament als Erstes in Deutschland zusammen. Die Wahl zur Abgeordnetenkammer ist indirekt, erfolgt also über Wahlmänner.

Die Wahlberechtigung bestimmte ein Wahlzensus, der sich nach Einkommen und Grundbesitz richtet.

Verfassung und Verfassungswirklichkeit: Genau wie in Hambach feiert man am 27. Mai 1832 auch in Gaibach den Verfassungstag. Der Festredner lässt vor der Konstitutionssäule die Verfassung jedoch nicht hochleben, er verlangt eine bessere – mit mehr Grundrechten …

Es ist der Hofrat, Professor für Staatsrecht und Bürgermeister in Würzburg, Wilhelm Joseph Behr. Er ist ein Jugendfreund des Königs.

Die Aufregung in München ist groß. Behr wird als Bürgermeister von Würzburg abgesetzt. Der König betreibt in einem Verfahren wegen »Versuchs zum Hochverrat« und Majestätsbeleidigung dessen Verurteilung. Für das Bekenntnis eines »Staatsbürgers« muss Behr elf Jahre in Festungshaft büßen.

Entsetzt über derlei revolutionäre Vorgänge in Bayern ist man auch in Frankfurt – in der Bundesversammlung. Dort ist Bayern Mitglied im Deutschen Bund. Dieser hatte die Nachfolge des alten Reichs angetreten. Bayern gerät aber jetzt unter den massiven Druck Österreichs und Preußens und wird auf die »Maßregeln zur Wiederherstellung und Erhaltung der Ruhe in Deutschland« in Ergänzung der Wiener Schlussakte hingewiesen.

In sechs Artikeln werden diese Maßregeln verschärft. Der Deutsche Bund wird zum Instrument der Restauration. Der österreichische Kanzler Metternich:

»Mit Volksrepräsentation, mit der Pressefreiheit und den politischen

Vereinen muss jeder Staat zugrunde gehen … Am Ende der Gelehrsamkeit steht das Zuschlagen.«

Am 7. Dezember 1835 bricht eine moderne Zeit an: Eine Lokomotive, die »Adler« aus englischer Fabrikation, zieht die angehängten Wagen mit 20 Stundenkilometern Geschwindigkeit über die sechs Kilometer lange erste Bahnstrecke Deutschlands – von Nürnberg nach Fürth.

Nicht nur die Lok, sondern auch der Lokführer sind aus England.

Seit einem Englandaufenthalt ist ein Mann aus Bayern fasziniert von den Erfindungen des Industriezeitalters.

Der Mann, der dazu riet, die Zeitschrift »Eos« zu erwerben und damit einem Gesprächskreis der Münchner Universität den Namen gab, Joseph Baader, der Bruder des Philosophen Franz von Baader, setzte schon früh auf eine neue Technik – auf die »eiserne Straße«. Seit 1812 arbeitete er an Plänen, seit 1818 an einem Eisenbahn-Modell, das das Königshaus finanziert. Am Beginn aller Bahnstrecken in Deutschland lag eine Versuchsstrecke in München, im Nymphenburger Park. Baader durfte dort 1825 eine 250 Meter lange Teststrecke bauen.

Jetzt werden die großen Trassen durch Bayern vermessen, Gleise gelegt, Actienpakete gekauft, der Streckenbau München-Augsburg fertig gestellt.

Die Lok auf dieser ersten großen Eisenbahnlinie heißt »Der Münchner« und schließlich dampft die »Bavaria« durch ganz Bayern: Nürnberg, Bamberg, Hof. Hergestellt werden diese Lokomotiven in der Fabrikationsstätte des Joseph Anton Maffei in München, in der Hirschau im Englischen Garten. Bald feiert man dort den Bau der tausendsten Lok.

Zeitgleich und parallel zu dem Eisenbahn-Streckenbau beginnt der Bau des Donau-Main-Kanals. 1834 billigt der Landtag den »Entwurf für den Kanal zur Verbindung der Donau mit dem Main«.

Der Kanalbau ist mit 16 Meter Breite und eineinhalb Meter Tiefe ein ebenso großzügiges wie teures Unternehmen. Es kostet mit über 17 Millionen Gulden mehr als das doppelte der ursprünglichen Kalkulation. Auf der 172 Kilometer langen Strecke müssen 100 Schleusen gebaut werden. Über 7000 Arbeiter sind am Bau beschäftigt. Am 25. August 1845 ist der Kanalbau fertig gestellt.

Die erste Fracht sind Figuren von Ludwig Schwanthaler. Sie sind bestimmt für ein Denkmal, das Leo von Klenze entworfen hat.

Eingemeißelt wird 1846 der Text:

»Donau und Main
für die Schifffahrt verbunden
ein Werk von Carl dem Großen
versucht,
durch Ludwig I.
König von Bayern
neu begonnen und vollendet«

Von Bamberg bis Neumarkt muss der Kanal eine Höhendifferenz von 183 Metern überwinden. Von dieser Scheitelhöhe geht es dann 80 Meter abwärts bis zur Höhe von Kelheim. Dort, nahe dem Zusammenfluss des Kanals in die Donau, auf dem Michelberg ersteht jetzt nach dem Vorbild des Pantheon in Rom ein Rundtempel.

Die ursprünglichen Pläne des Friedrich von Gärtner weisen bereits einen Rundbau auf, den Leo von Klenze dann durchführt.

Im Rundtempel ein Reigen von Siegesgöttinnen: 34 sind es, jede steht für einen Staat im Deutschen Bund; Ludwig Schwanthaler hat sie geschaffen. Im Königreich Bayern, das von Napoleons Gnaden geschaffen wurde, ein Denkmal, das an die Befreiungskriege gegen Napoleon erinnern soll.

Auf dem Boden dieser Befreiungshalle steht:

»Möchten die Teutschen nie vergessen, was den Befreiungskampf notwendig machte und wodurch sie gesiegt.«

Gemeint ist nicht Bergisel, Hambach oder Gaibach, nicht das Freiheitsgefühl der Tiroler, der Pfälzer oder der Franken.

Weiter flussabwärts bei Donaustauf, die »Walhalla«.

Schon 1807, nach der Niederlage Preußens gegen Napoleon, als der Kronprinz »Auf Ihr Teutschen! Auf, und sprengt die Ketten« gegen den »Corsen« dichtete, plante er ein »Denkmal für große Deutsche … Groß muss es werden, nicht bloß kolossal im Raum«.

Zunächst dachte er an einen Platz in München, im Englischen Garten, für seine »Walhalla«, nach der germanischen Mythologie der Wohnort der Götter, in den die von den Walküren auserwählten Krieger einziehen dürfen. Die Weihe dieses Tempels soll 100 Persönlichkeiten zuteil werden. Er entspricht den Maßen des Parthenon-Tempels auf der Akropolis in Athen. Über 60 fertige Büsten warten bereits auf den Einlass, als mit dem 1807 beschlossenen Bau bei Donaustauf 1830 begonnen wird.

Des Königs fundamentaler Wille:

»Möchte Walhalla förderlich sein der Erstarkung und Vermehrung teutschen Sinnes!«

Ludwig I. sieht sich in Marmor, ganz in weiß, in griechisch-römischem Stil. Er wacht über den Einzug der Büsten in die Walhalla, wie:

Friedrich von Schiller

Johann Wolfgang von Goethe

Regiomontanus

Friedrich der Große

Friedrich Wilhelm von Schelling.

Ein Beitrag aus Bayern zur Bildung einer nationalen Identität und Charakterbildung der Nation. Ein griechischer Tempel mit einem germanischen Namen, über 358 Stufen von bayerischem Boden aus erreichbar – hoch über dem Strom der Geschichte.

In der Münchner Erzgießerei Ferdinand Miller werden Teile einer Statue gegossen. Für den Guss werden auch Schiffskanonen verwendet, die man im Mittelmeer geborgen hatte. Dieses Erz soll von einer antiken Monumentalstatue stammen, dem Koloss von Rhodos – dem siebten Weltwunder.

Über 18 Meter hoch soll sie werden – eine »Bavaria«.

Leo von Klenze erhält 1834 den Zuschlag des Königs für eine Ensemble-Lösung:

»Klenze zu mir beschieden, dem ich sagte, seinen Entwurf der dorischen Ordnung mit Koloss als bayerische Ruhmeshalle ausführen lassen zu wollen ... Die Ruhmeshalle hat keine Beherrscher zu enthalten. Es werden nur die edelsten und besten aus dem Volk aufgestellt.«

Erbaut wird das Ensemble am Hang der Theresienhöhe, wo seit des Königs Hochzeit das Oktoberfest stattfindet.

Die Zuständigkeit für das Bau-Ensemble hat das Künstler-Ensemble Schwanthaler – für das Kolossmodell, und Klenze – für die Ruhmeshalle.

Jetzt geht Ludwig I. daran, die Hauptstadt neu zu vermessen. Er will den seit der Marktgründung durch Heinrich den Löwen vorgegebenen Rahmen sprengen. Ludwig verlässt die Enge der Stadt, öffnet sie, plant in Koordinaten, die weiträumig Bauten reihen. Zunächst durchbricht er den Mauerring am Tor nach Norden, am Schwabinger Tor zur Landstraße nach Schwabing. Das Stadttor, 32 Wohnhäuser und der Stadtgraben müssen weichen.

Die Residenz soll ein königliches München repräsentieren.

Des Königs Baumeister sollen auf die Idee der Königsstaatlichkeit bauen und die konstitutionelle, königliche Souveränitat präsentieren. Bauen vom Zentrum der Macht her.

Bereits als Kronprinz hat Ludwig den Architekten Leo von Klenze als Hofbaumeister nach München geholt. Hier steht er bald der königlichen Hofbauintendanz vor. Ein Mann, der nicht nur Häuser baut, sondern Städtebau betreibt.

Klenze gibt dem Platz vor der Residenz eine Orientierung. Die Residenz wird dem neuen Status gerecht – für das Königshaus ein Königsbau: Da, wo der König wohnt, nach Süden hin – im Stil des Palazzo Pitti in Florenz, dreigeschossig, 120 Meter lang.

Für den ersten König in Bayern Maximilian I. Joseph sollte er ein Denkmal entwerfen. Stehend wollte sich der König dargestellt sehen. Nach dessen Tod entscheidet Ludwig: Er lässt ihn sitzen.

Dem Platz abgewandt, nach Norden, baut Klenze den Festsaaltrakt, 250 Meter lang.

König Ludwig I. prägt das Gesicht der Residenz.

Ähnlich dem Baustil von Florenz plante der Kronprinz weit draußen vor der Stadt, auf der grünen Wiese, eine Pinakothek. Mit dem Bau dieses Museums für die Gemäldesammlung alter Meister beauftragt er 1822 Klenze. 1836 wird sie eröffnet.

Klenzes Maßstab ist die Baukunst des klassischen Griechenlands: »Es gibt nur eine Baukunst, nämlich diejenige, welche in der griechischen Geschichtsepoche ihre Vollendung erhielt.«

Klenze erhält den Bauauftrag für die Glyptothek. Gegenüber ein eher korinthischer Tempelbau für Kunstausstellungen.

Im rechten Winkel dazu kann Klenze im dorischen Stil die Propyläen anfügen: Ein Tor nach Westen. Vorbild sind die Propyläen auf der Akropolis.

Ludwig hatte als König von Bayern seinen Hofbauintendanten Klenze nach Athen geschickt. Bei diesem Aufenthalt rettet der Kenner klassischer Kunst Baudenkmäler der Akropolis vor dem Verfall.

Die Südfassade der Glyptothek hat Klenze im ionischen Stil gestaltet. Nach dem Freiheitskampf der Hellenen gegen die türkische Fremdherrschaft bestieg 1832 ein Wittelsbacher den griechischen Königsthron. Es ist der zweite Sohn Ludwigs, Otto. Er animiert viele, das Land der Griechen mit der Seele zu suchen.

Kunstkenner und ein Architekt wie Klenze bringen wiederum Athen an die Isar.

Entscheidend für den Bau der Glyptothek war die Entdeckung der Giebelfiguren des Aphaia-Tempels auf der griechischen Insel Ägina im Jahre 1811. Ein Jahr später gelang es dem Kronprinzen, diesen Schatz nach Bayern zu schaffen. Der Erwerb von Statuen aus römischer Zeit nach griechischen Originalen sind die Stationen zu diesem Fund.

Die Giebelfiguren des Aphaia–Tempels auf Ägina, die Ägineten, zeigen die Kämpfe der Griechen gegen die Trojaner. Da diese Giebelfiguren ein intaktes Dach über ihren Köpfen haben sollen, wird die Glyptothek gebaut.

Nicht nur die Residenz soll königlich aussehen, sondern auch der ganze städtische Raum soll königlich werden.

Ludwig kümmert sich um jedes Detail, ob Länge, Höhe oder Breite der Bauten, die Zahl ihrer Fenster und die Entwürfe für Türen.

Für des Königs Schwager, Prinz Beauharnais, jetzt Herzog von Leuchtenberg, baut Klenze das – Leuchtenberg-Palais, nach dem Vorbild des Palazzo Farnese in Rom. Es ist der erste Bau an der königlichen Meile, etwas zurückgesetzt – nach der Art der Beziehung Ludwigs zu seinem Schwager.

Daneben entsteht ein Gebäude mit einem Konzertsaal, dem Odeon, nach dem Odeon in Rom benannt.

Gegenüber wird das Basargebäude hochgezogen, das den Odeonsplatz zusammenbindet und die Richtung weist.

Hier baut Klenze drei Wohnblöcke, die durch eine florentinische Renaissance-Fassade verbunden sind.

Dem folgt das Kriegsministerium. Diesem einzigen staatlichen Bau stellt Klenze ein Wohnhaus-Ensemble mit Geschäften gegenüber. Hier in der Mitte der Meile, auf der Höhe der Theresienstraße, enden die Klenze-Bauten. Obgleich Klenze noch als Leiter der Obersten Baubehörde mit der Gesamtplanung der Ludwigstraße beauftragt ist, übernimmt jetzt nach Klenzes Vorarbeiten der Architekt Friedrich Gärtner die weitere Bebauung.

Er beginnt mit der Staatsbibliothek: 155 Meter Renaissance-Architektur bestimmen jetzt die Straßenachse. Griechische Gelehrte künden vom Schatz dieser Universalbibliothek.

Hier arbeitet auch Johann Andreas Schmeller, der Custos der in die Staatsbibliothek überführten Bücherbestände aus den aufgelösten Klöstern. Er meint, wichtiger als eine Prachttreppe seien angemessene Räume für die Prachtbände.

Der Bau der Ludwigstraße ist das zeitlich und entfernungsmäßig längste Projekt. Die Bauarbeiten dauern von 1816 bis 1852, also 36 Jahre.

Als Brechung der Längs-Tektur dienen die zwei Türme einer Kirche im Baustil einer byzantinischen Basilika.

Die Fertigstellung dieser Kirche mit dem Namen des Königs, aber ohne Pfarrgemeinde, verzögert sich. Nachdem die Stadt bereits viel Geld für den Ankauf von Grundstücken für den Bau der Ludwigstraße ausgeben musste, soll sie jetzt auch noch größtenteils die Baukosten für die Ludwigskirche übernehmen. Als die Stadtverwaltung auf ihre Schulden hinweist und weitere Zahlungen verweigert, werden die Bauarbeiten für drei Jahre eingestellt. Der König droht der Stadt:

»Ich habe einen Wittelsbacher Kopf nicht von Eisen, sondern von Stahl, der nicht nachgibt ... Das Erste ist, dass sie die Universität verlieren.«

Gärtner baut trotz des Finanzstreits um die Ludwigskirche eine Universität für 1500 Studenten. Die neue Ludwigskirche als Universitätskirche, als ein Pendant zur alten Theatinerkirche.

Dicht neben die Hofkirche am neu geschaffenen Odeonsplatz lässt Ludwig nach dem Vorbild der Loggia dei Lanzi in Florenz die Feldherrnhalle bauen, eine Halle mit Bronzestatuen der Feldherrn Tilly und Wrede als Bindeglied zwischen Kirche und der Residenz.

Als militärisches und bauliches Pendant zur Feldherrnhalle errichtet der Architekt Friedrich von Gärtner am Ende der Ludwigstraße das Siegestor, dem Konstantinbogen in Rom gleich, »Dem bayerischen Heere« gewidmet.

»... Auf denselben soll eine kolossale Bavaria in einer Quadriga von Löwen gezogen, in Erz gegossen, prangen«, notiert Gärtner den königlichen Auftrag. Zu Ende führen kann Gärtner das Siegestor nicht mehr, er stirbt 1847.

Das Tor am Ende der Stadt, mit einer Universität, einem Platz sowie einer Kirche – spiegelverkehrt zur erweiterten Residenz, einer Loggia, vor dem Platz an der Kirche, am Eingang zur Altstadt – dazwischen Palazzi, Wohn- und Geschäftshäuser, ein Kriegsministerium, eine Bibliothek, eine Salinenverwaltung, ein Damenstift, ein Erziehungsinstitut höherer Töchter und ein Priesterseminar: Die Ludwigstraße als Gesamtensemble – ein leerer, nach oben geöffneter, 1,3 Kilometer langer Saal.

München – eine Kunststadt. Der König will es so:

»Ich will aus München eine Stadt machen, die Teutschland so zur Ehre gereichen soll, dass keiner Teutschland kennt, wenn er nicht München gesehen hat.«

»Die Sache ist dem Ansehen nach auf eine Stadt von 150 000 Einwohner berechnet, und München zählte und zählt gegenwärtig noch nicht mehr als 70 bis 80 000. Alt-München liegt, wie Altbayern, unschön, aber zweckmäßig und fest da.«

So sieht der Schriftsteller Karl Immermann München in der Mitte des 19. Jahrhunderts:

»... das Ganze aber ist bis jetzt noch ein Chaos. Glyptothek, Pinakothek, Bibliothek, Ludwigskirche, der Obelisk und was sonst noch, stecken zum Teil fertig, zum Teil selbst noch von den Brettergerüsten umstarrt. Nur die Ludwigstraße und etwa der Maxplatz sind fertig zu nennen.«

Bereits 1818, noch als Kronprinz, hatte Ludwig seine Rolle definiert:

»Nach Bonaparte müsse man auf den Ruhm der Waffen verzichten. Um ein großer Fürst zu werden, sei das Land Bayern ein viel zu enger Spielraum, sodass nichts übrig bleibe, als der Mäzen Europas zu werden.«

Bei der Grundsteinlegung der Neuen Pinakothek definiert 1846 Ludwig seine Rolle als König:

»Des Staatsmanns Werke werden längst vergangen sein, wenn die des ausgezeichneten Künstlers noch erhebend erfreuen.«

Die Kulturpolitik des Staatsmannes Ludwig I. zeigt seine Verbundenheit mit der Geschichte des Landes.

Als er König wurde, lässt er die Wiedererrichtung »einiger« Klöster zu. Eine Entscheidung, auf die sein Lehrer Johann Michael Sailer, nun Bischof von Regensburg, Einfluss hatte. 1831 gibt es wieder 43 klösterliche Niederlassungen.

Der König macht die gesammelten Bilder der Wittelsbacher Galerien der Öffentlichkeit zugänglich. Diese Bilder stellt er in eigens dafür gebauten Tempeln aus.

Der König hat auch eine private Walhalla. Er allein entscheidet, wer in diese Sammlung der Schönsten seines Königreichs aufgenommen wird.

Diese Schönheitsgalerie befindet sich im Nymphenburger Schloss. 38 Schönheiten werden aufgenommen, Frauen aus den verschiedensten Gesellschaftsschichten, also nicht nur höhere Töchter. Nicht alle folgen der Einladung, einfach »um Missdeutungen auszuweichen«.

1847 posiert eine »spanische Tänzerin« – Lola Montez. Im Jahr zuvor, am 5. Oktober 1846 kam sie in München an, sprach beim Intendanten des Hof- und Nationaltheaters vor. Da dieser ihr kein Engagement in Aussicht stellte, ersuchte sie um eine Audienz beim König. Ludwig I., 60 Jahre alt, empfing die 25-jährige Actrice in der Residenz. Der König schrieb auf, was ihn nun von Stund an umtreibt:

»Ich kann mich mit dem Vesuv vergleichen, der für erloschen galt, bis er plötzlich wieder ausbrach. Ich glaubte, ich könnte nicht mehr der Liebe Leidenschaften fühlen, hielt mein Herz für ausgebrannt. Ess-Lust und Schlaf verlor ich zum Teil, fiebrig heiß wallte mein Blut. In des Himmels Höhen erhob es mich, meine Gedanken wurden reiner, ich wurde besser. Ich war glücklich, bin glücklich. Einen neuen Schwung hat mein Leben bekommen ...«

Schwung – ein oft benutztes Wort des Königs.

Ihre Liebe sorgt dafür, dass die Straßen, Plätze und manche Gebäude, die er bauen ließ, sich jetzt mit Leben füllen …

Ludwig I. weist nach der Audienz den Intendanten an, die Tänzerin zu engagieren und lässt sie wissen: Er freue sich darauf, sie tanzen zu sehen.

Bereits einige Tage später sieht er sie im Nationaltheater – in dem Schwank »Der verwunschene Prinz« im Zwischenakt. Es ist sein Hochzeitstag. Der König ist fasziniert von der Tänzerin. Er findet sie unwiderstehlich. Obgleich man dem König zu verstehen gibt, die Tänzerin sei anderswo höchst unangenehm aufgefallen, habe keine Personalpapiere, sei nicht spanischer, sondern irischer Herkunft und in Limerick als Eliza Gilbert geboren, sucht er ihre Nähe.

Die stets schwarz gekleidete Dame mit der schwarzen Dogge fällt den Münchnern auf. Bald rühmt sie sich öffentlich, die Mätresse des Königs zu sein. Die »Spanierin« wird zum Stadtgespräch. Karikaturisten treiben ihren Spott.

Als sie bayerische Staatsbürgerin werden will, reagiert der Staatsrat abweisend, die Antragstellerin habe nicht einmal Personaldokumente. Der erzürnte König von Bayern verleiht daraufhin Maria de los Dolores Porrys y Montez am 10. Februar 1847 persönlich die Staatsbürgerschaft. Der Name der Eliza Gilbert aus Irland klingt jetzt spanisch. Das Kabinett um Carl von Abel fühlt sich übergangen und tritt zurück.

Die Karikaturen werden deutlicher. Der bayerische König tanzt nach der Pfeife der zugezogenen Jungbürgerin. Was Lola verlangt, muss Ludwig ihr geben und das neue Ministerium muss es absegnen.

Die Entlassung des Ministeriums löst bei Professoren und Studenten Proteste aus. Demonstranten vor der Universität rufen »Pereat Lola«. Der Bibliothekar an der Staatsbibliothek Johann Andreas Schmeller ist Augenzeuge:

»Lola Montez finis Bavariae … Mögen diese Gedankenwolken verstieben wie die heutigen auf der Straße, und König Ludwig, der bisher nicht ohne Großes und Gutes gewesen, wieder genesen von dieser hispanischen Monomanie.«

Lola will nicht nur Bayerin sein, sondern auch noch Gräfin werden. An seinem 61. Geburtstag erfüllt er ihren Wunsch. Sie heißt jetzt Gräfin von Landsfeld, ein Ort, den es gar nicht gibt. Das Volk spottet. Ein Stoßgebet zum Himmel wünscht die Gräfin zum Teufel.

Lola Montez wohnt in der Barerstraße 7, einem Haus, das sie mit königlicher Hilfe erwarb. Ludwig besucht sie täglich.

Am 11. Februar 1848 eskaliert der Unmut der Bevölkerung. Eine große Menschenmenge belagert das Palais der Gräfin in der Barerstraße. Es werden Steine geworfen. Während Demonstranten das Palais von der Rückseite stürmen, entkommt Lola Montez in einer Kutsche.

Der König lässt die Universität schließen.

Lola Montez findet Unterschlupf im Schloss Blutenburg weit vor den Toren der Stadt.

Eine Delegation von Münchner Bürgern bittet den König eindringlich, die Universität wieder zu öffnen und Lola Montez auszuweisen. Der König gibt nach. Lola Montez wird in die Schweiz abgeschoben.

Dass die Straßen, Plätze und Gebäude, die er bauen ließ, jetzt zu Demonstrationen, Tumulten und Prügeleien genutzt werden, verbittert den König.

»Die Münchner Bürger sind sehr undankbar; sie vergessen, was ich seit 23 Jahren für die Stadt getan habe. Ich kann meine Residenz auch verlegen, nichts hindert mich daran.«

Diese Februar-Tumulte in München bis zu den Toren der Residenz richteten sich zunächst gegen des Königs Mätresse, doch dann gelten sie dem König.

Während der Tumulte im Februar in München ist Revolution in Frankreich. Diese Februar-Revolution wirkt sich schnell auch auf Deutschland aus. Das Volk geht auf die Straße. Die Bürger proben im März den Aufstand.

Die »Märzforderungen« sind auch in München unüberhörbar. Der König muss handeln. Er beschließt die Einberufung der Ständeversammlung für den 16. März. Der Bürgermeister der königlichen Haupt- und Residenzstadt lässt es anschlagen.

Doch draußen will man mehr: Der Ruf nach bürgerlichen Freiheiten wird immer lauter. Vor der Residenz fordern Bürger und Studenten Grundrechte, Versammlungsfreiheit, Pressefreiheit, Kontrolle der Regierung durch den Landtag, ein gesamtdeutsches Parlament ...

Diese revolutionären Märztage erschüttern auch München. Man wagt den Aufstand, will sich Waffen beschaffen, das Zeughaus stürmen.

Die Krise im Königreich begann nicht erst im Februar 1848 wie in Frankreich, sie begann bereits im Februar 1847. Seit einem Jahr ist Unruhe in der Stadt und jetzt ein Aufstand ausgebrochen.

Der Thron wankt.

Der König gibt dem Druck der Straße nach und verspricht mehr Bürgerrechte und Pressefreiheit. Dieser Märztag 1848 wird als glanzvoller Tag in die Geschichte Bayerns eingehen, jubelt man.

Der König fragt einen Vertrauten am Hof, ob das, was die da draußen wollen, ein konstitutionelles System bedeute? Als der Gefragte nickt, sagt Ludwig I. resigniert: »Ein bloßer Unterschreibkönig kann ich nicht sein.«

Noch vor Jahren, als er bei der Stadt München die Geldbeschaffung für die Ludwigskirche anmahnte, drohte er über die Schließung der Universität hinaus:

»Ich bin noch ein Zweites zu tun im Stande, was sie noch tiefer empfinden werden, wenn nicht geschieht, was ich will.«

Die Staatskrise wird zur persönlichen Katastrophe. Der König tritt am 19. März 1848 zurück. Seinen Thronverzicht erklärt er tags drauf seinem Volk:

»Bayern! Eine neue Richtung hat begonnen, eine andere als die in der Verfassungsurkunde enthaltene, in welcher Ich nun im 23. Jahr geherrscht. Ich lege die Krone nieder zu Gunsten Meines geliebten Sohnes, des Kronprinzen Maximilian.«

Und der Gräfin schreibt er in die Schweiz: »Ich habe auf die Krone verzichten können, aber nicht auf Lolitta.«

Angesichts der dramatischen Zuspitzung der Lage wird Maximilian in seiner Würzburger Residenz dringend gebeten, nach München zu kommen, um die Monarchie zu retten.

Am 22. März 1848 hält König Maximilian II. seine Thronrede:

»In einen neuen Abschnitt unseres öffentlichen Lebens sind wir eingetreten. Der Geist, der Europa durchdringt, gebietet es. Unser Wahlspruch sei Freiheit und Gesetzmäßigkeit.«

Mitten in einer Revolution wird Max II. König von Bayern. Schwarz-rot-goldene Fahnen in München, auch in Frankfurt und in Berlin.

Nach Barrikadenkämpfen vor dem Schloss beschwichtigt König Friedrich Wilhelm IV. sein Volk:

»Ich habe heute die alten deutschen Farben angenommen ... Preußen geht fortan in Deutschland auf ...«

Am 18. Mai 1848 tritt die Deutsche Nationalversammlung in der Frankfurter Paulskirche zusammen. In diesem ersten freigewählten Parlament finden 71 Abgeordnete aus Bayern Platz.

Die Paulskirche in Frankfurt ist zur Hoffnung aller Demokraten geworden.

Es geht um eine deutsche Verfassung. Doch welches Deutschland soll es sein?

Die bayerischen Abgeordneten suchen ihre Plätze in diesem neuen Deutschland. Gespannt beobachtet die bürgerliche Öffentlichkeit die Arbeit der Nationalversammlung.

In der Paulskirche werden die »Grundrechte des deutschen Volkes« debattiert und am 28. März 1849 die Verfassung des Deutschen Reiches verabschiedet. An der Spitze des Bundesstaates soll der preußische König als deutscher Kaiser stehen. Doch Friedrich Wilhelm IV. lehnt dieses Angebot und die bayerische Regierung lehnt die Reichsverfassung ab.

Jetzt entscheidet sich die Zukunft des Königreichs Bayern.

In der Pfalz wird die Republik ausgerufen, das Königreich steht auf dem Spiel.

»Die politische Bewegung in der Pfalz ist nunmehr in eine über den ganzen Kreis ausgedehnte Empörung übergegangen, der in Kaiserslautern gebildete Landesverteidigungsausschuss, schon in seiner Entstehung gesetzwidrig, hat ... eine bewaffnete Macht gebildet ... eine provisorische Regierung eingesetzt und hierdurch das letzte Band der gesetzlichen Ordnung vernichtet.«

Die Revolution wird niederkartätscht, das königliche Gesamt-Staats-Ministerium mit von der Pfordten droht mit einer Anklage wegen Hochverrats.

Von der Pfordten tritt die Bundesversammlung mit Füßen, so sieht es die liberal gesinnte Presse.

In dieser Enge und Hoffnungslosigkeit bleibt vielen Amerika die letzte Hoffnung.

Die Zahl der Auswanderer schwillt drastisch an. Allein im Jahr 1854 wandern 250 000 Deutsche aus. Schiffsagenturen inserieren in Zeitungen. Missernten und Hungersnot, die Bevölkerungszunahme und die politischen Verhältnisse zwingen viele zu diesem Entschluss, ihre Heimat zu verlassen.

Ein Netz von Auswanderungsbüros breitet sich über die deutschen Lande aus. So hat das Bremer Auswanderungsbüro Lüdering auch eine Filiale in Bamberg.

Im Jahre 1822 wohnten in Buttenheim 174 jüdische Bürger. 1867 sind es nur noch 73. Ihre Nachkommen wanderten in die Städte ab oder sie suchten ihr Glück in Übersee, in Amerika, wie auch die Familie Strauss.

Ein Ort wie Buttenheim verheißt in Zeiten wirtschaftlicher Not keine Zukunftschancen. Der Ort hat um 1847 etwa 900 Einwohner.

Buttenheim ist ein Dorf an der Landstraße zwischen Forchheim und Bamberg. In dieser Gegend wandert jeder Zehnte aus.

Die Familie Hirsch Strauss wohnt in der Marktstraße 83a. Hirsch Strauss ist Handelsmann. Er hat vier Kinder: Jakob, Jonas, Louis und Mathilde. Seine Frau stirbt im Alter von 35 Jahren. Hirsch heiratet wieder: Rebecca Haas. Dieser zweiten Ehe entstammen Fanny und am 26. Februar 1829 – Löb.

Hirsch Strauss zieht als Hausierer übers Land, verkauft seine Ware an die Bauern. Ein mühsames Geschäft. Und es geht immer schlechter. Nach »Lungensucht im zweiten Jahr« stirbt Hirsch Strauss im 66. Lebensjahr am 10. Juni 1846.

Die Juden in Buttenheim sind kleine Kaufleute. In den Urkunden wird die Familie Strauss zum ersten Mal im Jahr 1774 aufgeführt – bei der Geburt von Lipmann Strauss, sechs Jahre später folgt Hirsch. Der Vater ist Jakob Strauss. Sein Beruf: Viehhändler. Er war mit Meila verheiratet. Am 16. November 1780 bringt sie Hirsch zur Welt.

Ein anderes Dorf in Oberfranken: Reckendorf. Die Gemeinde hat über 1100 Einwohner, 300 davon sind Juden.

Ein Verzeichnis über Reckendorfs Grund- und Vermögensanlagen, eine Steuerliste wird zur Familienchronik der Familie Haas.

394 Grabsteine stehen auf dem jüdischen Friedhof in Reckendorf.

Zwei Gemeinden, zwei Friedhöfe, zwei Familien – Haas und Strauss. Sie stehen für das Schicksal vieler Menschen in Oberfranken.

Abraham Haas, Schnittwarenhändler, verlässt 1863 Reckendorf und wandert nach Amerika aus.

Auch die Familie Strauss geht zum Auswanderungsbüro nach Bamberg – ein Tor zur Welt. Zwei Strauss-Kinder, Louis und Jonas, sind bereits nach Amerika, nach New York, ausgewandert.

Die Agenturen der Übersee-Häfen sind auch in Franken vertreten. In der Bamberger Filiale arbeitet Nikolaus Kopp.

In den Zeitungen stehen Lebewohl-Grüße an Verwandte, Freunde und Bekannte beim Aufbruch in die neue Welt.

Am 4. Juni 1847 reicht Rebecca Strauss ihren Antrag »zur Auswanderung in die Vereinigten Nordamerikanischen Freistaaten« ein. Die 48-Jährige stellt den Antrag auch für ihre 26-jährige Stieftochter Mathilde, für ihre 24-jährige Tochter Fanny und den 18-jährigen Sohn Löb. Der Preis – 200 Gulden. Bereits am 14. Juni 1847 wird von der königlich-bayerischen Regierung die Auswanderung »über Bremen nach New York« genehmigt.

Der »amerikanische Traum« des Löb Strauss, Sohn eines »Stoff-Juden« aus Bayern, wird Wirklichkeit.

Fast alle Auswanderer aus Oberfranken haben Bremerhaven zum Ziel, ein Umschlagplatz für Hunderttausende von Schicksalen. Über New York erreicht Löb Strauss im März 1853 San Francisco. Im selben Jahr wird er amerikanischer Staatsbürger und nennt sich jetzt Levi Strauss.

Der »Importer, Dealer in Clothing« lässt sich die Nietenröhrenhose patentieren. Es ist die Geburtsstunde der Jeans, passend für die Goldgräber.

Ebenso über New York kommt auch Lola Montez nach Kalifornien. Sie trifft zwei Monate später als Levi Strauss in San Francisco ein. Wie schon am Broadway spielt sie hier die Hauptrolle im Theaterstück »Lola Montez in Bavaria«. In den fünf Akten präsentiert sie ihre bayerische Geschichte. Hauptschauplatz ist das Palais in der Barer Straße.

Lola Montez schreibt eine Autobiografie. Sie stirbt 1861 in New York und wird auf dem Greenwood Friedhof von Brooklyn begraben.

Weiß-blauer Himmel über München und über der Theresienwiese, drei Tage vor dem 40. Hochzeitstag von Therese und Ludwig. 40 Jahre nach dem ersten Oktoberfest ein Festtag auf der »Wiesn« – der Tag der Enthüllung, der 9. Oktober 1850.

»Wie alle Welt weiß, gab es nur einen Koloss in Rhodos und so soll auch alle Welt wissen, dass es nur eine Bavaria in München gibt!«, sagt der im Stolz ungebrochene, abgedankte König über die erste monumentale Statue seit der Antike.

Er hat oft in der Erzgießerei des Ferdinand von Miller nachgesehen, wie sich die Dame aus Erz entwickelt.

Ein bayerischer Löwe bewacht sie. Gegen die Winterkälte schützt sie das Fell eines Bären.

Die Pallas Athene vom Parthenon in Athen als Bavaria in München, statt griechisch eher germanisch, mit Eichenlaub und Schwert.

Königliche Worte Ludwigs zum Tag der Enthüllung: »Ich stehe in meinem 64. Jahre und habe viel Schönes gesehen und viel Frohes erlebt; aber das Schönste und Froheste Heute.«

Mit Sockel und Eichenkranz misst sie 30 Meter, fast ein achtes Weltwunder.

Ein anderes Bauwerk in der königlich-bayerischen Hauptstadt, nicht aus Bronze wie die Bavaria, sondern aus Gusseisen – fast 250 Meter lang: der Münchner Glaspalast auf dem Gelände des Alten Botanischen Gartens.

Dem Intendanten des Hof- und Nationaltheaters, Franz Dingelstedt, fällt Klenzes Reaktion auf dieses Bauwerk auf. Wenn Klenze an dem Palast vorbeigeht, spuckt er aus, »denn, geiferte er, dass Einer aus Thon, oder aus Holz, oder aus Pappendeckel, meinethalben auch aus Dreck baut, wenn er keine Steine hat, das begreif ich; aber aus Glas und Eisen, die beiden einzigen Stoffe der Welt, denen die Baukunst weder Form noch Farbe zu leihen vermag – mit ihnen hantirt ein reputirlicher Meister nicht. Das ist Pfuscherei.«

Die Bauteile des Glaspalastes werden von der Firma Cramer-Klett hergestellt. 1854 bauen 600 Arbeiter die Fertigteile in 78 Tagen zusammen. Der Inhaber Theodor Cramer-Klett wird für diese Bauleistung geadelt.

Neben dem Wunderwerk aus Eisen und Glas baut diese Nürnberger Eisengießerei und Maschinenfabrik alles, was das neue Industriezeitalter braucht: Walzen, Dampfmaschinen oder auch Eisenbahnen – von 1850 bis 1884 werden in dieser Industriestadt etwa 35 000 Wagons gebaut.

Die Eisengießerei und Maschinenfabrik baut auch Brücken wie in Großhesselohe über die Isar oder im Zentrum Münchens die 400 Meter lange Schrannenhalle aus Gusseisenteilen – technische Meisterwerke eines Industriepioniers.

Jetzt greift der Ex-König seine Bautätigkeit wieder auf: Ludwig drängt Klenze, die Befreiungshalle bei Kelheim endlich fertig zu stellen. Er hatte seinen Architekten für den Bau der Eremitage in Petersburg immer wieder freigestellt.

Am 18. Oktober 1863, am 50. Jahrestag der Völkerschlacht bei Leipzig, übergibt Ludwig sein Geschenk den »Teutschen«.

Der frühere König mahnt von Bayern aus die anderen deutschen Staaten zur Einheit. Doch als es bereits 1849 um eine neue Reichsverfassung ging, lehnte Bayern diese als zu zentralistisch ab.

Max II. ist König zu einer Zeit, in der die innere Verfasstheit des Landes angeschlagen ist und die äußere Fassung in einen deutschen Einheitsstaat abzudriften droht.

König Max II. versucht mit Blick auf die europäische Landkarte die Trias-Idee aus der Zeit des Rheinbundes wieder ins Spiel zu bringen. Die größte deutsche Mittelmacht soll die anderen deutschen Mittel- und Kleinstaaten in der Mitte Europas zu einem dritten Deutschland zusammenführen und dessen Selbstständigkeit gegenüber den Großmächten Preußen und Österreich wahren.

In dieser politisch offenen Situation setzt König Max II. seinen eigenen Akzent: Die Wissenschaft, vor allem die historische Disziplin, soll den Standort Bayern bestimmen:

»Dem Geist alle Tore zu öffnen, dass Bayern nicht zurückstehe hinter der Entwicklung der Zeit.«

König Max II. beruft Wissenschaftler nach Bayern, »Nordlichter« werden sie genannt, und stiftet den Maximiliansorden für Wissenschaft und Kunst.

Auch der Naturforscher Alexander von Humboldt wird in diesen illustren Kreis aufgenommen. Für diesen Anlass werden alle portraitiert, die eine Rolle »in diesem Kapitel der bayerischen Geschichte« spielen – geadelte Wissenschaftler, unter ihnen Leo von Klenze, Josef von Fraunhofer und Lorenz von Westenrieder.

Jede Woche lädt der König diese »Walhalla der lebenden Gelehrten« zu einem Symposium in die Residenz ein. Auch der aus Berlin kommende Dichter Paul Heyse ist eingeladen:

»Am 4. Dezember des Jahres 1854 fand nun auch das erste Symposion statt, an dem ich teilnahm. Man wurde regelmäßig erst am Morgen oder Mittag zu diesen Abenden eingeladen und hatte in Frack und schwarzer Krawatte zu erscheinen. Oben in dem Vorzimmer der so genannten Grünen Galerie nahmen einem die Lakaien den Mantel ab … Der König schien großes Gefallen daran zu finden und brachte immer neue Fragen aufs Tapet, über die er zunächst den gerade Sachverständigen unter uns zu hören wünschte.«

Die Patrona Bavariae soll helfen: 1854 ist auch ein bitteres Jahr. Die Cholera breitet sich nach 1836 erneut in Bayern aus. Diese Epidemie rafft allein in München fast 3000 Menschen dahin.

Der Theatermann Franz Dingelstedt schildert diese trostlose Zeit in der Stadt:

»Dann aber brach es los, mit elementarer Gewalt, das grässliche Unwetter. Fremde und Einheimische, gleich einer scheuen Herde, nach allen Weltgegenden zerstreuend, die herrlich aufgeblühte Stadt über Nacht entvölkernd, monatelang wütend, und zwar mit gleichem Zorn gegen Paläste und Hütten. Furchtbarer habe ich niemals, nirgends im

Leben einen Gegensatz gesehen als München in der Mitte Julis und München in der Mitte Augusts. Alle Gasthöfe leer, noch leerer die Theater, am allerleersten der Glaspalast, aus dessen zum Ersticken heißen Räumen ein schwüler Hauch, wie aus der Tiefe des Seuchenherdes oder aus einem schwefelichten Krater, den wenigen, schattenhaft umherirrenden Besuchern entgegenqualmte.«

Auch der für medizinische Chemie nach München berufene Professor Max von Pettenkofer ist infiziert. Er will die Epidemie besiegen und geht den Ursachen auf den Grund. Er findet sie in der Qualität des Grundwassers. Er sorgt dafür, dass aus der »Pest-City« eine saubere Stadt wird.

Jedem König seine richtungsweisende Straße: für Ludwig I. die Ludwigstraße, für Maximilian II. die Maximilianstraße.

Nach der Art der Könige von Bayern: Regieren hat mit dem Bauen eines gemeinsam – den Stil. In der Suche nach einem neuen Baustil zeigt sich auch die Suche nach einem neuen Regierungsstil. Maximilian rät »das Formenprinzip der altdeutschen, der so genannten gotischen Architektur nicht ganz aus den Augen zu lassen.«

Alles Frostige, Schwerfällige, Düstere und Strenge solle sich dem leichten und heiterem Schwung der Formen öffnen ... So entsteht das Bayerische Nationalmuseum in der Maximilianstraße, in das später das Staatliche Museum für Völkerkunde zieht.

Maximilian setzt seinem Lehrer und Freund, dem Philosophen Friedrich Wilhelm von Schelling ein Denkmal, auch Joseph von Fraunhofer aus Straubing, dem Mitglied der Bayerischen Akademie der Wissenschaften.

Die Straße des Königs Maximilian soll sich von der Straße des Königs Ludwig unterscheiden:

Gegenüber dem originären Bayerischen Nationalmuseum entsteht ein origineller Bau im »Maximiliansstil« für die Regierung von Oberbayern, mit einer Arkadengalerie.

»Muss man in der Baukunst, um etwas treffliches zu schaffen, immer ausschließlich einem reinen Stil folgen, oder ist es einem schöpferischen Geist erlaubt, aus den verschiedenen das Beste wählend, etwas Originelles zu bilden …«, fragte sich Maximilian bereits als Kronprinz.

Maximilian setzt auch dem bayerischen General in den napoleonischen Kriegen, Deroy, ein Denkmal in seiner Straße. Er schreibt einen Ideenwettbewerb aus – 100 Architekten aus dem In- und Ausland sollen eine neue zeitgemäße Architektur begründen. Der neue Stil soll sich abheben von bislang bekannten Baustilen. Nur 17 reichen ihre Entwürfe ein, darunter auch Leo von Klenze; da sich Maximilian vom Klassizismus-Baustil seines Vaters unterscheiden will, scheidet Klenze aus.

Friedrich Bürklein, ein Schüler von Gärtner und Baurat im Stadtbauamt, kommt auf den dritten Platz und erhält den Zuschlag.

Er baut das »Athenäum«, das dann zum »Maximilianeum« wird, eine Bildungsanstalt für Begabte aus Bayern. Sein »Bürklein-Stil« prägt die ganze Meile.

Am Ende seiner Straße dann auch noch sein Denkmal.

Am 10. März 1864 stirbt König Maximilian II. Ludwig I. weilt in Afrika. Von Algier schickt er seinem Bruder Luitpold ein Kondolenzschreiben:

»… Arme Marie, armer Ludwig auch! Dessen Jugend hin ist, mit 18 Jahren schon auf den Thron kommt, und das in welcher Zeit … Mein Sohn Maximilian ist für seinen Ruhm in günstiger Zeit gestorben.«

Drei Jahre später stirbt in Bamberg Ludwigs zweiter Sohn Otto, der sein griechisches Königreich verloren hatte. Ein halbes Jahr darauf, am 29. Februar 1868 trifft in München die Nachricht ein, dass der alte König Ludwig I. verschieden sei. Noch vor der Französischen Revolution war er in Strassburg geboren und jetzt in Nizza gestorben.

Friedrich August von Kaulbach malt Coletta Möritz, Kellnerin im »Sternecker Bräu« im Tal, und macht die schöne Münchnerin zu einem Markenzeichen des Oktoberfestes – zur »Schützenlisl«

10
Traum und Wirklichkeit

Ludwig II.: »Im teuren, poesiedurchwehten Hohenschwangau, im lieben Berg, am Ufer des herrlichen Sees, auf den Gipfeln der Berge, in der einsam gelegenen Hütte oder in der Rokoko-Pracht meiner Gemächer ist es mein höchster Genuss, der sich nie erschöpft, in das Studium fesselnder Werke mich zu vertiefen, und darin Trost und Balsam zu finden für so manches Herbe und Schmerzliche, das die traurige Gegenwart, das mir sehr zuwidere 19. Jahrhundert mit sich bringt.«

»Stücke aus alten Weisen wurden gespielt, schöner Zauber, der nicht für immer vergehen darf, glückliches Traumbild, das nicht zerrinnen sollte, o herrliche, heilige Zeit des wahren, echten Rittertums, gepriesenes gotterfülltes Mittelalter.«

»Oh, es ist notwendig, sich solche Paradiese zu schaffen, solche poetischen Zufluchtsorte, wo man auf einige Zeit die schauderhafte Zeit, in der wir leben, vergessen kann.«

»Ich kann es nicht mehr ertragen, mich von Tausenden Menschen anstarren zu lassen, tausend Mal zu lächeln und zu grüßen, Fragen an Menschen zu richten, die mich gar nichts angehen und Antworten zu hören, die mich gar nicht interessieren.«

Und zum Schlossdiener Stichel sagt der König, als er Neuschwanstein verlassen muss:

»Sticherl, leben sie wohl, bewahren sie diese Räume als Heiligtum, lassen sie es nicht profanieren von Neugierigen …«

Ludwig, eben volljährig geworden, gerade noch Student an der Universität und unvorbereitet auf die Rolle eines Königs, ist seit dem 10. März 1864 König von Bayern.

»Ich bin viel zu früh König geworden. Ich habe nicht genug gelernt. Ich hatte so schön angefangen, Staatsrecht zu lernen. Plötzlich ward ich herausgerissen und auf den Thron gesetzt …«

Jetzt schreibt er sich nach der Vätersitte: »Ludwig von Gottes Gnaden, König von Bayern.«

Eigentlich heißt Ludwig zunächst Otto. Genauer: Otto Friedrich Wilhelm Ludwig. Benannt nach seinem Taufpaten Onkel Otto, König von Griechenland. Der andere Taufpate ist ein Großonkel mütterlicherseits – Friedrich Wilhelm IV., König von Preußen.

Ludwig liebt Burg Schwanstein. Als Kind zeichnet er einen Schwan, Symbol seiner Traumwelt und Wappentier am Burgtor von Schwanstein.

Nach der Taufe bedrängt Großvater Ludwig die Eltern, ihr Kind doch Ludwig zu nennen. Der vierte Vorname von Otto Friedrich Wilhelm Ludwig wird vorgezogen. Der Großvater wünscht den richtigen Rahmen, dass ihr gemeinsamer Tag der Geburt, der 25. August, auch beider Namenstag sei.

Ludwig hat sich seine eigene Welt geschaffen. Er durchstreift die Natur, auf der Suche nach den Orten der Sagen und Legenden.

Aus der Burg Schwanstein macht sein Vater das neugotisch gestaltete Schloss Hohenschwangau. Hier sieht sich Ludwig als Schwanenritter. Diese Rolle wird gewürdigt durch Geschenke: eine Nadel mit einem Schwan und Bilder aus der mittelalterlichen Welt der Nibelungen zu seinem 18. Geburtstag, der auf Hohenschwangau gefeiert wird. Jetzt ist der Kronprinz volljährig, ein halbes Jahr später, am 10. März 1864, nach dem plötzlichen Tod seines Vaters Maximilian II. bayerischer König.

Seitdem Ludwig voller Ergriffenheit und unter Tränen den Schwanenritter Lohengrin auf der Bühne erlebte, will er den Schöpfer dieser romantischen Oper kennen lernen.

Kaum ist er König, lässt Ludwig II. durch einen Boten nach Richard Wagner suchen. Er bittet ihn am 4. Mai 1864 in die Residenz nach München.

Der junge Mäzen bietet dem 51-jährigen Richard Wagner einen Vertrag an, die bereits fertige Textdichtung »Der Ring des Nibelungen« innerhalb von drei Jahren als Komposition zu vollenden. Das Honorar zahlt die königliche Kabinettskasse. Für die Aufführung will Ludwig einen Kunsttempel bauen – ein Festspielhaus auf dem Gasteig in München.

Neben einem Jahresgehalt erhält Richard Wagner ein Haus in der Brienner Straße und ein Landhaus am Starnberger See.

Dafür darf der König den Zeitplan der Komposition bestimmen.

Richard Wagners Geldbedarf stößt auf Kritik. In Anspielung auf die Lola-Montez-Affäre Ludwigs I. wird Richard Wagner zum Lolus Ludwigs II.

Der Druck auf den König wächst. Lolus muss München verlassen, wie Lola geht er in die Schweiz.

Ludwig war König in Bayern geworden, als sich Preußen und Österreich im Krieg gegen Dänemark befanden. Nach ihrem Sieg sollten sich die Bündnispartner im Deutschen Bund die Verwaltung Schleswigs und Holsteins teilen. Doch Preußen besetzt auch Holstein. Der Deutsche Bund beschließt die Bundesexekution, erklärt also Preußen den Krieg. Bayern sieht sich mit den bundestreuen Staaten an der Seite Österreichs.

Genauso schwerfällig, wie er die bayerische Armee mobilisierte, ist Ludwig Ende Juni 1866 zum Besuch des Hauptquartiers in Bamberg zu bewegen. Die Soldaten jubeln ihm zu, da sie annehmen, der König setze sich an ihre Spitze. Doch er reist ab an den Starnberger See. Die preußischen Truppen sind bereits in Sachsen, Hannover und Kurhessen einmarschiert.

Am 3. Juli besiegen sie in Böhmen bei Königgrätz die österreichische Armee. Dann marschiert die preußische Armee nach Bayern. Es kommt zu Gefechten bei Rossbach und bei Kissingen. Die Preußen stoßen nach Bayreuth vor und besetzen Nürnberg. Es geht jetzt darum, militärisch zu demonstrieren, wer in Deutschland die Macht hat, die deutsche Frage, ob kleindeutsch oder großdeutsch, zu lösen. Preußen ist entschlossen, die deutsche Frage mit »Eisen und Blut« für sich zu entscheiden.

Bayern muss 30 Millionen Gulden Kriegskostenentschädigung zahlen und in einem geheimen Vertrag versichern, dass Bayern im Falle eines Krieges an der Seite Preußens kämpft.

Dafür kann Bayern einigermaßen sein Territorium bewahren. Doch ab jetzt stellt sich die Frage nach der Handlungsfähigkeit des Landes. Als ob er alles noch unter einem Dach bewahren will, stülpt der König ein Dach über das Dach der Residenz.

Ludwig baut sich nach dem Muster des Glaspalasts ein eigenes Dachhaus aus Glas und Eisen, 70 Meter lang. Die Bauzeit des Palasts in München dauert über fünf Jahre, genauso lang wie Bismarcks Reichsbau in Berlin.

Bereits Ludwigs Vater hat sich auf dem Dach der Residenz einen Pavillon erlaubt. Ein Familienfoto mit Ludwig und dem Bruder, der dann Otto heißt, mit den Eltern und Großvater Ludwig I. und Prinz Luitpold mit seiner Familie. Ein Familienfoto der Wittelsbacher Generationen, dokumentiert vom Hoffotografen Joseph Albert, auf dem Dach der Münchner Residenz.

Der König lässt ein Familienmitglied in seine konstruierte Traumwelt mit hineinschauen:

»Wir gingen durch ein Schreibzimmer im Stil von Versailles … Lächelnd hob der König den Vorhang zur Seite. Ich war verblüfft; denn ich sah einen riesigen, auf venezianische Art beleuchteten Garten mit Palmen, einem See, Brücken, Hütten und schlossartigen Bauwerken

… Wir gingen auf einer Holzbrücke über einen beleuchteten See und sahen vor uns eine indische Stadt … Der König führte uns weiter auf einem schmalen Pfade zum See, worin sich ein künstlicher Mond spiegelte. Blumen und Wasserpflanzen magisch beleuchtend. An einen Baum war ein Boot gebunden, wie es die Troubadours in alten Zeiten benutzten.«

Unter dem See des Dachgartens wohnt das Küchenpersonal:

»Häufig tropfte es ununterbrochen zwischen den wuchtigen T-Trägereisen unserer Zimmerdecke auf unsere Betten herab, sodass wir oft mit aufgespanntem Regenschirm schlafen mussten.«

Unten in der Grünen Galerie hatte die Schwester des Großvaters einst Eugène Beauharnais geheiratet.

Dessen Schwester Hortense lebte einige Zeit in Augsburg. Ihr Sohn Prinz Louis Napoleon besuchte dort auch das Gymnasium. Jetzt war dieser Prinz – Napoleon III., Kaiser der Franzosen.

1867 besucht ihn der bayerische König. Napoleon zeigt ihm die Pariser Weltausstellung. Neben Verwandtschaftssinn demonstriert der Kaiser auch Sinn für Geschichte. In Compiègne lässt er Ludwig eine Szene aus der Geschichte des Frankenreiches vorführen, damals, 757, als der junge Herzog Tassilo III. aus Bayern dem Frankenkönig den Lehenseid leisten musste.

Doch Tassilo verweigerte seinerzeit bald die Gefolgschaft. Der Sieg der Preußen bei Königgrätz sollte für Bayern eine Warnung sein.

Frankreich würde jetzt gern ein Bündnis mit Österreich und Bayern schließen.

Bismarcks Ziel ist die Schaffung eines Deutschen Reiches unter Preußens Vormachtstellung. Er braucht hierfür außenpolitisch den Kriegsfall.

In der preußischen Gesandtschaft in München spricht man von Napoleon III. als dem Erbfeind.

Bismarcks »Emser Depesche« provoziert die Kriegserklärung Frankreichs. Der Bündnisfall tritt ein und damit der Mobilisierungsbefehl.

So bedrängt muss der König, der sich auf Schloss Berg an den Starnberger See zurückgezogen hat, am 16. Juli 1870 vom Bett aus eine letzte souveräne Amtshandlung vollziehen – auf Französisch:

»J'ordonne la mobilisation; informéz en le Ministère de la guerre. Louis.«

55 000 Soldaten aus Bayern ziehen unter preußischem Oberbefehl in den Krieg gegen Frankreich und siegen in den Schlachten bei Weißenburg, Wörth und dann am 1. September bei Sedan. Tags darauf gerät der Kaiser der Franzosen in Gefangenschaft. Über die Zukunft des siegenden Deutschlands wird jetzt im deutschen Hauptquartier, im Schloss von Versailles, entschieden. Mitten im besiegten Land des Erbfeindes wird jetzt deutsche Politik gemacht. Die süddeutschen Staaten sollen dem Norddeutschen Bund angeschlossen werden und daraus soll ein Deutsches Reich, ein Kaiserreich, entstehen.

Bismarck entwirft einen Schriftsatz, den Bayerns König an den König von Preußen richten möge. Diesen »Kaiserbrief« überbringt der bayerische Oberstallmeister Max Graf von Holnstein. Ludwig II. lässt Bismarck wissen, dass ihm für seinen Einsatz 6 Millionen Gulden »angenehm« seien.

Der König unterschreibt den »Kaiserbrief« auf Hohenschwangau. Holnstein eilt nach München, um den Zug Richtung Frankreich zu erreichen; doch der Zug ist bereits abgefahren. Mit einer Extra-Lok holt er ihn ein.

Im Spiegelsaal von Versailles wird mit der Proklamation des Königs von Preußen zum Deutschen Kaiser Bismarcks Reich begründet.

Prinz Otto von Bayern berichtet seinem Bruder:

»Ach, Ludwig, ich kann Dir gar nicht beschreiben, wie unendlich schmerzlich es mir während jener Zeremonie zu Mute war …«

Die Soldaten kehren vom Feld heim. Sie ziehen durch das Siegestor, das »dem bayerischen Heere« gewidmet ist, zu einer Siegesparade in München ein.

Auch Prinz Otto ist aus Frankreich zurück – mit zerrütteten Nerven.

Eine Woche vor der Siegesparade schrieb ihm Ludwig:

»Denke nur, Otto, aus politischen Gründen, gedrängt von allen Seiten, habe ich mich veranlasst sehen müssen, zum Truppeneinzug den Kronprinzen von Preußen einzuladen, was mich geradezu zur Verzweiflung bringt.«

Die Soldaten ziehen am preußischen Kronprinzen Friedrich Wilhelm, der das Oberkommando auch über die bayerischen Truppen hatte, und am König von Bayern vorbei.

Die Zuschauer feiern die Kriegsheimkehrer. Wie dem König zu Mute ist, können sie nicht einmal ahnen:

»Viel fürchte ich von dem Einflusse der zurückkehrenden Truppen, die jene verdammten preußenfreundlichen, deutschschwindlerischen Ideen im ohnehin schon angesteckten Volke noch mehr verbreiten werden ... In Bayerns Interesse lag es, dass ich so handelte, denn hätte ich jene so schweren Opfer nicht gebracht, so wären wir zu noch viel schmerzlicheren gezwungen worden, ohne dass der Schein der Freiwilligkeit zu retten gewesen wäre ...«

Großvater Ludwig I. hatte seinem Enkel Ludwig II. eingeschärft:

»Verhüte, dass es nicht in der Geschichte heißt: Ludwig II. grub das Grab der bayerischen Monarchie.«

Als Ludwig sein Parade-Pferd besteigt, sagt er: »Heute tue ich meinen ersten Vasallen-Ritt.« Und in sein Tagebuch notiert er: »... des Kronprinzen von Preußen Gegenwart sehr störend und unangenehm.«

Ludwig schreibt auch:

»Wehe dass gerade ich zu solcher Zeit König sein musste. Ich habe seit dem Abschluss jener unseligen Verträge selten frohe Stunden, bin traurig und verstimmt, was bei allem, was ich durch die politischen Vorkommnisse zu dulden und zu leiden habe, nicht anders sein kann.«

Was Bayern als Rest seiner Souveränität behalten darf, ist eine eigene Post, eine eigene Eisenbahn, in Friedenszeiten die eigene Militärhoheit und eigene Gesandtschaften im Ausland. Bald schon wird dem bayerischen Heer die Pickelhaube aufgesetzt. Ludwig II.: »Die Folgen von 70 und 71 verbittern mir die Existenz.«

Bismarck hält Wort: Vom Reich fließen ab 1873 Millionenbeträge an des Königs Hofadresse.

Bayern erhält eine neue Währung: Der alte bayerische Gulden wird eingezogen, es kommt die Reichsmark. Auf den Goldmünzen in Bayern: König Ludwig und die Kehrseite der Medaille – der deutsche Reichsadler.

Aus dieser Gegenwart sucht Ludwig Zuflucht in der Vergangenheit »fern der profanen Alltagswelt«, wie er an Wagner schreibt, und fern »der unseligen Einkerkerung im wenig geliebten München. Auf den Bergen ist Freiheit und überall, wo der Mensch nicht hinkommt mit seiner Qual«.

Der Küchenjunge Theodor Hierneis hat sie so erlebt:

»Die nächtlichen Fahrten glichen einem nächtlichen Spuk, einem Märchenbild, das den wenigen Augenzeugen ein unvergänglicher Anblick, ein überirdisches Begegnis war.«

König Ludwig II. fährt am 25. August 1874 als Graf von Berg vom Starnberger See nach Versailles.

Ludwigs blauer Zug passt sich dem Fahrtziel Versailles an, im Barockstil, nicht von dem Baumeister Dominikus Zimmermann von der Wies, sondern von der Firma Cramer-Klett aus Nürnberg angefertigt. Jetzt fährt er incognito nach Versailles, nicht um Bismarck zu begegnen, sondern Louis XIV.

Es ist aber auch eine Fahrt zu dem Ort, wo durch die Übergabe des Kaiserbriefs seine eigene Entmachtung begann, auch seine Flucht aus der Gegenwart zurück in die Geschichte – eine Zeitreise.

Am Gare de l'Est kommt der Graf von Berg in Paris an und fährt dann weiter nach Versailles. Er schreibt in sein Tagebuch:

»Que Dieu me sanctifie e la mémoire du Grand Roi Louis XIV.«

(»Möge Gott mich heiligen und das Andenken des großen Königs Ludwig XIV.)«.

Für Ludwig II. hat dieser Besuch eine besondere Bedeutung. Es ist sein Namenstag und sein 29. Geburtstag.

Die erste Rate der Geldsumme aus der preußischen Kasse verwendet er als Anzahlung für den Erwerb einer Insel. Er hatte bereits eine ganze Liste von Inseln erkunden lassen – weitab von Bayern:

Samos in griechischen, Chilon in chilenischen Gewässern, Sizilien, Sardinien, Rügen, Samoa, auch Mallorca, bis die Wahl dann auf eine Insel im Chiemsee fiel – die Herreninsel.

Dort baut er sein Versailles, für ihn das Innerste des Herrschaftsverständnisses absolutistischen Königtums. Er sieht sich eins mit der Ludovizischen Dynastie-Tradition.

Ludwig hat Baupläne, Möbelentwürfe, ja den Alltag des Zeremoniells geradezu pedantisch studiert: »Ich will nur den historischen Vorgang wahrheitsgetreu dargestellt wissen«. Löwen an der Balustrade oder Rautenmuster lässt er beseitigen:

»Alles was Bayrisch ist muss in Chiemsee entfernt werden.«

Nichts soll ihn hier an Bayern erinnern. Es mussten Lilien sein, Symbol der Reinheit, bourbonische Lilien.

In der Architektur die Begegnung mit Ludwig XIV. suchen, dem absoluten Monarchen, dem Sonnenkönig nahe sein … Er baut maßstabsgerecht den Spiegelsaal nach, mit Geldern aus dem siegreichen Preußen, die wiederum durch die vom »Erbfeind« zu leistenden Kriegskosten-Entschädigungen reichlich gedeckt sind. Das Symbol französischer Machtentfaltung mitten im Land der Sieger.

Das Schloss des Sonnenkönigs wird durch die Originaltreue noch stimmiger als das im Lauf der Zeit veränderte Original. Barock und Rokoko gegen »Blut und Eisen«. Ein Schloss auf einer Insel, ganz für den König, fern der Zeit und fern vom Festland Bayern.

Sieben Jahre nach der Grundsteinlegung wohnt der König hier. Doch diese wenigen Septembertage des Jahres 1885 bleiben auch die einzigen. Zu seinem Abschied brennen 2000 Kerzen im Spiegelsaal. Es war des Königs letzter Bau, er sollte ein Torso bleiben.

Mit dem ersten seiner Königschlösser, Schloss Linderhof, Baubeginn 1869, nimmt König Ludwig die Spur des ersten großen Wittelsbacher auf:

»In der Ferne, am Ende des Tals, ragt die Kirche zu Ettal empor, aus dem dunklen Tannengrün. Nach dem Plan des Gralstempels zu Mont Salvat soll Kaiser Ludwig der Bayer diese Kirche erbaut haben. Und da belebt sich die Gestalt Lohengrins meinem Blick aufs Neue, und Parzival, den Helden der Zukunft, sehe ich im Geiste ...«

In dem Brief an Richard Wagner meint König Ludwig das Graswangtal.

Das Bauprojekt läuft unter dem Decknamen »Meicost Ettal«, der zusammengesetzt ist aus den Buchstaben von »L'état c'est moi«, dem Herrschaftsanspruchs des Sonnenkönigs: »Der Staat bin ich«. Oder auf bayerisch: »Mei, kostet Ettal ...«

Zauber der Welt, nicht vor einer Himalaya-Kulisse, sondern in den bayerischen Bergen, 1878 vollendet. Und so sieht es der König:

»... glückliches Traumbild, das nicht zerinnen sollte, o herrliche, heilige Zeit des wahren, echten Rittertums, gepriesenes gotterfülltes Mittelalter.«

In der Felsengrotte Capri-blaues Licht. Eine Hofdame beschreibt, wie das Leben auf Schloss Linderhof funktioniert:

»Phantastisch schimmerten Wellen, Felsenriffe, Schwäne, Rosen, das Muschelfahrzeug und der dahingleitende Märchenkönig. Wer aber hinter die Kulissen blickte, fand eine melancholische Prosa, einen abgehetzten Elektrotechniker, sieben von Arbeitern ständig geheizte Öfen.«

Für das Licht in der Grotte sorgt Siemens mit einer der ersten Lichtanlagen, eine königliche Innovation – Strom für die Romantik.

Und dann die wirkliche Gralsburg – die »Neue Burg in Hohenschwangau«, wie einem Bühnenbild des Lohengrin entnommen.

Die Baukosten für die Schlösser sind ins Unermessliche gestiegen, die Hofkasse ist verschuldet; der Weiterbau muss eingestellt werden. Der Schuldenstand führt zur Staatskrise.

Seit Jahren schon entzieht sich der König der Öffentlichkeit. Einer seiner letzten Auftritte war in Bayreuth – zur Einweihung des Festspielhauses im August 1876 anlässlich der ersten Gesamtaufführung des »Rings des Nibelungen«.

Die Schlösser sind als geweihte Stätten zu betrachten. Sie dürfen vom Volk nicht gesehen werden, weil der Blick des Volkes sie entweihen, besudeln würde, wird der König zitiert. Nach seinem Tod sollen sie in die Luft gesprengt werden.

Ludwig wendet sich an den Reichskanzler Otto von Bismarck, der ihm empfiehlt, die »Bewilligung der erforderlichen Summen bei dem Landtage zu beantragen.«

Jetzt handelt das Ministerium, dem durch des Königs Abwesenheit längst das Regieren überantwortet war.

Der König beschwört Innenminister Max von Feilitzsch, die Summen aufzutreiben, »um das Vergreifen an meinem Eigentum zu verhüten; denn würde dies nicht verhütet, so würde mich dies dermaßen empören, dass ich entweder mich töten, oder jedenfalls das schändliche Land sofort und für immer verlassen würde.«

Aber auch der Innenminister kann die fehlenden 20 Millionen nicht beschaffen.

Der König beherzigt jetzt Bismarcks Rat und beauftragt Ministerpräsident Johann von Lutz, dem Landtag die Finanzvorlage zuzuleiten. Am 5. Mai 1886 lehnt das Kabinett dies ab.

Für Ludwig ist diese Verweigerung wie ein Staatsstreich.

Das Ministerium hat inzwischen den »Geisteszustand seiner Majestät« untersuchen lassen. Dieses »Ärztliche Gutachten über den Geisteszustand Seiner Majestät des Königs Ludwig II. von Bayern« vom 8. Juni 1886 stellt eine Seelengestörtheit in sehr weit fortgeschrittenem Stadium und damit die Regierungsunfähigkeit fest.

Das Gutachten fertigte Professor Bernhard von Gudden an, ohne den König je untersucht zu haben.

Der Psychiatrie-Professor erfüllte den Auftrag des Ministeriums. Er behandelt den seit 1875 wegen unheilbarer Geisteskrankheit in Schloss Fürstenried internierten Bruder des Königs, Prinz Otto.

Das Traumschloss in den Alpen wird ihm zum Albtraum, seine Fluchtburg zur Falle. Eine »Fangkommission« bekommt den König zu fassen. Am 12. Juni 1886 wird er auf Schloss Berg am Starnberger See interniert.

Am Sonntag, dem 13. Juni 1886, um 18.45 Uhr verlassen der Arzt Gudden und sein Patient für einen Spaziergang Schloss Berg.

Noch in der Nacht dieses Pfingstsonntags werden beide tot aus dem Starnberger See geborgen. Die Uhr des Königs zeigt 18:54 Uhr.

So wie ihn Franz Defregger malt, will er gesehen werden: volksnah und auf der Jagd. Prinz Luitpold, der jüngste Sohn König Ludwigs I. und Onkel König Ludwigs II.

Er übernahm bereits am 9. Juni 1886 für den entmündigten König die Regentschaft.

Nach seines Vaters Wunsch hatte er die militärische Laufbahn genommen, war als Kriegsteilnehmer bei der Beschießung von Paris dabei, wurde Generalinspekteur der bayerischen Armee und jetzt im Alter von 65 Jahren Prinzregent. Er ist überall präsent, »hofiert« die bürgerlichen Kreise und gibt einer Torte den Namen, der Prinzregententorte.

In die Schicht, die in Bayern den Ton angibt und hoffähig ist, gehören in dieser Gründerzeit Industrielle und Bankiers. 1880 entsteht die »Münchener Rückversicherung«, die bereits Jahre später zum weltgrößten Rückversicherer aufsteigt, trotz ihrer Auszahlungen von elf Millionen

Mark für den Schaden, den das Erdbeben in San Francisco anrichtete. Auch die Königsschlösser sind feuerversichert, allein die Residenz in einer Höhe von sieben Millionen Mark.

Aus dieser Gründerzeit erzählt man sich die kurze Geschichte der »Bänkerin« Adele Spitzeder. In ihre »Dachauer Volksbank« in der Münchner Schönfeldstraße drängen Leute aus der Vorstadt und dem Umland, Fabrikarbeiter aus Giesing, Bauern aus dem Dachauer Land, und legen ihr ganzes Geld an.

Mit dem jeweiligen Neueingang bezahlt Adele Spitzeder die hohen Zinsen, zehn Prozent im Monat. Das spricht sich wie ein Lauffeuer herum.

Statt selber mühsam zu arbeiten, soll das eingezahlte Kapital arbeiten. Bauern verkaufen Haus und Hof, ihren ganzen Grund. Diese »Millionenbauern« werden Millionäre, ohne jetzt mehr Bauern sein zu müssen.

Madame Spitzeder kauft gegenüber ihrer Bank eine Wirtschaft als Wartezimmer für die Kunden, gibt auch eine eigene Zeitung heraus, um eine gute Presse zu haben. Sie engagiert sich für die Armen und richtet am Platzl eine Volksküche ein.

Adele Spitzeder betreibt auch Immobiliengeschäfte. Das mindert jedoch die Rücklagen, bis der Schwindel auffliegt. Das Bankinstitut wird geschlossen. Das Geld der Kunden ist weg – über 30 000 Gläubiger haben das Nachsehen. Die »Dachauer Volksbank« weist eine Überschuldung von zehn Millionen Gulden auf.

Die Behörden legten ihr mit einem Trick das Handwerk, um sie als Hochstaplerin zu fassen: Sie hatten Einleger gedrängt, ihr Geld und die Zinsen gleichzeitig abzuheben.

Es bleibt – nach dem Boom der Gründerzeit – nicht der einzige Bank-Bankrott. Die Rezession verursacht eine Kettenreaktion von Bank- und Börsenkrächen.

Viele Kunden der »Dachauer Volksbank« stehen vor dem Ruin, einige sehen nur noch im Freitod einen Ausweg.

Ende 1872 wird die gelernte Schauspielerin wegen Betrugs verhaftet und zu über drei Jahren Zuchthaus verurteilt. Dort schreibt sie ihre Memoiren: »Geschichte meines Lebens«. 63 Jahre wird sie alt, 1895 stirbt Adele Spitzeder einsam und arm in München.

Münchner Stadtgespräch wird auch bald eine Kellnerin aus dem Tal. Diese »schöne Münchnerin« droht sogar das Wahrzeichen der Landeshauptstadt, das »Münchner Kindl«, zu verdrängen. Friedrich August Kaulbach hat sie entdeckt – im Sternecker Bräu. Da sie nicht in sein Atelier kommen wollte, malt er das ›Biermadl‹ nach der Arbeit im Wirtshaus, sie tanzt auf einem Stuhl und jongliert Bierkrüge: Coletta Möritz, geboren in Ebenried bei Pöttmes im Donaumoos. Schon mit 16 hat sie als Gehilfin im Tal angefangen. Die Gäste schätzen ihr natürliches Wesen.

Auch Kaulbach geht sie nicht aus dem Sinn. Er gehört zur renommierten Künstlergesellschaft »Allotria«, steht ihr auch zeitweilig vor. Diese gestaltet den Festplatz für das 7. Deutsche Bundesschießen.

Für dieses Schützenfest vergrößert Kaulbach seine Pastellstudie zu einem riesigen Bild: Statt auf einem Stuhl tanzt die Kellnerin auf einem rollenden Bierfass. Die Coletta schmückt das Bierzelt »Zur Schützenlisl«. Als Schützenlisl wird sie zum Markenzeichen der darauf folgenden Oktoberfeste.

Jede der vier Bierhallen trägt nach den von Gabriel von Seidl und Rudolf von Seitz gestalteten Plänen »Wirtsschilder« als Wahrzeichen, von denen Rudolf von Seitz zwei malte.

Präsident dieses 7. Bundesschießens ist Ferdinand von Miller. Kaulbach, der Direktor der Akademie der Künste, dem Gabriel von Seidl seine Villa baute, geht beim Prinzregenten ein und aus. Er ist einer der ersten Künstler, die von ihm geadelt werden.

Thomas Mann stellt mit der Wahrnehmungsfähigkeit eines bayerischen Neubürgers fest: »Das Wichtigste aber ist, dass wirklich Künstlertum hier auf alte, echte Weise aus dem Bürgertum erwächst und mit ihm verwachsen bleibt …, und es ist münchnerisch, dass von zwei Brüdern, Träger eines altbürgerlichen Namens, der eine etwa Bäcker oder Brauer (und Mitglied des ›Kunstvereins‹!), der andere ein berühmter Architekt oder Erzgießer ist.«

Der Schriftsteller meint den Bäcker der Prinzregententorte und Brotfabrikanten Anton Seidl, dessen Frau aus der Bierbrauerfamilie Sedlmayr stammt und dessen Bruder der Architekt Gabriel von Seidl ist. Gleich zwei Sedlmayr-Töchter werden von zwei Söhnen des Erzgießers Ferdinand von Miller, dem Älteren, weggeheiratet. Gabriel von Seidl, der Architekt, baut auch für Franz von Lenbach eine fürstliche Villa, für die Hofhaltung der Münchner Künstlergenossenschaft, deren Präsident Lenbach ist, das Künstlerhaus, für den Prinzregenten ein Theater und entwirft bald auch für Oskar von Miller, den zehnten Sohn des Erzgießers Ferdinand von Miller, Baupläne für ein Deutsches Museum.

München ist eine Großbaustelle. Statt des monumentalen Theaters, das Ludwig II. für Richard Wagner bauen wollte, entsteht an der Äußeren Prinzregentenstraße das Prinzregententheater, in einer Bauzeit von nur 15 Monaten errichtet, am 20. August 1901 eingeweiht und als »Markstein in der Geschichte der Münchner Kunst« gewürdigt.

Ein »Museum von Meisterwerken der Naturwissenschaft und Technik« auf der Kohleninsel ist der Plan Oskar von Millers. 1905 erhält Gabriel von Seidl den Zuschlag für den Bau des Deutschen Museums.

Ein anderer Bau – der Justizpalast in München, durchgeführt von dem Architekten Friedrich von Thiersch, für 300 Amtsräume der Justitia, ein baulicher Schwerpunkt am Karlsplatz: Es war das zweitgrößte Bauvorhaben in der Prinzregentenzeit. Ein Prachtbau für die Widrigkeiten des Lebens – für Gerichtsprozesse.

Dieser Bau erinnert an das Reichstagsgebäude in Berlin, obgleich es dem bayerischen Volk gewidmet ist – die beherrschende Kuppel, ein

Symbol der Macht, und ein Treppenhaus als Raum der Begegnung. Friedrich von Thiersch, obgleich Sieger im Reichstagswettbewerb, baut seine Ideen für das Reich in Bayern.

Beispiele für den Bauboom der Gründerzeit in München:

Ein Laden en gros – ein erstes »Warenhaus«, am Haupteingang der Stadt, am Hauptbahnhof: Eine neue Tektur für einen neuen Markt. Das Kaufhaus »Hermann Tietz« sieht aus wie ein Bürgerhaus mit Läden im Parterre und verbirgt ein Eisenbetongerüst und einen Lichthof.

Ein erster Eisenbetonbau, ein gläserner Tempel für 500 Studenten: Mit dem Ausbau des Klinikviertels wird auch die Neue Anatomie gebaut.

Der Bau der Großmarkthalle in München wird zu einem der gelungensten Industriebauten Deutschlands. Sie ist ein Zweckbau ohne Zierrat, ebenso aus Eisenbeton, und meistert die Aufgabe der Zentralisierung der Lebensmittelversorgung – der Bauch der Stadt mit Gleisanschluss.

Die Akademie der Bildenden Künste wird 1885 fertig gestellt. Wegen steigender Studentenzahlen werden auch die Universität und die Technische Hochschule erweitert.

Doch manchmal »beißt sich« der Fassadenschmuck mit dem des nächsten Hauses: eine Nachbarschaft von Stilen, die Franz Grillparzer schon früh in München aufgefallen war.

> »Wie schön die Häuser stehn, wie bunt gereiht,
> in griechisch, byzantinisch, welscher Kunstparade;
> man glaubt beinah sich in der Faschingszeit
> geladen zu einer Häusermaskerade«

Der Bau eines Nationalmuseums wird als staatspolitische Aufgabe betrachtet. Gabriel von Seidl sollte, ähnlich wie Klenze die Glyptothek am Königsplatz als eine Stätte der Erinnerung an die Griechen, an der Prinzregentenstraße eine Stätte für das bayerische Nationalbewusstsein schaffen, quer durch alle Stile und Zeiten.

Aus den finanziellen Überschüssen der Internationalen Kunstausstellungen lässt der Präsident der »Münchener Künstlergenossenschaft«, Franz von Lenbach, das Künstlerhaus errichten. Mit dem Bau wird Lenbachs Freund Gabriel von Seidl beauftragt. Im April 1900 wird das Künstlerhaus zur Hofhaltung der Münchner Künstlerfürsten fertig gestellt.

Hier finden die Künstlerfeste statt, die die Altmeister inszenieren.

Auch um sich selbst in Szene zu setzen. Unter dem Szepter des Präsidenten Lenbach treffen sich hier alle wieder, die Defreggers, die Kaulbachs, die Thierschs, die Seidls, oder die Seitzens.

Die Künstlergruppe »Allotria« in der Münchner Künstlergenossenschaft organisiert das gesellschaftliche Treiben. Sie wähnen sich in Arkadien und sehen sich als die »glänzendste Künstlergesellschaft Deutschlands, vielleicht der Welt«.

Landesweit prägen sie Lebensgefühl im Neo-Renaissance-Stil, auch in Roth an der Rednitz unweit von Nürnberg. Seitz und der Historienmaler Ferdinand Wagner, beide königliche Akademie-Professoren, erhalten den Auftrag, das markgräflich-ansbachische Jagdschloss Ratibor im Stil der Zeit auszugestalten.

Der Schlossherr Wilhelm Stieber lässt sich in einem Prunksaal des Schlosses als Mittler für Wissenschaft, Kunst und Wirtschaft feiern. An der Decke prangt der »Triumph der Aphrodite«, die Göttin der Liebe. Mit der Darstellung von Klio, der Muse der Geschichtsschreibung, sieht sich Stieber als Teil der Geschichte.

Es ist der Faden der Geschichte, der hier gesponnen wird:

Der Großvater des Besitzers hatte diesen Früh-Renaissance-Bau als Wohn- und Fabrikationsgebäude erworben.

In den Räumen des Erdgeschosses wurden »Leonische Waren« hergestellt, ganz nach der Herstellungskunst der Manufakturen von Lyon: Gold, Silber und vergoldetes Kupfer werden zu gezogenem Draht gewalzt und um Seidenfäden gewickelt.

»Deutsche Renaissance« und »deutsche Zimmer« im Zeitalter des Deutschen Reiches: Das Schloss wird zum restaurativen, künstlerischen und künstlichen Abbild des fin de siècle.

Fabrikdirektor Wilhelm Stieber entwickelte diese Borten- und Gespinstfirma zu einem erfolgreichen Unternehmen. Die Zeit der Kriege und der Siege benötigt, dem Schmuckbedürfnis des Militärs entsprechend, Uniformschmuck. Stieber liefert die Tressen. Vom Schmuckbedürfnis des Militärs und der Mode erweitert der Industriebaron der Reichsgründerzeit seine Produktpalette.

Er liefert für die deutsche Weihnacht auch Christbaumschmuck. Auch Kupferdrähte sowie Leitungsmaterial für Elektrotechnik.

Zu den Fabrikationsräumen im Schloss kommen Investitionen für neue Fabrikanlagen, eine Schlosserei, ein Walzwerk, ein Wasserwerk.

Bald kehren hier moderne Zeiten ein – die Stechuhr. Ihr Stempel zeigt die neue Zeit an und den Menschen im Industriezeitalter – den Arbeiter.

Der Bürger Stieber wohnt im Schloss, wird geadelt und macht die Schlossanlage zur Fabrik.

Die Zeiten und Besitzer ändern sich: Vom Markgraf zum Kommerzienrat – ein Schloss in Franken ausgestaltet von den Hofausstattern der Prinzregentenzeit.

Die Fabrikation in Roth bei Nürnberg ist hoch geachtet. Auch der kommende König besucht den »Drahtzieher« dieser Götterwelt. Mitten in der Welt der Arbeit eine Belle Epoque.

Sein Vater hatte ein Baugeschäft, er selbst erlernte das Bauhandwerk, bevor er Maler wurde: Franz Lenbach, 1882 geadelt, ein Malerfürst.

Am Königsplatz baut er in Erinnerung an seine Italienreisen ein großes Haus. Lenbach macht die Entwürfe für seine Künstlerresidenz, die Gabriel von Seidl ausführt. Ein Palazzo zum Hofhalten mit einem Atelier zum Malen.

Wer Geld und Macht hat, will vom Künstlerfürsten in dessen Residenz porträtiert werden. Immer wieder malt er Reichskanzler Otto von Bismarck.

In der 1868 gegründeten Künstlergenossenschaft, die ihre Werke im Glaspalast ausstellt, hat Lenbach als Präsident das Sagen. Als Herrscher der Kunstszene bestimmt er, wer im Glaspalast ausstellen darf und wer Künstler ist. Aus Protest gegen diese geschlossene Gesellschaft, gegen die Reglementierung durch die »Altmeister« treten etwa hundert Künstler aus der Münchener Künstlergenossenschaft aus, unter ihnen Franz von Stuck, der mit seinem Bild »die Sünde« Aufsehen erregt.

Am Ende aller Secessionen nennt sich ein Künstlerkreis um Franz Marc nach dem Titel der Ausstellung »Der Blaue Reiter«. Zu dieser Gruppe gehört auch Wassily Kandinsky.

Im August 1913 erhält Franz Marc eine Postkarte aus Paris – von Robert Delaunay.

Darin bezeichnet der französische Maler neben Paris, Berlin, New York und Moskau nicht München, sondern Sindelsdorf als eine der Metropolen der Modernen Kunst. Franz Marc hatte der Kunststadt den Rücken gekehrt und war aufs Land gezogen – nach Sindelsdorf, in die Nähe der Schlösser von Ludwig II., die sein Vater als Maler auszierte.

Auch Kandinsky, geboren in Moskau, und Gabriele Münter, geboren in Berlin, ziehen aufs Land nach Murnau, nicht weit von Sindelsdorf. Freunde kommen oft zu Besuch und malen hier wie Alexej Jawlensky mit Marianne Werefkin. Kandinsky entdeckt im Oberland Motive christlicher Volkskunst.

Zentrales Thema seines Schaffens ist der Heilige Georg, der den Drachen bekämpft. Er malt ihn oft, diesen Georgsritter. Er ist blau wie die Georgi-Ritter – »Der Blaue Reiter«.

Ludwig der Bayer hatte dem Markt Murnau 1322 den Drachen als Ortswappen verliehen. Kandinsky und Münter sehen Bayern neu und verbinden eine völlig neue Kunstrichtung, die Moderne Kunst, mit Bildern aus Bayern. 1909 erwirbt Gabriele Münter ein Haus in Murnau und zieht mit Kandinsky hier ein. Im Ort heißt es das »Russenhaus«.

Sie verbringen Jahre der Sommerfrische und des Friedens.

Fünf Jahre sind sie zusammen. Der Krieg trennt die Verlobten und nimmt ihnen den Freund, mit dem sie den »Blauen Reiter« vorstellten – Franz Marc. Er fällt 1916 vor Verdun. Gabriele Münter bleibt in Murnau ein halbes Jahrhundert.

München wird zur Stadt der Verlage und des Buchdrucks. Die Zahl der hier herausgegebenen Zeitungen und Zeitschriften wächst. Eine der großen Druckanstalten ist »Knorr und Hirth«, in der die »Münchner Neueste Nachrichten« erscheinen. Der Mitbesitzer Georg Hirth gründet 1896 die Wochenschrift »Jugend«.

Diese »Münchner Illustrierte für Kunst und Leben« soll jungen Künstlern ein Experimentierfeld bieten. Die neue grafische Gestaltung wird stilbildend. Von München geht der Jugendstil um die Welt.

Das Haus besteht aus Sälen – ob Empfangsaal, Esssaal oder Musiksaal – und dem Atelier des Malerfürsten. Franz von Stuck hat alles selbst entworfen, die Innenausstattung, auch die Möbel, für die er auf der Pariser Weltausstellung im Jahre 1900 eine Goldmedaille erhält.

Stuck schmückt mit seiner Villa die Straße des Prinzregenten, setzt seiner Zeit einen Tempel als Portal zur Kunststadt.

Der Jugendstil als Lebens- und Wohnstil: Er prägt die Formen, die man den großen Etagenhäusern gibt; Häuser werden neu geformt, der Stil der »Jugend« prägt Straßen und Stadtteile.

Im selben Jahr wie die Wochenschrift »Jugend« erscheint in München der »Simplicissimus«. Weit über die Maxvorstadt und Schwabing hinaus erregt diese erste Zeitschrift für politische Satire in Deutschland Aufsehen, freut die Bohème und ärgert von München aus den Wilhelminischen Staat in Berlin.

Zu den Zeichnern des Satireblatts gehören Eduard Thöny, Olaf Gulbransson und Thomas Theodor Heine, der in der 8. Ausgabe das Wappentier des »Simplicissimus« einführt – die rote Bulldogge. Sie bellt gegen die »Stützen der Gesellschaft« an, gegen die Doppelmoral einer staatstragenden Schicht.

Gründer und Herausgeber ist der rheinische Industriellen-Sohn Albert Langen. Er regt die Künstler an, »die scheinheilige Decke von Missständen und gesellschaftlichen Abgründen« wegzuziehen und legt sich mit Staatsanwälten an.

Das Satireblatt deckt Geschichten auf und triumphiert bald: »Seit zehn Jahren vergiftet der Simplicissimus das öffentliche Leben«.

Die »Palästina«-Nummer des Simplicissimus berichtet über des Kaisers Reise nach Jerusalem und bringt dem Verleger eine Strafe wegen Majestätsbeleidigung ein; der Verhaftung entgeht er durch eine Flucht in die Schweiz.

Mit seinem »tiefgründigem Humor« verschont der Simplicissimus weder Kaiser noch König.

In diesen Jahren zieht es Künstler aus aller Welt nach Schwabing. Einer der Plätze dieser »Traumstadt« ist das »Wiener Café Stefanie« an der Ecke Amalien-/Theresien-Straße.

»In München war's im Café Stefanie ...«, dichtet Johannes R. Becher, auch Erich Mühsam sitzt oft hier oder Leonhard Frank, der meint:

»Wer hier eintrat, war daheim.« Weil bei den Gästen »große Pläne reifen«, nennt man es das »Café Größenwahn«.

Jetzt taucht die rote Bulldogge auch in der Türkenstraße 57 auf.

Der Hund der Satire-Zeitschrift wird 1903 zum Markenzeichen des Künstlerlokals »Simplicissimus«. Die Wirtin ist Kathi Kobus aus Traunstein. Unter den Stammgästen ist die Redaktion der Zeitschrift. Joachim Ringelnatz wird zum Hausdichter. Erich Mühsam trägt zu später Stunde oft sein Lied vom »Revoluzzer« vor. Auch Frank Wedekind tritt auf und spielt auf seiner Laute.

Das Künstlerlokal, bald »Simpl« genannt, wird zum Wohnzimmer der Künstler, zu einem Focus von Bohème und Politik in Deutschland.

»Die Elf Scharfrichter« gastieren in der Türkenstraße 28. Sie stehen für den Durchbruch zu neuen Formen des Theaters.

Einer von ihnen ist Frank Wedekind. In diesem Kabarett wird Tugendwächtern und Spießbürgern der Prozess gemacht.

Ein Stadtteil Münchens, Schwabing – eben eingemeindet – wird zu »Wahnmoching« einem Ort, wo sich Bohème, Literaten, Anarchisten und Revolutionäre die Welt von morgen ausdenken.

Dieses Schwabing wird Fluchtpunkt vieler russischer Emigranten, zum Beispiel für Leo Trotzki. Er findet 1904 in der Franz-Joseph-Straße Unterkunft:

»Während dieser Periode verbrachte ich einige Monate in München, das damals als demokratischste und künstlerischste Stadt Deutschlands galt. Ich habe die Bayerische Sozialdemokratie, die Münchener Galerien und die Zeichner des ›Simplicissimus‹ recht gut gekannt.«

In die Kaiserstraße zieht im Jahre 1900 »Herr Meyer« ein. Eigentlich heißt er Wladimir Iljitsch Uljanow. In München legt er sich das Pseudonym Lenin zu. Er ist einer der vielen russischen Emigranten in München. Ein »Russenhaus« in der Hauptstadt.

Lenin redigiert hier die Untergrundzeitung »Iskra«, auf Deutsch »Der Funke«, und knüpft Kontakte zu marxistischen Organisationen. In der Öffentlichkeit registriert man die Verfolgung Oppositioneller durch das Zaristische System und reagiert mit Sympathie für die Exilanten.

Sein Meldebogen in München ist ausgestellt auf den Namen »Dr. Jourdanoff«. Als seine Frau Nadjeschda Krupskaja nachkommt, zieht er mit ihr in die Schleißheimer Straße 6 und schließlich in die Siegfriedstraße 14/III. Stock. Er arbeitet an der Revolutionsschrift »Was tun?«. Der Ort seines Exils macht ihm die eigentliche politische Lage klar: »Wer die Mariensäule in München hat, der hat Europa«.

München schmückt sich zur Jahrhundertwende mit einem Engel, der auf einer Säule über München schwebt und der Stadt über die Prinzregentenzeit hinaus den Frieden bewahren soll.

Im Jahre 1902 charakterisiert ein 27-jähriger Schriftsteller die Kunststadt München. Seit über acht Jahren wohnt er hier, nachdem er mit seiner Mutter und seinen Geschwistern nach dem Tod des Vaters von Lübeck nach München gezogen ist – Thomas Mann.

In der Erzählung »Gladius Dei« durchleuchtet er die Stadt seines Wirkens:

»München leuchtete. Über den festlichen Plätzen und weißen Säulentempeln, den antikisierenden Monumenten und Barockkirchen, den springenden Brunnen, Palästen und Gartenanlagen der Residenz spannte sich strahlend ein Himmel von blauer Seide. Vogelgeschwätz und heimlicher Jubel über allen Gassen … Und auf Plätzen und Zeilen rollt, wallt und summt das unüberstürzte und amüsante Treiben der schönen und gemächlichen Stadt. Reisende aller Nationen kutschieren in den kleinen, langsamen Droschken umher, in dem sie rechts und links in wahlloser Neugier an den Wänden der Häuser hinaufschauen, und steigen die Freitreppen der Museen hinan …«

Zunächst arbeitet Thomas Mann als Volontär bei einer Feuerversicherungsanstalt, studiert kurz auf der Technischen Hochschule, beginnt zu schreiben und arbeitet auch als Redakteur im Simplicissimus. Ludwig Thoma erinnert sich an den Mitarbeiter:

»Er war sehr zurückhaltend, sehr gemessen im Ton, und man erzählte von ihm, dass er an einem Roman arbeite.«

Zur Jahresmitte 1900 schließt er »Die Buddenbrooks« ab.

Auch Thomas Manns Bruder Heinrich ist Schriftsteller und arbeitet überwiegend in München.

Eine Hausfassade in München plakatiert in der Von-der-Tann-Straße 15 einen neuen Lebensstil: Ein violetter Drache auf einem türkisgrünen

Relief wird zum Markenzeichen des Fotoateliers »Elvira«. Nicht in Ateliers der Malerfürsten wie Lenbach, sondern in der »Drachenburg« lässt sich die Gesellschaft porträtieren.

Mitbetreiberin des Ateliers ist Anita Augspurg. Es wird zum Treffpunkt engagierter Frauen, die einen »Verein für Fraueninteressen« gründen; sie fordern die rechtliche und politische Gleichstellung der Frau, das Stimmrecht für Frauen, auch die Zulassung der Frauen an die Universitäten. Da Frauen an Bayerns Universitäten nicht studieren dürfen, immatrikuliert sich Anita Augspurg in Zürich und promoviert dort zum Dr. jur. Sie ist die erste juristische Doktorin in Bayern. Mit der derzeitigen Parteienlandschaft tut sie sich schwer. In ihrem politischen Engagement verfasst sie Petitionen an die Parlamente.

Anita Augspurg organisiert internationale Frauenkongresse für den Frieden und 1912, zusammen mit ihrer Freundin Lida Gustava Heymann, einen »Frauen-Stimmrechtskongress« in München. Ein Demonstrationszug von 20 Wagen mit Girlanden und Plakaten wie »Frauenstimmrecht« zieht durch die Stadt in den Englischen Garten.

Was Politik in Bayern ist und wie Politik im Bayerischen Landtag gemacht wird, beschreibt aus seiner Sicht Ludwig Thoma in den Briefen des Landtagsabgeordneten Josef Filser … Parteipolitik in Bayern wird beherrscht vom »Bayerischen Zentrum« – etwas bäuerlich, kleinbürgerlich und katholisch.

Durch Bismarcks Sozialistengesetze war die politische Arbeit der Sozialdemokraten verboten. Nach dem Kanzlersturz 1890 erlebt die Partei im Reich und auch in Bayern einen starken Zulauf.

Bereits 1884 war der bayerische Sozialdemokrat Georg von Vollmar im Wahlkreis München 2 in den Reichstag gewählt worden.

Vollmar stammt aus einer Offiziersfamilie, war Kriegsteilnehmer, Redakteur von Parteizeitungen und gibt an der Spitze der bayerischen Sozialdemokraten der Partei ein ausgeprägtes Eigenprofil.

»Bayerisches Zentrum« und bayerische Sozialdemokraten setzen die Demokratisierung des Wahlrechts und damit die Rechte des Parlaments durch.

Das Jahr 1890 bringt den Interessen der Arbeiter auch international den Durchbruch. Die Manifestation für den 8-Stunden-Tag und für die Rechte der Arbeiter wird jetzt weltweit am 1. Mai als Aktionstag begangen.

Die Dringlichkeit der Themen aus der Arbeitswelt wird deutlich gemacht und die Rechte am Arbeitsplatz und die soziale Absicherung eingefordert.

Das »Bayerische Zentrum« bleibt jeweils zwar stärkste Partei, bekommt aber Konkurrenz durch die SPD, vor allem in den Städten mit wachsender Industrialisierung wie München, Augsburg und besonders Nürnberg, dem eigentlichen Zentrum der Arbeiterbewegung in Bayern. Bei der Reichstagswahl 1890 erreicht die SPD ihren ersten großen Wahlsieg und gewinnt beide Wahlkreise der Landeshauptstadt.

Um die Jahrhundertwende arbeiten 30 Prozent der Menschen in Bayern in der Industrie. Mit 30 Abgeordneten wird die Sozialdemokratie in Bayern zahlenmäßig zur größten Fraktion im Vergleich zu den anderen deutschen Länderparlamenten.

Auch in Bayern organisieren sich die Arbeiter im »Allgemeinen Deutschen Arbeiterverein«.

Hinter den Wallanlagen des Roten Tores in Augsburg hatte sich schon im 18. Jahrhundert ein Textilviertel angesiedelt. Augsburg war berühmt für seinen Kattundruck. Aus den Kattunmanufakturen wurden im 19. Jahrhundert Fabriken. Da man für Fabrikbauten keine Vorbilder hatte, baute man sie groß wie ein Schloss.

Augsburg steht in Bayern an der Spitze der Industrialisierung. Entlang den Lech- und Wertach-Kanälen gibt es 13 Spinnereien und Webereien.

Allein unter den 30 Großbetrieben in Bayern sind im Jahr 1874 fünf Textilbetriebe in Augsburg angesiedelt. Da diese Fabriken Antriebsmaschinen brauchen, siedeln sich auch Maschinenbetriebe an.

Aus dem Zusammenschluss der Maschinenfabriken Augsburg und Cramer-Klett in Nürnberg entsteht der Großbetrieb MAN.

Konstitutionelle Monarchie in Bayern, das bedeutet nach wie vor die Krone, der Vorsitzende des Ministerrats und die Ministerialbürokratie; letztere war wirksamer als jede noch so starke Fraktion im Landtag.

Man spricht nicht von einer Herzogszeit oder einer Königszeit, jedoch von einer Prinzregentenzeit und meint einzig und allein Luitpold.

Prinzregent Luitpold und seine beiden Söhne, Prinz Ludwig und Prinz Leopold, wahren das Ritual beim alljährlichen Fest des Georgi-Ritter-Ordens. Umgeben von der Leibgarde der Hartschiere, schreiten sie in einer Prozession aus der Residenz – jedes Mal ein prunkvolles Schauspiel am bayerischen Hof, ein theaterhafter Auftritt der blau gekleideten Georgi-Ritter – den blauen Reitern: Es sind Bilder und Jahre zwischen Traum und Wirklichkeit.

Ende 1912, am 12.12., stirbt Prinzregent Luitpold im Alter von 91 Jahren. Für viele, die den Trauerzug begleiten, ist mit dem Tod des Prinzregenten nicht nur das alte München untergegangen.

Carl Jakob Burckhardt erlebt als Student an der Münchner Universität die Trauerfeierlichkeiten:

»... dann kam der von acht ausgewählten Trauerpferden gezogene Sarg auf einer Lafette. Hinter dem Sarg wurde das gesattelte Leibross geführt ... und dann folgte die Schar der Fürsten. Es erschien der älteste Sohn des Prinzregenten, der 67-jährige Prinz Ludwig ... Aber noch vor ihm, um eine halbe Pferdelänge voraus, schritt einsam Wilhelm II., der deutsche Kaiser und König von Preußen. Eisern schritt er dahin ... Alle diese Fürsten waren seit Menschengedenken miteinander verschwistert, und diese große blutsverwandte Sippe war an jenem Wintertage 1912 von Thron zu Thron noch über die in ihrer Weltstellung so unerschüttert scheinende und doch durch furchtbarste Spannung zerrissene europäische Welt verteilt. Alle nannten sich untereinander ›Vetter‹, und so verschwanden sie vor unseren hohen Fenstern langsam und unheimlich wie die Könige vor Macbeth.«

In einem Wiener Männerheim in der Meldemannstraße meldet sich Adolf Hitler, ein junger arbeitsloser Kunstmaler, ab. »Im Frühjahr 1912 kam ich endgültig nach München.« Der Österreicher Adolf Hitler kommt »endgültig« nach München ... A. H. malt eines seiner ersten Bilder, den »Alten Hof«.

Adolf Hitler kommt allerdings nicht im Frühjahr 1912, sondern am Sonntag, dem 25. Mai 1913 im Münchner Hauptbahnhof an. In der Schleißheimer Straße 34 findet er Unterkunft.

»Im Frühjahr 1912 kam ich endgültig nach München. Die Stadt selber war mir so gut bekannt, als ob ich schon seit Jahren in ihren Mauern geweilt hätte. Es lag dies begründet in meinem Studium, das mich auf Schritt und Tritt ja auf diese Metropole der deutschen Kunst hinwies. Man hat nicht nur Deutschland nicht gesehen, wenn man München nicht kennt, nein, man kennt vor allem die deutsche Kunst nicht, wenn man München nicht sah ... Am meisten aber zog mich die wunderbare Vermählung von urwüchsiger Kraft und feiner künstlerischer Stimmung, diese einzige Linie vom Hofbräuhaus zum Odeon, Oktoberfest zur Pinakothek usw. an.«

Nach dem Sturz der Monarchie in Bayern folgt die Räterepublik

11
Von Weltkrieg zu Weltkrieg

Nach dem Tod des Prinzregenten Luitpold führt sein ältester Sohn Ludwig die Regentschaft weiter, in Stellvertretung für König Otto, der wegen Geisteskrankheit an der Wahrnehmung der Amtsgeschäfte gehindert ist. Doch dann, am 5. November 1913, lässt sich Prinzregent Ludwig zum neuen König von Bayern ausrufen. Ludwig III. ist bereits 67 Jahre alt.

Beliebt ist er bei der Bevölkerung nicht sehr. Die Sache mit dem enthronten König, der außerhalb der königlichen Residenzstadt in Fürstenried lebt, findet die bayerische Bevölkerung nicht besonders pietätvoll.

Und doch: Die Monarchie zeigt wieder Glanz.

Erst drei Jahre später macht Ottos Tod Ludwig zum wirklichen Nachfolger auf dem Thron.

Karl Gabriels Lichtspieltheater, das Kino am Sendlinger Torplatz in München, erwartet hohen Besuch – den König. Dieser interessiert sich vor allem für Landwirtschaft, aber auch für das neue Medium: für die Bilder, die laufen lernten.

König Ludwig III., der vom Volk der »Millibauer« genannt wird, fährt in der Kutsche vor und geht ins Kino.

Es ist Filmpremiere: »Cleopatra, Herrin vom Nil«, an der Isar gedreht.

Traumwelt und Wirklichkeit auf Zelloloid.

Frühjahr 1914: Der österreichische Thronfolger Franz Ferdinand besucht die bayerische Hauptstadt. Wenige Monate später reist er nach Sarajewo. Dort wird er Opfer eines Attentats. Dieser Mord auf dem Balkan löst mit der Kriegserklärung Österreich-Ungarns an Serbien den Ersten Weltkrieg aus. Der deutsche Kaiser Wilhelm II. erklärt den Krieg auf einem neuen Medium – der Tonaufzeichnung:

»Mitten im Frieden überfällt uns der Feind. Jetzt muss denn das Schwert nun entscheiden. Drum auf zu den Waffen. Vorwärts und mit Gott, der mit uns sein wird, wie er mit den Vätern war.«

Es ist jetzt Krieg und jeder geht hin, auch in München, um am 2. August 1914 auf dem Odeonsplatz die Proklamation des »Kriegszustands« hochleben zu lassen.

Unter den Schaulustigen ist ein arbeitsloser Kunstmaler aus Österreich – Adolf Hitler, derzeit Untermieter in der Schleißheimer Straße Nr. 34.

Nach über 40 Jahren Frieden rücken die Regimenter aus, nicht in ein Manöver, sondern mit Blumen in den Krieg; nicht auf den Balkan, sondern – wie früher – nach Frankreich. Es wird keine Spazierfahrt nach Paris, von der man, wie man glaubt, spätestens in ein paar Monaten zurück ist, sondern eine Fahrt ins Grauen. Am 7. August 1914 schreibt Thomas Mann an seinen Bruder Heinrich:

»Ich bin noch immer wie im Traum – und doch muss man sich jetzt wohl schämen, es nicht für möglich gehalten und nicht gesehen zu haben, dass die Katastrophe kommen musste. Welche Heimsuchung! Wie wird Europa aussehen, innerlich und äußerlich, wenn sie vorüber ist?«

Wenn die Eisenbahnwagen zurückkommen, transportieren sie Schwerverletzte. Ein anderes Bild des Krieges entsteht, mit neuen Kriegstechniken, aus der Luft, mit Einsatz chemischer Waffen, unter Wasser und auf dem Boden ein Stellungskrieg. Dieser Krieg wird zum Inferno. 190 000 bayerische Soldaten werden aus diesem Ersten Weltkrieg nicht zurückkehren.

In der Heimat war von Kriegsbegeisterung bald nichts mehr zu spüren.

Die Lebensmittel werden knapp, in den Städten hungert man, im Sommer 1916 gehen in München Frauen mit ihren Kindern auf die Straße – sie demonstrieren gegen den Hunger.

Das bayerische Königshaus hat eng mit dem Kriegsgeschehen zu tun. Als Oberbefehlshaber der VI. Armee ist Ludwigs ältester Sohn Kronprinz Rupprecht an der Westfront. Und des Königs Bruder, Prinz Leopold, ist Oberbefehlshaber an der Ostfront. In Friedenszeiten ist Ludwig III. oberster Herr über die bayerischen Soldaten, in Kriegszeiten ist der oberste Kriegsherr der deutsche Kaiser, Wilhelm II.

Er kommt persönlich in die königliche Residenzstadt nach München.

Der bayerische König begrüßt ihn im Münchner Hauptbahnhof. Bayern ist seit dem 70er-Krieg mit Preußen und dem Reich vereint. Jetzt trägt auch Ludwig die preußische Pickelhaube.

Ein letztes Mal trifft auf dem Hauptbahnhof in München das Haus Hohenzollern auf das Haus Wittelsbach und auf das Haus Habsburg. In Erinnerung an den Krieg von 1866, damals, als Bayern und Österreich Bundesgenossen gegen Preußen waren, trägt Ludwig III. österreichische Uniform. Nach dem Tod des österreichischen Kaisers Franz Joseph besucht 1917 dessen Nachfolger, der junge Kaiser Karl, den bayerischen König. Unter den Begrüßungsabordnungen sind auch Veteranen von 1866 angetreten.

In Russland ist im März 1917 der Zar gestürzt worden. Lenin, der ein Jahr vor Kriegsausbruch noch einmal im Hauptbahnhof ankam und München besuchte, war im April 1917 mit Hilfe der deutschen Reichsregierung, der Obersten Heeresleitung und ihres Generalstabschefs Erich Ludendorff von seinem Schweizer Exil in einem plombierten Wagon quer durch Deutschland nach Russland verbracht worden, um in St. Petersburg die Macht an sich zu reißen.

Auch Trotzki kehrt aus dem Exil zurück. Eingefädelt hatte diesen geheimen Transfer der Weißrusse Helphand-Parvus. In der Zeit ihres Exils in München hatten er, Lenin und Trotzki die Revolution in Russland vorbereitet. Lenin ist jetzt »Vorsitzender des Rates der Volksbeauftragten« und Trotzki »Volkskommissar des Äußeren«.

Trotzki trifft als Leiter der russischen Delegation auf Prinz Leopold aus Bayern, der im Januar 1918 in Brest-Litowsk deutscherseits den Waffenstillstand aushandelt. Der Hintergedanke dieses Pakts zwischen Monarchie und Bolschewiken: Die militärische Entlastung im Osten bringt militärisch den Sieg im Westen. Und für die Bolschewiken bringt der politische Sieg im Osten auch politisch den Sieg über den Westen Europas.

Im Februar 1918 unterbricht Prinz Leopold seine Verhandlungen in Brest-Litowsk und reist zur Goldenen Hochzeit seines älteren Bruders, König Ludwig III., nach München. Seit 50 Jahren ist er mit Marie-Therese von Österreich-Este verheiratet.

Auch Kronprinz Rupprecht kommt von der Westfront nach München, um den elterlichen Hochzeitstag mitzufeiern.

Am 3. März 1918 schließt die Sowjetregierung Frieden mit dem Deutschen Reich. Der erhoffte militärische Sieg im Westen bleibt aus.

Die deutschen Stellungen werden überrollt. Anfang November 1918 löst eine Meuterei von Matrosen in Kiel, die nicht mehr mit ihren Schiffen für einen Kriegseinsatz auslaufen wollen, einen Aufstand aus. Er führt zu einem Zusammenbruch der militärischen und der politischen Ordnung. Es bilden sich Arbeiter- und Soldatenräte nach sowjetischem Muster, bald auch in Bayern.

Man fordert Frieden, Freiheit und eine »soziale Republik«. In München versammeln sich am 7. November 1918 an die 50 000 Menschen auf der Theresienwiese. Sie waren den Aufrufen von Sozialdemokraten unter Erhard Auer und Unabhängigen Sozialdemokraten unter Kurt Eisner gefolgt.

Rote Fahnen werden vor der Ruhmeshalle zu Füßen der Bavaria geschwenkt.

Die sozialdemokratischen Anhänger ziehen nach der Kundgebung zum Friedensengel, voran eine Musikkapelle. Die Unabhängigen Sozialdemokraten folgen Eisners Aufruf: »Auf in die Kasernen. Befreien wir unsere Kameraden! Es lebe die Revolution!« Sie ziehen vor die Kasernen in der Türkenstraße, voran eine rote Fahne.

Jetzt läuft auch die Wache der Residenz zu den Aufständischen über, die eine Kaserne nach der anderen besetzen. Im Festsaal des Mathäser-Bräu bildet sich ein Arbeiter- und Soldatenrat. Er wählt Kurt Eisner zum Vorsitzenden. Die Parole wird ausgegeben: »Besetzung aller öffentlichen Gebäude!« Der Arbeiter- und Soldatenrat besetzt den Landtag. Am 8. November 1918 verkündet Eisner:

»Bayern ist ein Freistaat. Die Massen haben Bayern befreit … Ich hoffe, dass unser bayerisches Beispiel über unsere Grenzen hinaus wirken wird.«

Eisner übernimmt das Amt des Ministerpräsidenten und dessen Amtsräume im Montgelas-Palais. Plakate verkünden die Proklamation:

»Das Volk hat die Macht in die Hand genommen. Ein Arbeiter-, Soldaten- und Bauernrat hat die gesetzgeberische Gewalt … Die Dynastie Wittelsbach ist abgesetzt … Hoch lebe die Republik.«

Einen Tag später, am 9. November 1918, wird in Berlin die »deutsche Republik« ausgerufen. Wilhelm II. geht ins Exil nach Holland. Bereits zwei Tage zuvor hatte der bayerische König Ludwig III. mit seiner Familie in der Nacht die Residenz in einem Autokonvoi verlassen.

Die ihm vorgelegte Erklärung einer Abdankung und eines Thronverzichts unterschreibt er nicht. Von seinem Exilort Anif bei Salzburg aus erklärt er, dass er lediglich die Regierungsverantwortung niederlege:

»Nachdem ich infolge der Ereignisse der letzten Tage nicht mehr in der Lage bin, die Regierung weiterzuführen, stelle ich allen Beamten, Offizieren und Soldaten die Weiterarbeit unter den gegebenen Verhältnissen frei und entbinde sie des mir geleisteten Treueeides.«

Die Herrschaft der Wittelsbacher geht nach 738 Jahren zu Ende, und dann auch die der Hohenzollern. Die Vertreter der Republik müssen am 11. November den Waffenstillstand in Compiègne unterzeichnen, nicht die Militärs des Kaiserreichs.

Am 17. November findet im Münchner Nationaltheater eine »Revolutionsfeier« statt. Eisner spricht von einem Märchen, das Wirklichkeit geworden sei und Bruno Walter dirigiert Beethovens »Leonore-Ouvertüre«, eine Ode an die Freiheit. Die Revolution feiert sich und stellt ihre Protagonisten vor.

Doch Eisner gerät von linkssozialistischer Seite unter Druck.

»Alle Macht den Räten!« lautet die Forderung. Doch Eisner will den Räten keine Exekutivgewalt geben:

»Auf russischem Wege kann die Demokratie und die sozialistische Gesellschaft nicht erreicht werden.«

Eisner ist allenfalls für eine Verfassung mit basisdemokratischem Akzent. Auch seitens der Sozialdemokraten gerät Eisner in Bedrängnis. Sie fordern von ihm eine Absage an jedes Rätesystem und eine klare Entscheidung für die parlamentarische Republik.

Für eine Zusammenarbeit der linken Parteien fehlt die Basis.

Andere halten eine Verbindung von Parlamentarismus und Rätesystem für notwendig. Eisner sieht in der Arbeit der Räte nur eine beratende und kontrollierende Tätigkeit. Jetzt solle das Volk entscheiden. Landtagswahlen werden für den 12. Januar 1919 festgesetzt.

Die Kommunisten rufen zum Wahlboykott auf, sie fordern eine Räterepublik. Die »Wahl zur bayerischen Nationalversammlung« und das Wahlergebnis hätten für Eisner kaum vernichtender sein können: Von den 180 Abgeordnetensitzen erhalten seine Unabhängigen Sozialdemokraten ganze drei Sitze. Wahlsieger ist die »Bayerische Volkspartei« mit 66 Sitzen, die SPD erreicht 61 Sitze.

Die Frauenrechtlerin Dr. Anita Augspurg hatte zwar mit Erfolg das Stimmrecht für Frauen in Bayern erkämpft, nicht aber einen Platz für sich auf Eisners Liste.

Am 21. Februar 1919, dem Tag, an dem das neu gewählte Parlament zusammentritt, wird Kurt Eisner auf dem Weg von seinem Amtssitz zur Prannerstraße niedergeschossen. Er wollte im Landtag seinen

Rücktritt erklären. Der Mörder ist der 22-jährige Anton Graf Arco-Valley.

Er bekennt sich zur Tat. Die verhängte Todesstrafe wird nicht vollstreckt, nach wenigen Jahren Gefängnisstrafe ist der Mörder wieder auf freiem Fuß.

Am 26. Februar 1919 wird Kurt Eisner bestattet. Über 100 000 Menschen begleiten den Trauerzug zum Ostfriedhof. An allen öffentlichen Gebäuden hängen die Fahnen auf Halbmast. Nur 100 Tage hatte Eisner den Freistaat Bayern regiert.

Mit Beginn dieser zweiten Phase der Revolution nimmt die Radikalisierung ihren Lauf. Ein »Zentralrat der bayerischen Republik« führt jetzt die Regierungsgeschäfte.

Der Druck der Straße und die Rätekongresse im Landtagsgebäude veranlassen führende Fraktions-Politiker, ihre Beratungen nach Nürnberg zu verlegen. Am 17. März 1919 tritt der neu gewählte Bayerische Landtag zu seiner konstituierenden Sitzung zusammen, Johannes Hoffmann wird zum neuen Ministerpräsidenten gewählt.

In diesen Märztagen gründet Lenin die »Kommunistische Internationale«, eine Vereinigung aller kommunistischen Parteien. In Budapest wird die »Räterepublik Ungarn« ausgerufen. Die kommunistische Führungszentrale in Berlin schickt ihren, in St. Petersburg geborenen, Funktionär Eugen Leviné nach München. Er lehnt jede Zusammenarbeit mit der SPD ab und fordert eine kommunistische Räterepublik.

Stattdessen beschließen in der Nacht vom 6. auf den 7. April 1919 der Zentralrat, Delegierte der sozialistischen Parteien, der Gewerkschaften und des Bauernbunds im Wittelsbacher Palais die Ausrufung einer »Baierischen Räterepublik«. Es ist die dritte Phase der Revolution in Bayern. An der Spitze dieser Räterepublik steht Ernst Toller als Vorsitzender des »Revolutionären Zentralrats«. In diesem Zentralrat ist als Volksbeauftrager für Kultur Gustav Landauer tätig. Für die politische Koordinierungsarbeit mit den Räterepubliken Russland und Ungarn ist

Erich Mühsam zuständig. Er informiert Lenin über die neue Räterepublik Bayern.

Hoffmann verlagert jetzt angesichts der unüberschaubaren politischen Lage in München den Regierungssitz nach Bamberg und beschwört die bayerische Bevölkerung:

»Die Regierung ist und bleibt die einzige Inhaberin der Gewalt in Bayern und ist allein berechtigt, rechtswirksame Anordnungen zu erlassen und Befehle zu erteilen.«

Von Bamberg aus will Hoffmann mit allen ihm zur Verfügung stehenden gesetzlichen und verfassungsrechtlichen Mitteln gegen die Räterepublik in München vorgehen. Die Reichsregierung und die Landesregierungen im Reich bestätigen die Rechtmäßigkeit der verfassungsmäßigen Regierung Hoffmann, die ihre Arbeit in Bamberg aufgenommen hat.

Jetzt knüpft für die Räterepublik Bayern Ernst Toller Kontakt mit der russischen und ungarischen Räterepublik. Die Räterepublik Russland antwortet:

»Mit unaussprechlicher Freude haben wir von der Räterepublik Baiern erfahren. Wir senden unsere herzlichsten Grüße der neuen Schwesterrepublik.«

Die Regierung in Bamberg lässt Flugblätter über München abwerfen und ruft darin zum Kampf gegen die Räterepublik auf.

Vom Münchner Hauptbahnhof aus soll ein militärischer Schlag die Räteregierung stürzen. Der Coup misslingt, 17 Menschen sterben in der Münchner Innenstadt.

Im südlichen Bayern war die Arbeiterschaft bewaffnet, eine ›rote Armee‹ aufgebaut, die bürgerliche Presse unter Zensur gestellt worden; die Banken hatte man verstaatlicht, Revolutionsgerichte fällten Urteile.

Am 13. April 1919 rufen im Münchner Hofbräuhaus »Betriebs- und Soldatenräte« die »kommunistische Räterepublik« aus. Die Revolution in Bayern geht in ihre vierte Phase, sie löst die vorausgehende »Scheinräterepublik«, wie die Kommunisten sie nennen, ab. Im Auftrag dieser kommunistischen Räterepublik telegrafiert Eugen Leviné nach Moskau und nach Budapest:

»Der Vollzugsrat wird seine Kräfte in den Dienst einer großen historischen Aufgabe stellen, welche die tapferen russischen und ungarischen Brüder inauguriert haben.«

Diese »kommunistische Räterepublik« ruft jetzt zum Generalstreik auf.

Ministerpräsident Hoffmann bittet Berlin um militärischen Beistand. 30 000 Soldaten aus dem Reich und aus Bayern sollen die kommunistische Räterepublik aushebeln.

Die Lage spitzt sich zu. In München fordert das Oberkommando der Roten Armee, jeden zu verhaften, der »das Ansehen der Räterepublik und ihrer Führer durch Lügen beschmutzt«. Die Warnungen an »Reaktionäre« im Lande lauten: Wer den Aufbau der neuen Gesellschaft sabotiert, dem droht Strafe. Verzweifelte Aufrufe zur Solidarität ergehen vom Oberkommandierenden der Roten Armee, dem Matrosen Rudolf Egelhofer, sowie Appelle der Roten Armee an die »Weißen Truppen«.

Die »Weißen Truppen«, so genannt nach ihren weißen Armbinden, werden durch Freiwilligenverbände und Freikorps aus rechtsgerichteten Kreisen unterstützt.

Am 20. April wird Augsburg eingenommen. Es kommt zu Kämpfen bei Rosenheim, Unterschleißheim, Freising und Dachau, wo die Rote Armee von Ernst Toller kommandiert wird.

Die Ernährungslage in München ist katastrophal. Der Generalstreik wird abgebrochen. Die »Weißen Truppen« umzingeln die Rote Armee.

Der Ring um München wird enger. Am Stachus kommt es zum letzten Gefecht. Die Tagesparole der Revolutionäre lautet »Trotzki«.

Am 30. April 1919 werden die Geschäftsräume der völkischen Thule-Gesellschaft im Hotel »Vier Jahreszeiten« durchsucht. Erkennungsmaterial wird sichergestellt, Mitglieder der Thule-Gesellschaft werden verhaftet, ins Luitpold-Gymnasium verbracht und dort erschossen.

Am 1. Mai triumphiert Lenin:

»Die Arbeiterklasse, die sich befreit hat, feiert ihren Tag nicht nur in Sowjetrussland frei und offen, sondern auch in Sowjetungarn und Sowjetbayern.«

An diesem 1. Mai ziehen die Regierungstruppen und die Freikorps aus dem Oberland in München ein. Die Räterepublik und die Revolution ist beendet. Die Sieger feiern. Nach dem roten Terror setzt jetzt der weiße Terror mit blinder Verfolgungswut ein.

Mitglieder des katholischen Gesellenvereins hatten sich trotz Versammlungsverbots getroffen, sie werden als »Rote« denunziert, verhaftet und in einen Keller am Karolinenplatz geschleppt. 21 Mitglieder des katholischen Gesellenvereins werden dort erschossen.

Die so genannten Kriegsgerichte arbeiten Tag und Nacht. Über 2000 Personen werden zu Zuchthaus und Festungshaft verurteilt. In diesen ersten Maitagen kommt es zu zahllosen standrechtlichen Erschießungen. Eugen Leviné wird zum Tode verurteilt und erschossen. Ernst Toller wird wegen Hochverrats verurteilt und verbüßt fünf Jahre Festungshaft.

»Bayern ist ein Freistaat«, heißt es in Artikel 1 der Verfassung, die am 14. August 1919 vom Plenum des in Bamberg tagenden Landtags genehmigt wird. Nach ihrem Beratungsort wird diese erste bayerische Verfassung »Bamberger Verfassung« genannt.

Erst am 17. August 1919 kehren der Bayerische Landtag und die Regierung Johannes Hoffmann nach München zurück.

Die Thule-Gesellschaft veröffentlicht eine Todesanzeige mit den Namen ihrer erschossenen Mitglieder unter dem Zeichen des Hakenkreuzes. Aus ihren Reihen stammen auch die Gründer der »Deutschen Arbeiterpartei«, die bereits am 5. Januar 1919 in München die politische Bühne betrat. Mit antisemitischer und nationalistischer Propaganda versucht diese »Deutsche Arbeiterpartei« Gehör zu finden.

Die Monate der Rätezeit erlebte der Gefreite Adolf Hitler in Münchner Kasernen.

In dieser Zeit baut die Reichswehr in Bayern eine nachrichtendienstliche Abteilung auf, um bei der Ausmusterung die politische Haltung der Truppe zu observieren. Ihr Leiter, Hauptmann Karl Mayr, setzt einen seiner Vertrauensmänner, Adolf Hitler, auf die neu gegründete DAP an und schickt ihn am 12. September 1919 in eine ihrer Veranstaltungen ins Sternecker Bräu im Tal Nr. 54:

»Die nationale Arbeiterpartei muss die Basis geben für den starken Stoßtrupp … Ich habe sehr tüchtige junge Leute auf die Beine gebracht … ein Herr Hitler zum Beispiel ist eine bewegende Kraft geworden …«

Seine militärische Dienststelle befiehlt ihrem Informanten, dieser Partei beizutreten. Am 1. Februar 1920 wird die »Deutsche Arbeiterpartei« in »Nationalsozialistische Deutsche Arbeiterpartei« umbenannt. Ab jetzt tritt Adolf Hitler als Redner auf und wird bald ihr Vorsitzender.

Am 5. November 1921 wird der letzte bayerische König Ludwig III. in München zu Grabe getragen. Den Trauergottesdienst hält der Erzbischof von München-Freising, seit einem Monat Kardinal, Michael von Faulhaber. Der tote König war aus seinem ungarischen Exil in seine Residenzstadt heimgekehrt.

München leuchtete längst nicht mehr.

In diesem November 1921 wird vom State Department der junge Diplomat Robert Murphy nach Bayern versetzt. Vom US-Generalkonsulat aus beobachtet er vier Jahre lang das Geschehen in München:

»Nirgendwo sonst im Europa der 20er-Jahre enthüllten sich Vergangenheit, Gegenwart und Zukunft dieses turbulenten Erdteils mit größerer Dramatik …«

Lion Feuchtwanger schreibt über diese Zeit:

»Man hatte Kaffee im Leib, auch Bier und Würste, man marschierte, an der Spitze der Führer, und indem man marschierte, siegte man. Heute eroberte man München, morgen Bayern, in einer Woche das Reich, in einem Monat die Welt.«

In München und in ganz Bayern ist die Not groß. Die Kinder sind unterernährt, es herrscht – vor allem in den Städten – Lebensmittelknappheit, Holz- und Kohlemangel, Wohnungsnot und Arbeitslosigkeit. Das Münchner Wohlfahrtsamt lässt auf den Dörfern Plakate anschlagen, die Landeshauptstadt nicht verhungern zu lassen.

Trotz des Demilitarisierungsgebots agieren nationale Kampfverbände im Untergrund. Auf politischer Ebene versucht Ministerpräsident Gustav von Kahr, die bayerische Hauptstadt zu einer rechtskonservativen und nationalen »Ordnungszelle« im Reich zu machen. Verstöße gegen die Grundrechte der neuen demokratischen Verfassung werden im Polizeipräsidium in der Münchner Ettstraße gedeckt. Man macht gemeinsame Sache mit dem ehemaligen Freikorpsführer Franz Ritter von Epp und seinem Adjudanten Ernst Röhm, der bereits der DAP beigetreten war und mit seiner Sturmabteilung, der SA, für den Saalschutz bei Hitlers Auftritten sorgt. Röhm wird zum Waffenlieferanten der nationalen Verbände in Bayern und knüpft Kontakte wie beispielsweise zu General Erich Ludendorff.

Ludendorff macht Front gegen den »Schandvertrag von Versailles« und die »Regierung der Novemberverbrecher«. Diese habe dem im Felde unbesiegten Heer einen Dolchstoß versetzt.

Am Anfang der Geschichte der NSDAP steht auch das Hofbräuhaus: Im Großen Saal war am 24. Februar 1920 das Parteiprogramm verkündet worden. Seit 1921 lässt sich Adolf Hitler »Führer« der NSDAP nennen.

Am 27. Januar 1923 fand in München der »1. Reichsparteitag der NSDAP« statt. Mit 12 Massenveranstaltungen und einem militärischen Aufmarsch von 6000 SA-Männern auf dem Marsfeld will Hitler seine Macht demonstrieren. Genehmigt wird dies vom Landeskommandanten der Reichswehr in Bayern, Generalleutnant Otto von Lossow, allerdings mit der Auflage, keinen Putsch zu unternehmen.

Nach dem Muster von Mussolinis »Marsch auf Rom« im Oktober 1922 propagiert Hitler seitdem einen »Marsch auf Berlin«:

»Wir werden in unserem Land dasselbe tun müssen, wenn wir seinen Untergang verhindern wollen ...«

September 1923 findet in Nürnberg eine Massenkundgebung der deutschnationalen Verbände, der »Deutsche Tag«, statt. Hitler spricht vor 70 000 Teilnehmern. Ein »Deutscher Kampfbund« wird gegründet.

Ludendorff wird zum militärischen, Hitler zum politischen Führer dieses Kampfbunds.

In Bayern wird daraufhin der Ausnahmezustand ausgerufen. Als »Generalsstaatskommissar« will Gustav von Kahr einen Putsch in Bayern verhindern. Ein besetztes Ruhrgebiet, kommunistische Aufstände in Sachsen und Thüringen, nationalistische Kampfaufrufe – angesichts der Republikfeinde ist die politische Handlungsfähigkeit im Reich gefährdet.

Für den 8. November setzt von Kahr eine Veranstaltung im Bürgerbräu-Keller an. Neben dem Generalstaatskommissar befinden sich auch der Befehlshaber der Reichswehr in Bayern, Otto von Lossow, und der Chef der Bayerischen Landespolizei, Hans von Seisser, auf dem Podium. Dann betritt Hitler den vollbesetzten Saal, bedroht die drei mit einer Pistole und fordert sie auf, sich seiner nationalen Revolution anzuschließen. Erst durch das Erscheinen General Ludendorffs wird der erzwungene Pakt geschlossen. Noch in der Nacht werden Plakate gedruckt:

»Die Regierung der Novemberverbrecher ist heute für abgesetzt erklärt worden. Eine provisorische deutsche Nationalregierung ist gebildet worden, diese besteht aus Ludendorff, Hitler, Lossow, Seisser.«

Kahr, Lossow und Seisser widerrufen noch in der Nacht ihre Bereitschaft zum Putsch. Sie wollen ihn jetzt mit aller Gewalt verhindern. Statt eines Marschs auf Berlin soll jetzt ein Marsch durch München den Putsch retten. Vom Bürgerbräu marschieren an diesem 9. November 1923 Hitler und Ludendorff mit 2000 Anhängern über die Ludwigsbrücke zum Marienplatz. Dort spricht Julius Streicher. SA-Horden stürmen das Rathaus und nehmen den Bürgermeister sowie Stadträte in ihre Gewalt.

Dann wollen sie zur Ludwigstraße vorstoßen, wo im bereits besetzten Generalkommando im Kriegsministerium, Ecke Schönfeld-/Ludwigstraße Ernst Röhm und Heinrich Himmler warten.

Auf der Höhe der Feldherrnhalle ist die bayerische Landespolizei mit Maschinengewehren und mit einem Panzerwagen postiert. Es kommt zum Schusswechsel, 13 Putschisten und vier Polizisten werden tödlich verwundet. Der Hitler-Putsch wird an der Feldherrnhalle niedergeschlagen.

Ludendorff und Röhm werden verhaftet. Hitler kann entkommen. Er wird eine Woche später in seinem Versteck am Staffelsee verhaftet.

Am 26. Februar 1924 beginnt der Prozess. Wegen des großen Andrangs wird er in einen Saal der Infanterie-Kriegsschule an der Blutenburg-Straße verlegt. Vorsitzender der Schwurgerichtskammer ist Georg Neithardt, der schon den Prozess gegen den Eisner-Mörder Anton Graf Arco-Valley geführt hatte.

Hitler nutzt den Gerichtssaal als politische Bühne. Nach 24 Verhandlungstagen wird am 1. April 1924 das Urteil verkündet: Ludendorff wird freigesprochen und Hitler wegen Hochverrats zu fünf Jahren Festungshaft verurteilt. Seine Partei, die NSDAP, wird verboten.

Eigentlich hätte Hitler als Nicht-Deutscher nach dem Republikschutzgesetz ausgewiesen werden müssen. Am 20. Dezember 1924 wird er aus der Haftanstalt in Landsberg auf Bewährung entlassen. Während seiner Haftzeit verfasste Hitler die Propaganda-Schrift »Mein Kampf – eine Abrechnung«. Angesichts des Redeverbots dokumentiert er im Anhang seine ersten großen Auftritte als Redner. Hitler bemüht sich jetzt um die deutsche Staatsbürgerschaft. Er erhält sie aber erst 1932.

Innerhalb einer Vortragsreihe »Der Kampf um München als Kulturzentrum« durchleuchtet Ende 1926 Thomas Mann das gängige Bild der Stadt und seiner Zeit:

»Wir haben uns des renitenten Pessimismus geschämt, der von München aus der politischen Einsicht Berlins, der politischen Sehnsucht einer ganzen Welt entgegengesetzt wurde; wir haben mit Kummer sein gesundes heiteres Blut vergiftet gesehen, durch antisemitischen Nationalismus und Gott weiß welche finsteren Torheiten. Wir mussten es erleben, dass München in Deutschland und darüber hinaus als Hort der Reaktion, als Sitz aller Verstocktheit und Widerspenstigkeit gegen den Willen der Zeit verschrien war, mussten hören, dass man München eine dumme, die eigentlich dumme Stadt nannte ... Durch das Leiden hat seine Harmlosigkeit aufgehört gemütlich zu sein; sie ist aggressiv, feindselig, unwirtlich geworden. Gemüt und ›Mir san gsund‹ – damit allein wird München seine Stellung in der Welt nicht halten oder nicht zurückgewinnen, auch als Kunststadt nicht ...«

Ab Mitte der zwanziger Jahre stabilisiert sich die wirtschaftliche und politische Lage. Ein Zeichen der Normalisierung ist der soziale Wohnungsbau. Große Siedlungsgebiete werden gebaut. Allein am Walchenseeplatz in München-Giesing werden 870 Wohnungen mit bis zu 100 Quadratmetern Wohnfläche gebaut sowie 26 Geschäfte und eine Gaststätte.

Arbeiterfamilien ziehen in modern ausgestattete Wohnungen ein. Dazu gehören Bad, WC und Ofenheizung. Die Einführung der Rentenmark hat die Inflation gestoppt. Jetzt gehen der NSDAP die Themen aus. Bei der Landtagswahl von 1928 erreicht sie 6,1 Prozent.

Am 25. Oktober 1929, dem »Schwarzen Freitag«, kommt es zum Börsenkrach in New York, der die Weltwirtschaftskrise auslöst. Sie führt zu weltweiter Rezession und Arbeitslosigkeit. Vor allem in Deutschland, das an den Folgen der Inflation und den noch immer zu leistenden Reparationen an die Siegermächte schwer zu tragen hat. 1932 ist die Zahl der Arbeitslosen auf sechs Millionen angewachsen.

Die NSDAP nutzt die Krise. Der parteieigene Eher-Verlag in München kann Erfolgsmeldungen veröffentlichen: Die Partei verzehnfacht in vier Jahren ihre Mitgliederzahl auf eine Million. Bei der Reichstagswahl am 31. Juli 1932 wird sie mit 37,3 Prozent stärkste Partei.

Die Partei wird straff von der Parteizentrale im »Braunen Haus« geführt und hat ein eigenes Presseorgan, den »Völkischen Beobachter«. Gauleiter Adolf Wagner im Wahlkampf 1932:

»Im Grund genommen ist der Bayer stark, klar, offen und treu wie seine Berge. Und er glaubt gerne, und die Anknüpfung an die Tradition, die ist letzten Endes dasjenige, was uns Nationalsozialisten den wahren Lebensinhalt gibt. Tradition ist unsere Bewegung und zwar deutsche Tradition im besten Sinne des Wortes. Die Zukunft wird nur dann gestaltet werden können, wenn wir anknüpfen an die deutsche Art, anknüpfen an das, was deutsche Seele und deutscher Geist bedeuten. Wir haben natürlich dafür zu sorgen, dass der wahre Hitler-Geist bewahrt werde, heute und in aller Zukunft. Der Hitler-Geist, der allein nur den deutschen Menschen wiederum zu erneuern vermag. Nur durch ihn wird Deutschland gerettet werden. Heil Hitler.«

Nach der durch die Auflösung des Reichstags notwendig gewordenen Wahl im November 1932 wird die NSDAP stärkste Fraktion im Reichstag: Doch zusammen mit den Mandaten der Deutschnationalen Volkspartei fehlen ihr zur Mehrheit 42 Mandate. Reichspräsident Paul von Hindenburg ernennt Adolf Hitler am 30. Januar 1933 zum Reichskanzler.

Gleichzeitig werden Neuwahlen festgelegt. Die Mobilisierung der Straße und die nach dem Reichstagsbrand erlassene »Verordnung zum Schutz von Volk und Staat« führen, drei Wochen vor dem »Ermächtigungsgesetz«, zur Aufhebung aller Grundrechte, auch dem der Pressefreiheit. Bei der Wahl am 5. März 1933 bringt es die NSDAP auf 43,9 Prozent der Stimmen. Nach der Ausschaltung der Opposition und der Gewerkschaften werden jetzt auch die Länder gleichgeschaltet. Bayern ist die letzte Bastion. Zehn Jahre nach dem missglückten »Marsch nach Berlin« besitzt jetzt Hitler die Macht im Reich. Jetzt kann von Berlin aus der Marsch nach Bayern, nach München, beginnen.

Mitten aus München hatte eine Zeitung gewarnt: »Der Nationalsozialismus ist eine Pest.« Das Presseorgan heißt »Der gerade Weg«. Der Herausgeber dieser »Deutschen Zeitung für Wahrheit und Recht«, Dr. Fritz Gerlich, ist über die Machtergreifung bestürzt und titelt am 1. Februar 1933, was er vor sich sieht: »Deutschlands Leidensweg«.

Er bezeichnet Hitlers Bewegung als »sinnfälligstes Kennzeichen des geistigen und politischen Zusammenbruchs unseres Volkes«.

Gerlich ist sehr genau informiert über Interna im Braunen Haus, über die Oberste SA-Führung und Röhms rivalisierende Haltung zu Hitler. Im »Geraden Weg« kann Hitler lesen, wie seine Gegner denken: Man solle ihn doch ruhig mal an die Reichskanzlerschaft heranlassen. Es werde sich dann zeigen, was er kann oder nicht kann, und dann werde endlich einmal Ruhe sein, so zitiert auch Gerlich eine gängige Redensart. Der Journalist weiß aber, dass Röhm nur darauf wartet, sich als politischen Faktor in Deutschland ins Spiel zu bringen. Röhm will eine »zweite Revolution« – er wartet auf die Stunde der SA. Mit der Veröffentlichung ihm zugespielter Informationen will Gerlich Hitler stoppen und »die unglaublichen Zustände« in der Reichsleitung der NSDAP anprangern.

Eine erste Gelegenheit zur Aktion ist für Röhm die Machtergreifung in Bayern. Und er nutzt sie: Am 9. März 1933 erscheint er bei Ministerpräsident Heinrich Held in dessen Amtssitz im Montgelas-Palais – begleitet von Gauleiter Wagner und Reichsführer-SS Himmler. Röhm fordert Held unmissverständlich auf, abzutreten und die Exekutivgewalt an einen Generalstaatskommissar abzugeben.

Held sieht keinen Anlass zu einem Rücktritt. Ein zweites Mal erscheinen die drei an diesem 9. März beim Ministerpräsidenten – diesmal verstärkt durch General Franz Ritter von Epp. Held bleibt standhaft. Mit der Drohung, die SA marschiere bereits, bricht Röhm das Gespräch ab. Die Hakenkreuzfahne wird am Rathausturm gegen 18 Uhr gehisst. Eine

Stunde später gibt Stadtrat Max Amann vom Balkon bekannt, General von Epp habe als Staatskommissar die Macht in Bayern übernommen und Himmler die bayerische Polizei. Der Druck von der Straße soll den Staatsstreich durchsetzbar machen.

Nach diesem bislang ergebnislosen Röhm'schen Putschversuch verlegt man sich auf den Dienstweg. Der Reichsinnenminister setzt in einem Telegramm den Ministerpräsidenten um 20 Uhr 15 davon in Kenntnis, dass »gemäß Paragraf 2 Verordnung zum Schutze von Volk und Staat« Held sofort die Geschäfte dem Reichskommissar Ritter von Epp zu übergeben habe. Noch in der Nacht erscheinen die vier Besucher wieder bei Held und übernehmen die Macht in Bayern.

Machtergreifung auch im Polizeipräsidium – zehn Jahre nach dem Hitler-Putsch. Jetzt haben die Nationalsozialisten die Staatsgewalt und alle Mittel zum Vollzug in der Hand. Die neuen Machthaber – von Epp, Röhm, Wagner, Himmler – zeigen sich vor dem Polizeipräsidium. Sie ergreifen Besitz von München und Bayern.

Die Verfolgung setzt ein. Das Gewerkschaftshaus wird gestürmt, Redaktionsräume werden demoliert, Journalisten zur Polizeidirektion gebracht, in so genannte Schutzhaft genommen und gefoltert.

Ein Mann für den Vollzug: Reinhard Heydrich wird Chef der politischen Polizei in Bayern.

Zwei Wochen nach der Machtergreifung in Bayern wird in Dachau auf dem Gelände einer ehemaligen Munitionsfabrik ein erstes Konzentrationslager errichtet. Es wird zum Muster für den nationalsozialistischen Terror und für alle weiteren Konzentrationslager.

Priester, Gewerkschaftler, Sozialdemokraten und Kommunisten werden auf Listen erfasst und in Schutzhaft genommen. Gleich zu Beginn auch 300 Juden aus München.

In diesem März 1933 stellt Himmler einen Schutzhaftbefehl auf den Namen Thomas Mann aus. Der 1929 mit dem Nobelpreis ausgezeichnete Schriftsteller entschließt sich, von seinem Auslandsaufenthalt nicht nach Deutschland zurückzukehren. Als am 10. Mai 1933 vor der Münchner Universität Bücher verbrannt werden, sind auch seine Werke dabei.

Am 1. April 1933 wird zum Boykott jüdischer Geschäfte, Restaurants, Cafés und Banken aufgerufen. Geschäfte werden zum Beispiel unter dem Vorwand des Preiswuchers polizeilich geschlossen. Der Polizeikommandant zeigt auf einem Plakat an, dass sich der Geschäftsinhaber in Dachau befindet.

Wer sich gegen diese Maßnahmen wehrt und im Rechtsbewusstsein zur Polizei geht und dies anzeigt, ist wehrlos den Schikanen und dem Terror ausgeliefert. Ein allererstes Dokument:

Der jüdische Rechtsanwalt Michael Siegel muss mit dem Schild um den Hals durch die Stadt gehen: »Ich werde mich nie wieder bei der Polizei beschweren.«

Am 17. Juni 1934 erregt eine Rede des Vizekanzlers Franz von Papen Aufsehen. Er kritisiert Hitlers Unterdrückungsmethoden, stellt einen Vertrauensschwund des Volkes in die Regierung fest und warnt vor den Gerüchten einer zweiten Revolution.

Hitler verdächtigt Röhm, dessen zweite Revolution solle einen Putsch zur Schaffung eines SA-Staates tarnen. Hitler ist jetzt »zur Niederschlagung hoch- und landesverräterischer Angriffe« bereit und entschlossen, »die Hauptschuldigen an diesem Verrat zu erschießen.«

Für den 30. Juni 1934 hatte Hitler eine SA-Führertagung nach Bad Wiessee einberufen. Dort werden sämtliche Tagungsteilnehmer festgesetzt, auch Ernst Röhm, der nach München verbracht und im Gefängnis Stadelheim erschossen wird.

Hitler entledigt sich auch anderer missliebiger Gegner, unter ihnen der katholische Publizist Gerlich, der vor Hitler gewarnt hatte, und der ehemalige Generalstaatskommissar von Kahr, der den Putsch an der Feldherrnhalle 1923 vereitelt hatte.

Am 2. August 1934 stirbt Reichspräsident Paul von Hindenburg. Adolf Hitler vereinigt jetzt die Ämter des Reichspräsidenten und des

Reichskanzlers. Die Wehrmacht wird auf den »Führer« vereidigt. Am 2. August 1935 verleiht dieser »Führer« der Stadt seines Aufstiegs den Titel »Hauptstadt der Bewegung«. München bleibt Sitz der Reichsleitung der NSDAP. Am Königsplatz werden links und rechts der Briennerstraße zwei »Ehrentempel für die Gefallenen des Hitler-Putsches« errichtet. Der Königsplatz soll als »Acropolis Germaniae« einen angemessenen Abschluss erhalten – einen »Führerbau« mit Arbeitsräumen für Hitler mit einem Konferenzsaal, und einen »Verwaltungsbau der NSDAP«.

»Das Erbe des größten bayerischen Königs greift nun der größte deutsche Kanzler auf ... So fand der Platz des Königs Ludwig die Vollendung«,

Statt des 1931 durch Brand zerstörten Glaspalastes soll ein neuer Ausstellungsbau entstehen – das »Haus der Deutschen Kunst«, der so genannte »Neue Glaspalast«.

Mit diesem Bau will Hitler München zur Stadt seiner Kunst und seines Geistes machen. Im Juli 1937 wird er zum »Tag der Deutschen Kunst« eröffnet. Hitler anlässlich dieser ersten Kunst-Ausstellung:

»Mit der Eröffnung dieser Ausstellung hat das Ende der deutschen Kunstverwirrung und damit der Kulturvernichtung unseres Volkes begonnen.«

Der »Führer« weist den deutschen Künstlern den Weg und gibt eine Gebrauchsanweisung für Kunst im nationalsozialistischen Deutschland, alles andere sei ein »Fall für das Reichsinnenministerium«.

Was das bedeuten soll, wird gleichzeitig in der Ausstellung »Entartete Kunst« in den Hofgarten-Arkaden vorgeführt. Der Andrang ist groß, weitaus größer als gegenüber im »Haus der Deutschen Kunst«.

Die Leute stehen in Reihen an, um sich anzusehen, was als entartet gilt. Darunter sind Werke der Künstlergruppe »Der Blaue Reiter« oder Bilder von Max Beckmann. 600 Werke von 110 Künstlern wurden in Galerien beschlagnahmt und werden hier in neun Räumen an den Pranger gestellt. Viele kommen, um ein letztes Mal moderne Kunst zu erleben.

Wie Kunst auszusehen hat, ist im »Haus der Deutschen Kunst« zu sehen.

Thomas Mann beschreibt in »Gladius Dei«, wie ein selbst ernannter Sittenwächter einen Kunsthändler auffordert, aus dem Schaufenster einer Galerie bei der Feldherrnhalle Franz von Stucks »Sünde« zu entfernen. Eine Kopie der »Sünde« befindet sich neben einem Bismarck-Portrait von Lenbach in Hitlers Münchner Wohnung in der Prinzregentenstraße.

Am 5. Juni 1937 wird der Jesuitenpater Rupert Mayer von der Gestapo festgenommen. Ihm wird vorgeworfen, in seinen Kanzelreden in der St. Michaelskirche den öffentlichen Frieden zu gefährden und das Volk gegen die Partei aufzuwiegeln. Am 22. Juli 1937 verurteilt ihn ein Sondergericht im Münchner Justizpalast zu sechs Monaten Gefängnis. Pater Rupert Mayer, der sich gegen ein Predigtverbot zur Wehr setzt, wird in die Strafanstalt Landsberg verbracht.

Der Erzbischof von München und Freising, Kardinal Michael von Faulhaber, erhebt Einspruch:

»Diese Verhaftung ist ein Zeichen, dass der Kulturkampf zur Vernichtung der katholischen Kirche in einen neuen Abschnitt eingetreten ist … Es rauchen Flammenzeichen, und eines dieser Flammenzeichen ist die Verhaftung unseres Männerapostels.«

Der Jesuitenpater wird anlässlich des Gesetzes über die Gewährung von Straffreiheit »aus Anlass der Wiedervereinigung Österreichs mit dem Deutschen Reich« früher entlassen. Zwei Jahre später wird er wieder verhaftet.

Kardinal Faulhaber ruft die Gläubigen zur Besonnenheit auf: »Es ist eine Zeit zu schweigen.«

Der Anschluss Österreichs vom 12. März 1938 wurde von der Weltpolitik zur Kenntnis genommen. Dies ermuntert Hitler, jetzt auch die Sudetendeutschen »heim ins Reich« zu holen und die Abtretung der Sudetengebiete von der ČSR an sein Hitler-Deutschland zu erzwingen.

Am 29. September 1938 wird die »Hauptstadt der Bewegung« für 24 Stunden zum Schnittpunkt der europäischen Politik: Italiens Duce Mussolini, der durch die Achse Rom-Berlin Hitler bündnisfähig erscheinen ließ und Deutschland aus der Isolation herausführte, hatte die Konferenz eingefädelt. Die Regierungschefs von England und Frankreich, Chamberlain und Daladier, gehen im Konferenzsaal im »Führerbau« am Königsplatz auf Hitlers Forderungen ein, um einen Krieg zu verhindern. Damit wird Prag zur Abtretung des Sudetengebiets gezwungen. Mit diesem »Münchner Abkommen« erreicht die so genannte Appeasement-Politik ihren Höhepunkt. Der nächste Schritt ist die Annexion der restlichen ČSR im März 1939. »München« wird zum Wendepunkt in Hitlers Politik, zum Synonym für »Frieden um jeden Preis« und außenpolitische Erpressung.

Die nationalsozialistischen Machtinhaber inszenieren Jahr für Jahr ihre Rituale – die Reichsparteitage auf dem dafür geschaffenen Gelände in Nürnberg. Einer von diesen, jener vom 15. September 1935, wird mit der Verkündung von »Gesetzen« verknüpft. Diese so genannten »Nürnberger Gesetze« sollen durch die Definition eines »Reichsbürgergesetzes« und eines »Gesetzes zum Schutz des deutschen Blutes und der deutschen Ehre« die Ausgrenzung der jüdischen Bevölkerung legalisieren und schaffen die Grundlage für Verfolgung und Vernichtung – Terror in Gesetzesform.

Julius Streicher, Gauleiter in Franken und Herausgeber des »Stürmer« will jetzt einen so genannten »Volkszorn« mobilisieren. Eine »Reichskristallnacht« wird vorbereitet und am 9. November 1938 von München aus in Gang gesetzt.

Es ist die Nacht der Pogrome vom 9. zum 10. November 1938.

Im Bericht des Regierungspräsidenten von Ober- und Mittelfranken heißt es:

»Im Zuge der Protestaktionen … wurden im Regierungsbezirk 772 Juden festgenommen … Außerdem wurden nach dem Bericht der Staatspolizeistelle Nürnberg-Fürth 17 Synagogen ausgebrannt, 25 Synagogen demoliert, 115 jüdische Geschäfte zerstört ... In 594 jüdischen Wohnungen wurde die Inneneinrichtung zerstört ...«

Die »Endlösung« zeichnet sich ab, vor aller Augen soll der »gelbe Stern« zum Stigma werden. 1941 beginnen die ersten Deportationen in die Vernichtungslager.

Am 21. August 1939 richtet Hitler vom Obersalzberg ein Telegramm nach Moskau und bietet Stalin einen Nichtangriffs-Pakt an. Noch am selben Abend erreicht den Berghof Stalins Signal. Mit dem Hitler-Stalin-Pakt wird der Weg zum Angriff auf Polen am 1. September 1939 frei gemacht. An diesem Tag beginnt der Zweite Weltkrieg.

Bürgerbräukeller München – der Tatort des Hitlerputsches. Es ist der 8. November 1939. Mit einer selbst gebauten Bombe will der schwäbische Schreinergeselle Georg Elser Hitler töten und den Krieg stoppen. Das Attentat misslingt. Elser kommt ins KZ Dachau. Kurz vor Kriegsende wird er dort ermordet.

Ludwig-Maximilians-Universität in München: Eine Widerstandsaktion von Studenten, die »Weiße Rose«, appelliert an das Gewissen. Dieser Studentenkreis will nicht schweigen, sondern meldet sich zu Wort, will aufwecken, bevor alles verloren und nichts mehr zu retten ist.

Sophie Scholl trifft sich mit Kommilitonen, die auf Fronturlaub in München sind: Alexander Schmorell und Sophies Bruder Hans. Hans Scholl ist Soldat in Russland. Seine Fronterfahrung öffnet ihm die Augen für die ganze Wahrheit des Krieges. So auch Willi Graf und Christoph Probst. Auf ihrer Seite steht auch der Philosophieprofessor und Volksmusikforscher Kurt Huber.

Die Gruppe um Sophie Scholl verfasst Flugblätter, in denen Verbrechen des Terrorregimes angezeigt werden.

Am 18. Februar 1943 ruft der Minister für Propaganda, Josef Goebbels, im Berliner Sportpalast zum »totalen Krieg« auf. Im Treppenhaus der

Münchner Universität fallen am selben Tag Flugblätter der »Weißen Rose« in die Eingangshalle. Auf ihnen ist zu lesen: »Leistet Widerstand, wo immer ihr auch seid.« Der Hausmeister Jakob Schmid hält die Studentin Sophie Scholl und ihren Bruder Hans fest. Obwohl sie nicht aussagen, macht die Gestapo die anderen Mitglieder der »Weißen Rose« ausfindig. Sie werden hingerichtet.

Ein Exemplar dieses letzten Flugblattes bringt der Hitler-Gegner Helmuth James Graf von Moltke außer Landes. Es wird von der Royal Air Force im Sommer 1943 über Deutschland abgeworfen.

Nach der Tragödie von Stalingrad verschärft das Regime nochmals seinen Terror.

Das Pfarrhaus St. Georg in München-Bogenhausen ist einer der Orte, wo sich Mitglieder der Widerstandsgruppe »Kreisauer Kreis« treffen. Bei Pater Alfred Delp kommen Pater Lothar König, der Provinzial Augustin Rösch, der Pater Rupert Mayer schützte, und der Kopf des »Kreisauer Kreises«, Moltke, zusammen. Treffen finden auch auf Moltkes Gut im niederschlesischen Kreisau statt – ein Gruppe von Sozialisten, Protestanten und den Jesuiten aus München. Sie machen Pläne für ein neues Deutschland. In Bamberg hatte Delp vor dem Attentat vom 20. Juli 1944 Kontakt mit Oberst Claus Schenk Graf von Stauffenberg.

Nach dem fehlgeschlagenen Attentat werden auch Mitglieder des Kreisauer Kreises, unter ihnen Moltke und Delp, hingerichtet.

Ab September 1944 nehmen die alliierten Luftangriffe massiv zu. Würzburg wird im März 1945 fast völlig zerstört, Flammeninferno kurz vor dem Ende.

Truppenverbände der 7. US-Armee rücken in Bayern vor. Auf Befehl Himmlers müssen 7000 entkräftete Häftlinge das KZ-Dachau verlassen und einen Marsch Richtung »Alpenfestung« antreten. Kein Häftling dürfe lebend in die Hände des Feindes fallen. Am 29. April erreichen US-Truppen Dachau und finden trotz der Evakuierungsaktion 32 000 Häftlinge vor, manche sterbend in Güterwagons.

Am 1. Mai versammeln sich auf dem Appellplatz die Häftlinge verschiedenster Nationen und gedenken der Opfer und der Jahre des Grauens.

Am Tag, an dem die Amerikaner die Hauptstadt der Bewegung besetzen, entzieht sich Adolf Hitler im Bunker der Reichskanzlei in Berlin durch Selbstmord der Verantwortung für die Millionen Opfer des Nationalsozialismus.

Die Hauptangeklagten des nationalsozialistischen Regimes müssen sich wegen Verbrechen gegen den Frieden, gegen die Menschlichkeit, wegen Kriegsverbrechen und die Verschwörung gegen den Frieden verantworten – ein neues Weltrecht in Nürnberg.

12
Modell Föderalismus

Die amerikanischen Truppen haben Bayern besetzt, die deutsche Wehrmacht hat kapituliert. Noch im Mai 1945 übernehmen die Siegermächte die exekutive Gewalt über Deutschland, sie sind gebunden an die gemeinsamen alliierten Direktiven. Jede Siegermacht etabliert jeweils in ihrer Besatzungszone eine Militärregierung.

Bayern war der amerikanischen Zone zugewiesen, bis auf die Pfalz, die der französischen Zone zugeteilt wurde. In den besetzten Orten untersuchen kleine Trupps die Versorgungseinrichtungen, spezielle teams suchen, ausgestattet mit »Weißen Listen« der Militärregierung, nach demokratisch gesinnten Deutschen, um in Städten und Gemeinden die kommunale Ordnung wieder aufzubauen.

Eine schier unmögliche Aufgabe, wo alles in Trümmern liegt. In München sind 33% der Wohnhäuser zerstört, in Nürnberg 51% und in Würzburg 75%.

In Bayern waren Hunderttausende ehemaliger Kriegsgefangener, Zwangsarbeiter, KZ-Häftlinge aus den von deutschen Truppen besetzten Ländern Europas, Hunderttausende von evakuierten Deutschen, Hunderttausende deutscher Soldaten als Kriegsgefangene in Sammellagern, dazu kamen die täglich ins Land strömende Flut von Flüchtlingen und Vertriebenen aus dem Osten, vor allem aus dem benachbarten Sudetenland.

Der US-Geheimdienst erkundigt sich beim Erzbischöflichen Ordinariat in München nach politisch unbelasteten Persönlichkeiten in Bayern, denen man hohe Verwaltungsposten anvertrauen könne. Der Erzbischof von München-Freising, Kardinal Michael von Faulhaber, weist auf den letzten Vorsitzenden der Bayerischen Volkspartei, Fritz Schäffer, hin. Daraufhin ernennt ihn die US-Militärregierung am 28. Mai 1945 zum vorläufigen bayerischen Ministerpräsidenten – mit der Maßgabe, ein Kabinett zu bilden, die unmittelbarste Not zu beseitigen wie Wohnungsnot oder Versorgungs- und Nahrungsmittelknappheit, und den Wiederaufbau einer wirtschaftlichen und finanzpolitischen Ordnung anzugehen.

An diesem 28. Mai 1945 hält der Oberkommandierende der amerikanischen Streitkräfte in Deutschland, General Dwight D. Eisenhower, in München eine Siegesparade ab – von der Ludwigstraße zum Odeonsplatz, von dort über die Brienner Straße zum Königsplatz.

Am 28. September 1945 entlässt die Militärregierung bereits Fritz Schäffer wieder wegen Nichtbeachtung des Entnazifizierungsgebots und ernennt den aus dem Schweizer Exil zurückgekehrten sozialdemokratischen Politiker Wilhelm Hoegner zum neuen Ministerpräsidenten in Bayern.

Am 31. Mai 1945 findet die erste Fronleichnamsprozession in der Landeshauptstadt nach dem Krieg statt. Den Prozessionsweg gehen Kardinal Faulhaber und Pater Rupert Mayer. Er hatte ein Zeichen gesetzt gegen das Regime des Nationalsozialismus. Am 11. Mai war er sechs Jahre nach seiner Verhaftung nach München zurückgekehrt, um seine Seelsorger- und Predigttätigkeit wieder aufzunehmen. Wenige Monate später stirbt er am Allerheiligen-Tag.

Die Münchner werden von der Besatzungsmacht aufgefordert, sich mit dem Konzentrationslager Dachau vor den Toren der Landeshauptstadt zu konfrontieren, um sich vor Ort ein Bild vom Ausmaß des Grauens zu machen.

Der Aufbau demokratischer Parteien wird zugelassen. Die erste Lizenzierung wird feierlich, im Prinzregententheater mit dem Bayerischen Staatsorchester begangen: Die amerikanische Militärregierung übergibt am 11. November 1945 der Kommunistischen Partei Deutschlands die erste Urkunde für den Aufbau ihrer Partei in der US-Zone.

Eine Woche später wird die SPD zugelassen. Erst am 8. Januar 1946 erhält die CSU die Lizenzurkunde – ausgestellt auf den Namen »Dr. Josef Müller und Genossen«.

Nach dem organisatorischen Zusammenschluss mehrerer liberaler Gruppierungen folgt auch die FDP.

Am 20. November 1945 beginnt vor dem Internationalen Militärgerichtshof in Nürnberg, dem Ort der Reichsparteitage und der »Nürnberger Rassengesetze«, der Prozess gegen die Hauptangeklagten des nationalsozialistischen Regimes. Sie müssen sich wegen Verbrechen gegen den Frieden, gegen die Menschlichkeit, wegen Kriegsverbrechen und der Verschwörung gegen den Frieden verantworten.

In München erscheint am 6. Oktober 1945 die »Süddeutsche Zeitung«. Es ist die erste Zeitungslizenz in der amerikanischen Besatzungszone. Das Blatt erscheint zwei Mal wöchentlich mit vier Seiten. In der ersten Ausgabe wird die neue Regierung Bayerns unter »Dr. Hoegner« vorgestellt.

Am 27. Januar 1946 finden zum ersten Mal wieder Kommunalwahlen in Bayern statt.

Die Versorgungslage spitzt sich zu: Die Lebensmittelzuteilung pro Person und pro Tag ist auf unter 1000 Kalorien abgesunken. Die »Cooperative for American remittances to Europe«, CARE, organisiert Hilfssendungen nach Deutschland. Die Care-Pakete sollen das Ernährungsproblem lindern helfen. An den Verteilungsstellen bilden sich Menschenschlangen.

Im Alten Rathaussaal in München wird am 5. März 1946 in Anwesenheit hoher Vertreter der US-Militärregierung und der Ministerpräsidenten aus den drei Ländern der US-Zone das »Gesetz zur Befreiung von Nationalsozialismus und Militarismus« unterzeichnet. Es ist derselbe Raum, in dem 1938 die »Reichskristallnacht« ausgelöst wurde. Durch das Gesetz wird die Entnazifizierung den deutschen Behörden überantwortet. Die Deutschen werden in vier Belastungsstufen eingeteilt: in Hauptschuldige, Belastete, Minderbelastete, Mitläufer und dann die davon Entlasteten. Fast sieben Millionen Fragebogen werden bayerischen Bürgern zugestellt. Bei den Landratsämtern werden Spruchkammern eingerichtet. In der ersten Spruchkammersitzung im Münchner Justizpalast am 15. Juni 1946 steht der ehemalige Hausdiener der Universität, Jakob Schmid, vor dem Richtertisch. Am 18. Februar 1943 hatte er Hans und Sophie Scholl der Gestapo ausgeliefert. Schmid wird zu fünf Jahren Arbeitslager verurteilt.

Das Urteil von Nürnberg am 1. Oktober 1946: Der Internationale Militärgerichtshof verkündet am Ende des Prozesses gegen die Hauptkriegsverbrecher die Urteile. Der Prozess sollte auch dazu dienen, vor aller Welt das ganze Unrecht des Nationalsozialismus zu dokumentieren. Auch die Nachfolgeprozesse, die von den Amerikanern durchgeführt werden, finden in Nürnberg statt.

Herbst 1946: In München tagt in der Aula der Universität die Verfassungsgebende Landesversammlung. Bereits im Februar hatte die Militärregierung Ministerpräsident Hoegner den Auftrag erteilt, einen Verfassungsentwurf zu erarbeiten.

Ein dafür eingerichteter Verfassungsausschuss konnte dabei auf Hoegners bereits in seinem Schweizer Exil formulierte Vorarbeit und auf die Mitarbeit des Staatsrechtlers Prof. Dr. Hans Nawiasky zurückgreifen, auch auf die drei Verfassungsvorgänger – die Konstitution von 1808, die Verfassung von 1818 und die Verfassung von 1919.

Die Verfassungsgebende Landesversammlung war am 30. Juni 1946 vom Volk gewählt worden. Es war die erste landesweite Wahl in Bayern nach dem Krieg. Diese Wahl vermittelte einen ersten Aufschluss über die

Gewichtung der Parteien: CSU 58%, SPD 28,8%, KPD 5,3% und FDP 2,5%. Bei den Beratungen gab es vor allem in der Frage der Bekenntnisschule, die bejaht wurde, und in der Frage, ob Bayern einen Staatspräsidenten haben solle, die verneint wurde, Auseinandersetzungen. Bei der Abstimmung um diese Frage fehlte nur eine Stimme.

Die Verfassung wird mit großem Konsens angenommen. Diese Vorlage musste der US-Militärregierung, dem US-Kriegsministerium und dem State Department vorgelegt und von diesen Behörden genehmigt werden. Die politischen Berater der Militärregierung hatten schon früh zu erkennen gegeben, dass der Aufbau der Demokratie in Bayern ein Modell für den Föderalismus im Nachkriegsdeutschland darstellen soll.

Am 1. Dezember 1946 wird der Landtag gewählt und die Verfassung dem bayerischen Volk zur Abstimmung vorgelegt. Sie findet eine Zustimmung von 71% der Stimmen, also eine Zweidrittelmehrheit. In der Präambel der Verfassung des Freistaates Bayern heißt es:

»Angesichts des Trümmerfeldes, zu dem eine Staats- und Gesellschaftsordnung ohne Gott, ohne Gewissen und ohne Achtung vor der Würde des Menschen die Überlebenden des zweiten Weltkrieges geführt hat, in dem festen Entschlusse, den kommenden deutschen Geschlechtern die Segnungen des Friedens, der Menschlichkeit und des Rechtes dauernd zu sichern, gibt sich das Bayerische Volk, eingedenk seiner mehr als tausendjährigen Geschichte nachstehende demokratische Verfassung.«

In Artikel 1 heißt es: »Bayern ist ein Freistaat.«

Gleichzeitig fanden die ersten Landtagswahlen statt. Im Endergebnis stabilisierte sich die Stimmungslage bei der Wahl zur Verfassungsgebenden Landesversammlung.

In der Aula der Münchner Universität tritt am 16. Dezember 1946 der Bayerische Landtag zu seiner konstituierenden Sitzung zusammen.

Zum Nachfolger Hoegners als Ministerpräsident wird Hans Ehard gewählt.

Der Alliierte Kontrollrat in Berlin, der die Regierungsverantwortung für ganz Deutschland ausübt, überwacht die im Potsdamer Abkommen beschlossenen Vereinbarungen, auch hinsichtlich der Reparationen oder auch der Demontagen von Industrieanlagen.

In der US-Zone sind davon viele nach Bayern verlagerte Rüstungsbetriebe wie die ehemaligen »Messerschmitt-Flugzeugwerke und Maschinenfabriken« betroffen. Rohstoffmangel und Schwierigkeiten in der Energieversorgung belasten die Produktionskurve.

Trotz dieser Schwierigkeiten wollen bayerische Betriebe bereits für den Export produzieren und veranstalten im Herbst 1946 eine »Exportschau« – im Münchner Haus der Kunst.

General Eisenhower inspiziert die Produkte. Der bayerische Wirtschaftsminister Ludwig Erhard begleitet den Oberbefehlshaber durch die Ausstellungsräume.

Meinungsverschiedenheiten im Alliierten Kontrollrat über die Höhe der Reparationen blockieren die Arbeit. Um das Überleben und den wirtschaftlichen Aufbau wenigstens in ihren Zonen zu sichern, schließen die britische und amerikanische Regierung ihre Besatzungszonen zum 1. Januar 1947 zu einer Bizone, einem »Vereinigten Wirtschaftsgebiet« zusammen.

Und um die wirtschaftliche, auch die staatspolitische Einheit Deutschlands zu retten, ergreift der bayerische Ministerpräsident Hans Ehard eine Aufsehen erregende Initiative. Er lädt alle Ministerpräsidenten der vier Besatzungszonen für Anfang Juni 1947 zu einer ersten gesamtdeutschen Ministerpräsidentenkonferenz nach München ein.

Angesichts einer sich abzeichnenden Teilung Deutschlands als Folge des Blockierens der Zusammenarbeit im Alliierten Kontrollrat sollten sich deutsche Politiker aus der amerikanischen, britischen, französischen und sowjetischen Zone an einen Tisch setzen und Deutschlands Zukunft sowie die wirtschaftliche Einheit zwischen den Besatzungszonen beraten. Auf bayerischer Seite ist der Beweggrund, dieses Nachkriegsdeutschland als eine bundesstaatliche Ordnung mit einem starken Einfluss der Länder zu gestalten.

Tatsächlich reisen am 5. Juni 1947 die Ministerpräsidenten aller deutschen Länder nach München an. Doch bevor der bayerische Ministerpräsident das Münchner Treffen offiziell eröffnen kann, ist es bereits gescheitert: Die Regierungschefs der »Ostzone« waren nach einer dramatischen nächtlichen Vorbesprechung in der Staatskanzlei in den Morgenstunden des 6. Juni bereits wieder abgereist. Die Länderchefs aus der »Ostzone« mussten sich an die Direktiven der Sowjets halten. Auch die Vertreter der SPD-regierten Länder hatten Auflagen zu erfüllen: Sie sollten sich jeder Äußerung über die Zukunft Deutschlands enthalten. So konnte Ehard die Konferenz nur mit den Ministerpräsidenten der drei westlichen Zonen durchführen.

Zwei Tage nach der Ministerpräsidenten-Konferenz, am 9. Juni 1947, spricht der stellvertretende Vorsitzende der SED, Walter Ulbricht, vor der Feldherrnhalle in München. Er fordert ein zentral verwaltetes, sozialistisches Deutschland nach dem Modell der sowjetischen Zone und setzt sich für die Gründung der SED in Bayern ein.

In München wird deutlich, was sich in der Weltpolitik abzeichnet: Die Teilung der Welt in Ost und West bestimmt auch die Spaltung der Besatzungszonen. Die Politiker der westlichen Zonen rücken zusammen, um wenigstens in ihrem Bereich wirtschaftlich und politisch stabile Verhältnisse zu ermöglichen.

In Frankfurt wird am 25. Juni 1947 der Wirtschaftsrat der Bizone gebildet, dem 52 und bald 104 Abgeordnete angehören, die von den Länderparlamenten bestimmt werden.

Ein Zeichen der Aufbruchsstimmung und auch der Orientierungssuche in der unmittelbaren Nachkriegszeit ist das Schicksal der Zeitschrift »Der Ruf – Blätter für deutsche Kriegsgefangene«. Entstanden war sie in einem deutschen Kriegsgefangenenlager in den USA, redaktionell betreut von den beiden Kriegsgefangenen Hans Werner Richter und Alfred Andersch.

Im April 1946 kehrt der auf Usedom gebürtige und in Berlin vor der Nazi-Zeit tätige Buchhändler Richter heim nach Deutschland – ins Sammellager Bad Aibling. Er entschließt sich, zusammen mit Andersch in München die Zeitschrift »Der Ruf« weiter zu publizieren, jetzt mit dem Untertitel »Unabhängige Blätter der jungen Generation«. Im Heft 11 schreiben die Herausgeber: »Der politischen Zukunft unseres Volkes bleibt nur noch eine Hoffnung. Das ist die heimkehrende junge Generation.« In kurzer Zeit wächst ihre Leserschaft und beeinflusst die jungen Intellektuellen. Mit Heft 17 wird »Der Ruf« von der amerikanischen Militärregierung verboten.

Hans Werner Richter lädt im September 1947 ehemalige Mitarbeiter der Zeitschrift zu einem Treffen an den Bannwaldsee bei Füssen ein. Da man kein Publikationsorgan mehr hatte, liest man sich die mitgebrachten Manuskripte gegenseitig vor und kritisiert sie. Es ist die Geburtsstunde der »Gruppe 47«. Sie setzt sich zum Ziel, mit einem »Kahlschlag« die durch Propaganda verdorbene deutsche Sprache zu reinigen:

»Diese Sache mit der Sprache und der Literatur, die schien uns so ungeheuer wichtig, weil wir sagten, keine vernünftige Politik ist ohne eine neue Sprache oder eine gereinigte Sprache möglich. Die Sprache ist Politik. Die gereinigte Literatur war für uns Gesellschaftspolitik.«

Jeder Ort, wohin Richter zu einer Gruppentagung einlud, wurde zur literarischen Hauptstadt – vom Bannwaldsee bis Waischenfeld in der Fränkischen Schweiz. Ein literarisches Wunder nahm seinen Lauf.

In der Landeshauptstadt München wird ein wichtiges Zeichen gesetzt: Die Einweihung der neuen Synagoge in der Reichenbachstraße am 21. Mai 1947. Der neu ernannte amerikanische Generalgouverneur in Deutschland, Lucius D. Clay, nimmt diesen Termin persönlich wahr.

Nach der Wiedergründung der israelitischen Kultusgemeinde – ein Wiederaufbau jüdischen Lebens in Bayern; in der Stadt, in der die Pogrome begannen und damals auch diese Stätte zerstört wurde.

Der im früheren Kabinett Hoegner amtierende bayerische Wirtschaftsminister, Ludwig Erhard, übernimmt in Frankfurt das Amt eines Direktors für Wirtschaft im Vereinigten Wirtschaftsgebiet der Bizone. Er ist einer der Verwaltungsdirektoren, denen zusammen mit dem Parlament der Bizone die amerikanische, britische und auch bald französische Besatzungsmacht exekutive und legislative Befugnisse übertragen haben. An insgesamt 150 Gesetzen wirkt dieser Wirtschaftsrat mit. Nach dem Anlaufen des Wirtschaftsförderungsprogramms, dem Marshall-Plan, soll auch eine Reform des Währungssystems in Deutschland die ökonomische Lage im Zentrum Europas stabilisieren. Beide Reformprogramme werden im Alliierten Kontrollrat in Berlin seit dem 20. März 1948 von sowjetischer Seite blockiert. Es war der Tag, an dem diese ihre Mitarbeit beendete.

Die Militärregierungen der westlichen Besatzungszonen sind zum Währungsschnitt entschlossen und halten der SBZ eine spätere Teilnahme an der neuen Währung offen. Die Formularmuster für den Umtausch werden in England, die Banknoten in USA gedruckt. 500 Tonnen Geld werden über den Atlantik nach Bremen verfrachtet und von dort generalstabsmäßig zu den Ausgabestellen gebracht.

Auf der Sitzung des Wirtschaftsrats, dem Parlament der Bizone, wird in einer dramatischen Sitzung das »Gesetz über Leitsätze für die Bewirtschaftung und Preispolitik nach der Währungsreform« verabschiedet.

Diese Verkündung der wirtschaftspolitischen Leitsätze nach der Währungsreform ist die Geburtsstunde der Sozialen Marktwirtschaft. Den Stichtag der Ausgabe der neuen DM am 20. Juni 1948 nutzt Ludwig Erhard zu einer Reform der Wirtschaft. Mit der Aufhebung der Bewirtschaftung wie auch der Preisbindung ist ein erster Schritt zum Wirtschaftswunder getan.

Gleichzeitig erreicht das politische Ringen der Siegermächte um Deutschland seinen Höhepunkt. Die sowjetische Besatzungsmacht führt am 23. Juni 1948 für Berlin und die sowjetische Zone eine eigene neue Währung ein und sperrt die Zufahrtswege vom Westen durch die Zone nach Berlin.

Die Berlin-Blockade schneidet 2,1 Millionen Westberliner ein Jahr lang von den Versorgungswegen ab. Der Kalte Krieg und die Teilung Deutschlands haben begonnen. Über eine Luftbrücke versorgen die amerikanischen und britischen Alliierten die Stadt mit lebensnotwendigen Gütern. Aus den Supermächten werden Freunde und Beschützer.

Am 1. Juli 1948 laden die westlichen Militärgouverneure die elf Ministerpräsidenten ihrer Zonen nach Frankfurt. Dort werden ihnen die »Frankfurter Dokumente« übergeben. Darin werden sie aufgefordert, »nicht später als bis zum 1. September 1948 eine Verfassungsgebende Versammlung einzuberufen«.

Vom 10. bis zum 23. August erarbeitet ein Sachverständigenausschuss für Verfassungsfragen, der sich aus den Ländern der drei Westzonen zusammensetzt, die Grundlagen für einen Verfassungsentwurf. Dieser »Verfassungskonvent« soll in der Abgeschiedenheit auf der Herreninsel im Chiemsee nicht nur optisch den Reiz der bayerischen Option nahe bringen, sondern auch in einem neuen Bundesstaat die Rechte der Länder und das politische Gewicht der föderalistischen Vorstellungen verankern. Das war das eigentliche Motiv der Initiative des bayerischen Ministerpräsidenten, Herrenchiemsee vorzuschlagen. Nicht im Schloss Ludwigs II. nach dem Modell des zentralistischen Versailles, sondern im Alten Schloss, im Klostertrakt des Augustiner-Chorherrenstifts, sollten die Leitlinien für die bundesstaatliche Neuordnung und das Modell Föderalismus entworfen werden.

Mit am Tisch sitzen unter anderen Prof. Dr. Hans Nawiasky, der bereits an der bayerischen Verfassung mitarbeitete, der Ministerpräsident von Württemberg-Hohenzollern, Carlo Schmid, sowie Beobachter der Militärregierung.

Der Verfassungsentwurf bereitete die Arbeit des Parlamentarischen Rats vor, der am 1. September 1948 seine Arbeit aufnimmt. In vielen Grundgesetzartikeln werden die Formulierungen von Herrenchiemsee übernommen.

Am 11. Januar 1949 zieht der Bayerische Landtag in das Maximilianeum ein.

Am 20. Mai 1949 erlebt das Parlament im neuen Hohen Haus eine dramatische Nachtsitzung. Auf der Tagesordnung steht das Grundgesetz, über das auch die Landtage der Länder mitzuentscheiden haben. Nachdem die Länder vier Jahre lang die höchste deutsche staatliche Ebene darstellten, hatte vor allem Bayern peinlich darauf geachtet, in welchen übergeordneten Bund man sich begibt.

Nach 15-stündiger Debatte lehnt Bayern das Grundgesetz als zu wenig föderalistisch ausgeprägt ab, erkennt aber ausdrücklich seine Rechtsverbindlichkeit an, wenn es mehrheitlich die Zustimmung der Länder aufweisen könne.

Am 23. Mai 1949 tritt das Grundgesetz der Bundesrepublik Deutschland in Kraft.

Die Debatte im Maximilianeum übertrug der Bayerische Rundfunk – ein erster publizistischer Gongschlag, nachdem die amerikanische Militärregierung den Sender am 25. Januar 1949 offiziell in deutsche Selbstverwaltung übergeben hatte. Aus Radio München wurde der Bayerische Rundfunk, eine öffentlich-rechtliche Anstalt.

Ihre Errichtung und ihre Aufgaben legte ein Gesetz fest, das bereits am 10. August 1948 in Kraft getreten war.

Nachdem sich am 11. April 1947 in München die Landesgewerkschaft Bayern konstituiert hatte, findet zwei Jahre später, im Oktober 1949, im Kongresssaal des Deutschen Museums in München der Zusammenschluss der einzelnen Landesgewerkschaften zum Deutschen Gewerkschaftsbund, dem DGB, statt.

Im Oktober 1946 gab es in Bayern 1381 staatliche Flüchtlingslager. Bis zu 150 000 Ausgewiesene waren nach ihrer Registrierung vorübergehend in fünf Grenzlagern untergebracht. Flüchtlingskommissare verteilten die Vertriebenen auf Städte und Landkreise, beschlagnahmten den ohnehin knapp gewordenen Wohnraum und schufen Notunterkünfte in Baracken.

Insgesamt hat Bayern 1,7 Millionen Menschen aufgenommen, die meisten aus dem Sudetenland.

Für die an einer Neugründung von Betrieben Interessierten gab die Bayerische Regierung »staatsverbürgte Flüchtlingsproduktivkredite«; etwa 2500 Flüchtlingsbetriebe erhielten diese Startmöglichkeit. Aus dieser Kreditstelle wird dann 1950 die »Landesanstalt für Aufbaufinanzierung«.

Der Anteil der Flüchtlinge und Vertriebenen an der Wohnbevölkerung in Bayern beträgt 20 Prozent, und jeder fünfte Industrie- und Gewerbebetrieb ist ein Vertriebenen- oder Flüchtlingsbetrieb. Die Integration der Flüchtlinge und Vertriebenen war ein schwieriger Eingliederungsprozess; er war letztlich nur möglich, weil die Vertriebenen ihre Eingliederung selbst in die Hand nahmen. Selbsthilfeorganisationen zur Errichtung von Betrieben und zur Ansiedlung der Flüchtlinge und Vertriebenen schufen neue Infrastrukturen und eigene Gemeinden wie Geretsried bei Wolfratshausen, Neutraubling im Landkreis Regensburg oder Traunreut bei Traunstein. Das Wirtschaftswachstum in Bayern ist ohne die Leistung der Neubürger nicht denkbar.

Der Freistaat Bayern übernahm 1954 die Schirmherrschaft über die Sudetendeutsche Volksgruppe. Über eine Million Sudetendeutsche fanden im Freistaat eine neue Heimat und wurden »Bayerns vierter Stamm«.

Es waren Jahre, in denen große, grundlegende Entscheidungen fielen, die eng mit der Politik in und um Bayern verbunden sind.

Parteivorsitzender der SPD ist seit 1947 Waldemar Freiherr von Knoeringen, der von seinem Londoner Exil aus sozialdemokratische Parteiarbeit für das Nachkriegsdeutschland geplant hatte. Trotz eines CSU-Wahlsiegs bei den Landtagswahlen im November 1954 gelingt Wilhelm Hoegner eine Regierungsbildung aus SPD, FDP, Bayernpartei und dem BHE, dem »Bund der Heimatvertriebenen« – die so genannte »Viererkoalition«.

Hoegner ist jetzt, nach 1945 auf 1946, ein zweites Mal bayerischer Ministerpräsident.

Fritz Schäffer, der erste Ministerpräsident im Nachkriegsbayern, ist in Bonn seit 1949 Bundesfinanzminister im Kabinett Konrad Adenauer. Finanzminister war Schäffer bereits 1931 bis 1933 in Bayern. Bundeswirtschaftsminister im Kabinett Adenauer ist Ludwig Erhard, der 1945 bis 1946 bereits bayerischer Wirtschaftsminister war.

Während Bayern von der SPD mitregiert wird, macht Franz Josef Strauß, von 1948 bis 1952 Generalsekretär der CSU, als Abgeordneter im Bonner Bundestag Karriere. Er wird Minister für Sonderaufgaben in Adenauers Bundeskabinett und, nachdem die Bundesrepublik Deutschland die Souveränität erlangte, Bundesminister für Atomfragen. Franz Josef Strauß fördert die Grundlagenforschung zur friedlichen Nutzung der Atomenergie sowie den Bau von Atomkraftwerken zur Stromerzeugung. In Garching bei München werden Ende Oktober 1957 im Forschungsreaktor die ersten kernphysikalischen Versuche der Technischen Hochschule München aufgenommen. Für die Inbetriebnahme dieses Reaktors in Garching, »Atomei« genannt, hatte sich Bayerns Ministerpräsident Hoegner eingesetzt.

Nach der Umbildung des Kabinetts in Bonn wird Franz Josef Strauß Verteidigungsminister und soll den Aufbau der neu geschaffenen Bundeswehr energisch durchführen.

Nach fast drei Jahren Regierungszeit platzt die Viererkoalition unter Hoegner am 7. Oktober 1957. Ihm folgt Hanns Seidel, an dessen

Koalitionsregierung sich neben der CSU die FDP und der BHE beteiligen.

Nach dessen Rücktritt aus Gesundheitsgründen übernimmt 1960 für zwei Jahre Hans Ehard wieder das Amt des Ministerpräsidenten, bis ihn Alfons Goppel am 11. Dezember 1962 ablöst.

Seit dem Frühjahr 1961 ist Franz Josef Strauß Vorsitzender der CSU. Mit dieser Funktion verstärkt der Verteidigungsminister seinen Einfluss auf die Bonner Politik.

Nach der Berlin-Blockade war angesichts von Mauerbau und Kubakrise die Bedrohung der Bundesrepublik Deutschland gewachsen. Der Kalte Krieg war für Bayern angesichts seiner exponierten Grenzlage zur DDR und zur Tschechoslowakei sowie durch die Konzentration der vorgeschobenen militärischen Kräfte spürbar. In den 60er-Jahren werden in Franken, in der Oberpfalz und in Niederbayern verstärkt Kasernen für die Bundeswehr gebaut.

Die »Spiegel-Affäre« von 1962 legte die Nervosität offen: Durch die Veröffentlichung des Artikels »Bedingt abwehrbereit« war die Einsatzfähigkeit der Bundeswehr in Zweifel gezogen. Der Verteidigungsminister beantwortete die in dem Artikel aufgestellte Behauptung mit dem Vorwurf des Landesverrats.

Die Durchsuchung der Redaktionsräume des Spiegel wird Strauß als Verstoß gegen das Grundrecht der Presse- und Informationsfreiheit angelastet.

Die Krise um Strauß wird zur Staatskrise. Sie führt zum Rücktritt des Verteidigungsministers und zum Ausscheiden aus Adenauers Kabinett, dessen politisches Ende durch diese Krise beschleunigt wird.

Ihm folgt als Bundeskanzler am 16. Oktober 1963 der »Vater des Wirtschaftswunders«, der in Fürth geborene Ludwig Erhard. Franz Josef Strauß kehrt erst 1966 in ein Bonner Kabinett zurück, als unter Kurt Georg Kiesinger und Willy Brandt die »Große Koalition« aus CDU/CSU und SPD gebildet wird. Jetzt verwaltet mit Strauß zum zweiten Mal ein Politiker aus Bayern die Finanzen der Bundesrepublik Deutschland.

Das Terrain zwischen Macht und Geist versuchte die »Gruppe 47« von der Sprache her fast monopolartig zu besetzen. Angesichts der wichtigen Entscheidungen, die in der Politik zu treffen waren, wurde die durchaus auch politisch argumentierende Gruppe um Hans Werner Richter aktiv. »Einzige Gegenkraft gegen Adenauer« wurde sie einmal genannt – eine Art linksintellektuelles Schattenkabinett in der Adenauer-Republik. Als es keinen Adenauer mehr gab, an dem man sich noch reiben und profilieren konnte, und die Linksintellektuellen durch den Eintritt der SPD in die Große Koalition den Vorhof der Politik betraten, da wurde es für die politisch engagierten Literaten enger.

Im Oktober 1967 feierte die Gruppe ihren 20. Geburtstag in der Fränkischen Schweiz, in Waischenfeld – in der Pulvermühle. Die Tagungsidylle, das Gefühl unter sich zu sein, wurde gestört durch eine Gruppe des Sozialistischen Studentenbundes der Universität Erlangen. Sie forderten die Dichter heraus und diktierten von links her die Tagesordnung. Eigentlich richtete sich studentischer Protest gegen die »Ordinarienherrlichkeit« der Universitäts-Rektoren, jetzt wurde auch die »Gruppe 47« Angriffsziel von systemverändernden Einsätzen. Die trendsetzende Monopolstellung der Dichter war in Frage gestellt, die »Gruppe 47« war links überholt worden.

Die Radikalisierung der Studentenunruhen 1968 bestimmte die Gangart und den Ton der außerparlamentarischen Opposition.

Rund um den Schwabinger Schuttberg, unter dem sich die Trümmer der im Krieg zerstörten Gebäude Münchens türmten, befindet sich Europas größte Baustelle. Die Anlagen für die 20. Olympischen Sommerspiele 1972 setzen zukunftsgerichtete architektonische Akzente und präsentieren den Sportlern und Besuchern aus aller Welt ein heiteres München.

36 Jahre nach den Olympischen Winterspielen in Garmisch-Partenkirchen 1936 sind es die zweiten Olympischen Spiele, die in Bayern und in Deutschland stattfinden.

Mehr als ein Anschlag auf den Olympischen Frieden am 5. September 1972 ist der Terrorakt im Olympischen Dorf auf die Sportler aus Israel – zwei werden getötet und neun als Geiseln genommen. Eine Befreiungsaktion missglückt. Geiseln und Geiselnehmer sterben.

Zwei Jahre später schaut die Welt wieder nach München – Fußballweltmeisterschaft 1974 in Deutschland. Die Entscheidung fällt im Olympiastadion. Deutschland wird nach 1954 zum zweiten Mal Fußballweltmeister. Mehr als die Hälfte des Teams stellt der FC Bayern, seine Spieler schießen die Tore. Namen prägen sich ein: Paul Breitner, Gerd Müller, Sepp Maier und Franz Beckenbauer.

Kontinuität in der Politik Bayerns: Von Ende 1962 bis Ende 1978 steht Alfons Goppel als geborener Landesvater an der Spitze der Bayerischen Staatsregierung. Das sind 16 Amtsjahre, in denen sich das Gesicht des Landes verändert.

Als erster Bundesstaat richtet Bayern 1970 ein »Ministerium für Landesentwicklung und Umweltfragen« ein. Fünf neue Universitäten werden gegründet – Regensburg, Augsburg, Bayreuth und Passau, bald auch Bamberg.

Eine Gebietsreform schafft eine neue kommunalpolitische Topografie – statt 7000 gibt es nur noch 2000 Gemeinden in Bayern.

Eine Initiative für Europa ist die Arbeitsgemeinschaft der Alpenländer, die Arge Alp. Sie fördert die Zusammenarbeit überregionaler Art zwischen Kantonen, Provinzen und Bundesländern – ein grenzüberschreitender Föderalismus.

Ein Ort im Tegernseer Tal macht Schlagzeilen: Die CSU-Bundestagsabgeordneten kündigen im November 1976 auf einer Klausurtagung in Wildbad Kreuth die Fraktionsgemeinschaft mit der CDU auf. Mit diesem Kreuther Beschluss will die bayerische Partei ihr Gewicht in der Bundespolitik verstärken und sich auch außerhalb Bayerns betätigen. Als die CDU ankündigt, sie werde sich dann eben auch innerhalb Bayerns positionieren, verpufft der Kreuther Geist.

1980 peilt Franz Josef Strauß auf einer Kundgebung auf Bayerns und Deutschlands höchstem Berg, auf der Zugspitze, die Kandidatur für das Kanzleramt an. Jetzt will er die Union vereint in die Regierungsverantwortung zurückführen, verfehlt jedoch bei der Wahl zum 9. Deutschen Bundestag sein Ziel. Die höchsten Ämter in Bonn bleiben ihm verwehrt. Nicht in Bayern, wo der CSU-Vorsitzende Franz Josef Strauß 1978 Ministerpräsident des Freistaates Bayern wird. Nachdem ein Koalitionswechsel der FDP eine unionsgeführte Bundesregierung möglich machte, bleibt Strauß in seinem bayerischen Amt, steuert von hier aus Bonner Politik mit und redet bei seinen vielen Staatsbesuchen auch in der Weltpolitik mit.

Zu Hause baut er Bayern zu einem Industrie- und Technologie-Standort aus und schafft eine verstärkte internationale Anbindung durch den Ausbau des 171 km langen Rhein-Main-Donau-Kanals, der eine durchgehende Verbindung zwischen Nordsee und Schwarzem Meer schafft, sowie durch den Bau des Flughafens bei Erding.

Der Neubau einer Staatskanzlei im Hofgarten, beziehungsweise der Wiederaufbau des zerstörten Gebäudes des Armeemuseums, angelehnt an die Residenz, sollte nicht nur verbesserte Arbeitsplatzbedingungen für die dort beschäftigten Beamten schaffen.

Das Haus, in dem bayerische Politik gemacht, deutschlandpolitische Akzente gesetzt, europäische Initiativen ausgedacht werden, ja bayerische Außenpolitik betrieben wird, setzt eigene Maßstäbe; es ist größer als das Weiße Haus …

Ein anderer Politiker aus Bayern und München geht ins Rennen: Die SPD stellt Hans-Jochen Vogel, den langjährigen Münchner Oberbürgermeister und SPD-Vorsitzenden der bayerischen Sozialdemokraten, als Kanzlerkandidaten für die Bundestagswahl am 6. März 1983 auf. Der

Kommunalpolitiker, der die Olympischen Spiele nach München geholt hatte, nach West-Berlin wechselte und dort Regierender Bürgermeister wurde, saß bereits als Bundesjustizminister im Bonner Kabinett. Auch der SPD-Mann aus Bayern verfehlt das Wahlziel.

Terrorakte auch in Bayern – Mitglieder der so genannten »Rote Armee Fraktion« ermorden am 1. Februar 1983 den Präsidenten des Bundesverbands der Deutschen Luftfahrt-, Raumfahrt- und Ausrüstungsindustrie, Ernst Zimmermann, in Gauting.

Und am 9. Juli 1986 wieder die Tat eines Terrorkommandos – der Siemensmanager Karl Heinz Beckurts wird durch einen Bombenanschlag getötet.

Vor allem nach dem Unglück im Atomkraftwerk Tschernobyl 1986, mit der drastisch erhöhten radioaktiven Strahlung über weiten Teilen Bayerns, gehen die Kernkraftgegner auf die Barrikaden. Um den Zaun der geplanten Wiederaufbereitungsanlage von Kernbrennstoffen in Wackersdorf in der Oberpfalz kommt es wiederholt zu schweren Auseinandersetzungen zwischen Kernkraftgegnern und Polizisten. Das Projekt Wackersdorf wird aufgegeben.

Er hat an vielen Weichenstellungen mitgewirkt, ob es um die Einführung der »Sozialen Marktwirtschaft« oder um die Integration der Deutschen in das westliche Verteidigungsbündnis ging – am 3. Oktober 1988 stirbt Ministerpräsident Franz Josef Strauß. Über 40 Jahre war er in wichtigen politischen Funktionen tätig: vier Mal Minister in Bonner Kabinetten, 27 Jahre CSU-Vorsitzender und 10 Jahre lang Bayerischer Ministerpräsident.

In Bayern und im Nachkriegsdeutschland hat er die Politik entscheidend mitgestaltet und die Position eines vereinten Europas sowie der freien Welt gestärkt.

Etwa 100 000 Menschen folgten dem Sarg auf seinem letzten Weg durch München, vorbei an den Plätzen und Straßen seiner Kindheit, über die Ludwigstraße durch das Siegestor hinaus.

Als ein Jahr später die Mauer fiel und der Auftrag der Präambel des Grundgesetzes erfüllt werden konnte, ist das mit das Verdienst von Franz Josef Strauß.

Es geht zurück auf die Initiative des Freistaates zur verfassungsrechtlichen Prüfung des »Gesetzes zum Grundlagenvertrag« beim Bundesverfassungsgericht. Damit wollte Strauß mit aller Entschlossenheit eine völkerrechtliche Anerkennung der DDR vermeiden.

Das »Karlsruher Urteil« bestätigte Ende Juli 1973, dass der in der Präambel des Grundgesetzes zum Ausdruck gebrachte Wille des deutschen Volkes, seine nationale und staatliche Einheit zu wahren, seine verbindliche Gültigkeit behielt. 17 Jahre nach dem »Karlsruher Urteil« war die Festlegung auf den Fortbestand einer deutschen Staatsangehörigkeit die Basis für den Beitritt der DDR zur Bundesrepublik.

In der Nachkriegszeit war Bayern in eine Randlage Europas geraten. Jetzt konnte Bayern seinen Standort in Deutschland und in Europa neu definieren – zurück in der Mitte Europas, dort wo die Geschichte Bayerns immer hingehörte.

Bayern – ein Hüter des Föderalismus in einem vereinten Deutschland und in einem vereinten Europa.

Ortsregister

Personenregister

Thüringen
Sachsen
Hessen
Baden
Württemberg
Schwäbische Alb
Fränkische Schweiz
Schweiz
Österreich
Allgäuer Alpen
Würzburg
Bamberg
Bayreuth
Erlangen
Fürth
Nürnberg
Ansbach
Regensburg
Ingolstadt
Augsburg
München
Ulm
Stuttgart
Heilbronn
Kempten
Kaufbeuren
Lindau
Ravensburg
Schweinfurt
Coburg
Hof
Weiden
Amberg
Landshut
Freising
Rosenheim
Erding
Donaumoos